Lothar Fritze

Kritik des moralischen Universalismus

Schönburger Schriften zu Recht und Staat

herausgegeben von
Otto Depenheuer

Bd. 6

2017
Ferdinand Schöningh

Lothar Fritze

Kritik des moralischen Universalismus

Über das Recht
auf Selbstbehauptung
in der Flüchtlingskrise

2017

Ferdinand Schöningh

Bibliografische Information der Deutschen Nationalbibliothek

Die Deutsche Nationalbibliothek verzeichnet diese Publikation
in der Deutschen Nationalbibliografie;
detaillierte bibliografische Daten sind im Internet
über http://dnb.d-nb.de abrufbar.

Alle Rechte vorbehalten. Dieses Werk sowie einzelne Teile
desselben sind urheberrechtlich geschützt. Jede Verwertung
in anderen als den gesetzlich zulässigen Fällen ist ohne vorherige
Zustimmung des Verlages nicht zulässig.

© 2017 Verlag Ferdinand Schöningh, Paderborn
(Verlag Ferdinand Schöningh ist ein Imprint
der Brill Deutschland GmbH, Jühenplatz 1, D-33098 Paderborn)

Internet: www.schoeningh.de

Satz: Martin Mellen, Bielefeld
Einbandgestaltung: Evelyn Ziegler, München
Printed in Germany
Herstellung: Brill Deutschland GmbH, Paderborn

ISBN 978-3-506-78672-2

Übersicht

Vorwort 9

I. Universalisierungsdynamik 13
    1. Nächsten- und Feindesliebe 13
    2. Stammesgesellschaft und Liebesgebot 17

II. Universalismus – Begriff und Idee 19
    1. Die moderne Idee des moralischen
       Universalismus 19
    2. Erweiterung der Moralität 24
    3. Eine Überbietung lebenspraktischer Moral .. 28
    4. Die kommunistische Idee 31
    5. Die geistige Erbschaft des Kommunismus ... 37

III. Universalismus –
     eine menschenmögliche Option? 42
    1. Schrankenlose Universalisierung? 42
    2. Stammesgeschichtliches Erbe
       und Familienbande 44
    3. Kleingruppen und Massengesellschaften ... 46
    4. Exklusive Bindungen 49

ÜBERSICHT

IV. Selbstbehauptung als Selbstverständlichkeit ... 52
  1. Menschliches Selbstverständnis 52
  2. Moralischer Universalismus –
     lebensfremd und Kultur zerstörend 54
  3. Kognitive, lebenspraktische und
     moralische Selbstverwaltung 56

V. Die Moral des moralischen Universalismus 59
  1. Universale Nächstenliebe? 59
  2. Was uns der moralische Universalismus
     zumutet 63
  3. Was eigentlich fordert das Gebot
     der Feindesliebe? 68
  4. Menschenrechtsethik 71
  5. Der rationale Kern des Partikularismus 75

VI. Universalismus – eine selbstzerstörerische Idee 80
  1. Voraussetzungen gesellschaftlicher Stabilität 80
  2. Die Verantwortung der Politik 89
  3. Eine inhumane Forderung 91
  4. Voraussetzungen der Demokratie 94
  5. Voraussetzungen des Sozialstaates 98

VII. Interessenkonflikte und Toleranzgrenzen 103
  1. Gefahren des Gruppendenkens 103
  2. Aufgaben des Staates 105
  3. Gefahren der Verabsolutierung
     des Universalismus 107

VIII. Moralische Pflichten 110
  1. Mitgliedschaft in Gemeinschaften 110
  2. Gemeinschaften als Individuen 113
  3. Ein Recht auf Hilfe zum Überleben 116

ÜBERSICHT

    4. Konkretisierungen 124
    5. Solidargemeinschaften als
       Schicksalsgemeinschaften 131
    6. Grenzen von Hilfspflichten 135
    7. Sollen impliziert Können 144
    8. Kritik des Missbrauchs 149

IX. Grenzen des moralischen Universalismus 152
    1. Innere Schrankenlosigkeit und
       die Notwendigkeit von Grenzziehungen 152
    2. Grenzen des Humanitarismus 155
    3. Gefährliche Illusionen und
       unangenehme Einsichten 160
    4. Partikulare nationale Interessen und
       die Idee universaler Menschenrechte 163
    5. Grenzen der Machbarkeit und Zumutbarkeit 165

X. Die kommunistische Gleichheitsidee 170
    1. Fortleben der kommunistischen Ideologie ... 170
    2. Untergrabung des Leistungsprinzips 175
    3. Voraussetzungen und Implikationen
       des Gleichheitsdenkens 178
    4. Der moralische Universalismus
       als Vehikel des Kommunismus 183

XI. Kollektive Daseinsbewältigung 185
    1. Gemeinschaften als Überlebenskollektive ... 185
    2. Schutzwürdigkeit kollektiver Identitäten ... 188
    3. Herkunft und Lebensform 191
    4. Legitime Bevorzugungen 193
    5. Gemeinschaft und Identität 197

ÜBERSICHT

XII. Totalitäre Gefährdungen? 201
   1. Denk- und Artikulationsverbote 201
   2. Ächtung und Ausgrenzung 208
   3. Political Correctness –
      ein unblutiger Totalitarismus 210

XIII. Auf Selbstzerstörungskurs? 216
   1. Die Unmöglichkeit eines
      gelebten Universalismus 216
   2. Zur Dialektik widerstreitender
      Grundorientierungen 219
   3. Eine politische Schieflage 228
   4. Den Widerspruch leben lernen 230

XIV. Eine philosophische Nachbetrachtung 233
   1. Anthropologische Tatsachen 233
   2. Zwei Varianten der Theoriekonstruktion 236

Anmerkungen 243

Literaturverzeichnis 256

Register 266
   Personen 266
   Sachen 269

Vorwort

Was schulden wir anderen Menschen? Was sind unsere Pflichten, wenn andere Hilfe benötigen? Wozu sind wir verpflichtet, wenn sie einfach nur besser leben wollen? Haben wir ein Recht auf Selbstbehauptung? Und was bedeutet es in der Flüchtlingskrise?

Diese Fragen stellen sich dem moralischen Denken. Sie haben zwar auch einen rechtlichen, vor allem verfassungsrechtlichen, Aspekt, zunächst jedoch stellen sie sich jedem Menschen, der sich Gedanken um sein eigenes Weiterleben macht und dem das Schicksal anderer Menschen nicht gleichgültig ist.

Die derzeitigen Flüchtlings- und Wanderungsbewegungen lassen die Relevanz dieser Fragen deutlich werden. Ihre Diskussion sollte von zwei Unterscheidungen ausgehen: Erstens ist zwischen Hilfsbedürftigen und sonstigen Einwanderern zu unterscheiden. Die „Flüchtlingskrise" ist in Wirklichkeit eine Flüchtlings- und Migrationskrise. Zweitens ist zwischen den Sorgen zu unterscheiden, die aus der bereits stattgefundenen Einwanderung resultieren, und denen, die sich auf eine »Politik der offenen Grenze« beziehen, die weitere Einwanderung generieren wird. Da es bei der Beurteilung der Folgen einer massenhaften und größtenteils ungesteuerten Einwanderung immer auch um sie Simulation möglicher Zukünfte geht, ist vor allem der ins Auge gefasste Zeithorizont von Bedeutung.

Die Antworten, die wir auf diese Fragen geben, sind von Bedeutung sowohl für die Einheimischen in den Einwanderungsländern als auch für die Immigranten sowie die in den Herkunftsländern Zurückgebliebenen.

Gegenwärtig werden diese Fragen weitgehend durch das faktische politische Handeln beantwortet. Die Politik erweckt allerdings den Eindruck des Überrolltseins, des Getriebenseins, des Überfordertseins, der Hilflosigkeit, der Planlosigkeit. Soweit grundsätzliche Erwägungen der politischen Entscheidungsträger bekannt geworden sind, bewegen sich diese überwiegend im Dunstkreis der nicht zu Ende gedachten »Willkommenskultur«. Dies dürfte zumindest im Herbst des Jahres 2015 der Fall gewesen sein; aber auch ein Jahr später fehlt es an einem klaren Bekenntnis zur Selbstbehauptung und an erfolgversprechenden Handlungsstrategien.

Eine Lagebeschreibung wird dadurch erschwert, dass die Vertreter der »Willkommenskultur« ihre deskriptiven und normativen Überzeugungen nur bruchstückhaft offenlegen. Konsensfähig scheint unter ihnen jedoch die Annahme zu sein, dass sich Grenzen, aus welchen Gründen auch immer, nicht mehr schützen lassen, und daher an der Einräumung eines unbeschränkten weltweiten Niederlassungsrechtes kein Weg vorbei geht. Darüber hinaus scheinen manche ihrer Vertreter der Auffassung zu sein, dass die Einräumung eines solchen Niederlassungsrechtes generell wünschenswert ist oder ein solches Recht im Sinne eines moralischen, eines menschenrechtlichen Anspruchs besteht.

Der gedankliche Hintergrund letzterer Auffassung ist eine bestimmte moralische Überzeugung. Es ist dies die Überzeugung, dass es moralische Pflicht ist, die Interessen eines jeden nicht anders zu behandeln wie die eigenen.

VORWORT

Eine Lehre, die diese Überzeugung vertritt, bezeichnet man als »moralischen Universalismus«.

Den Nächsten zu lieben wie sich selbst ist innerhalb enger Grenzen möglich. Der moralische Universalismus fordert jedoch eine nachgerade grenzenlose Ausweitung dieser Grenzen. Tatsächlich ist eine Ausweitung des Gültigkeitsbereichs unserer moralischen Überzeugungen auch historisch beobachtbar. Als eine solche Tendenz unterliegt der moralische Universalismus auch gar nicht der Kritik. Eine Kritik des moralischen Universalismus kann entweder nur eine Kritik der Verabsolutierung dieser moralischen Grundeinstellung oder eine Kritik der Forderung nach einer ausufernden, »überhitzten« Entfaltung sein.

Die Interessen beliebiger Menschen oder gar beliebiger leidensfähiger Individuen so zu berücksichtigen, als wären es die eigenen, ist verletzbaren und sterblichen Wesen, die in einer Welt endlicher Lebensräume und knapper Ressourcen um ihre Selbsterhaltung kämpfen, entweder nicht möglich oder nicht zuzumuten. Das »Brett des Karneades« trägt nur einen, und wer schon draufsitzt, ist durch kein Argument zu bewegen, es zu verlassen (siehe auch VIII.4).

Dieses Buch ist kein Aufruf zur Herzlosigkeit. Es möchte auch keinem enthemmten Egoismus das Wort reden. Vielmehr versteht es sich als ein Plädoyer zur Nüchternheit und zum Maßhalten. Zur Nüchternheit gehört die Anerkennung und Würdigung von Lebenstatsachen, zum Maßhalten vor allem gesunder Menschenverstand und Urteilskraft.

Beide Tugenden werden vonnöten sein, um pragmatisch angemessene Reaktionen auf die Massenwanderung in Richtung Europa zu entwickeln. Die pragmatisch unangemessene »Willkommenskultur« wurzelt in der Idee des moralischen Universalismus. Die Wirkmächtigkeit von Ideen hat aber nicht nur in diesen selbst ihre Grundlage, sondern auch in den Interessen, denen diese Ideen zu dienen vermögen. Diese Interessen, die im Falle der Präferierung transnationaler Problemlösungen sowie einer unbeschränkten Freizügigkeit und Liberalisierung hauptsächlich ökonomischer Natur sein dürften, kommen im Folgenden nicht zur Sprache. Bestimmte Aspekte des moralischen Universalismus, etwa die Tendenz, lokale und nationale Interessen zurückzudrängen, könnten von moralisch eher desinteressierten Kräften als Vehikel benutzt werden, um eigene, partikulare Interessen effizienter durchzusetzen.

Für kritische Anmerkungen und hilfreiche Diskussionen danke ich Dr. Manfred Zeidler. Prof. Dr. Otto Depenheuer gilt mein Dank für die Aufnahme des Textes in die „Schönburger Schriften zu Recht und Staat".

Chemnitz, im August 2016 *Lothar Fritze*

I.
Universalisierungsdynamik

1. Nächsten- und Feindesliebe

Während das Gebot, den Nächsten zu lieben, sowohl im Buddhismus als auch in der jüdischen Ethik verankert ist, hat erst das Christentum die Grenzen dieses Gebots in aller Radikalität gesprengt und das Liebesgebot auf Feinde ausgedehnt – und damit universell verallgemeinert.

Die radikale Entschränkung des Liebesgebots und seine Erweiterung auf Feinde – und zwar sowohl auf persönliche als auch religiöse Feinde, auf die Feinde Gottes und die seines Volkes – ist der Kern der christlichen Ethik:[1] »Ich aber sage euch: Liebet eure Feinde; segnet, die euch fluchen; tut wohl denen, die euch hassen; bittet für die, so euch beleidigen und verfolgen« (Mt. 5,44).[2]

Dieses christliche Liebesgebot ist in seiner Erweiterung auf Feinde auslegungsbedürftig. Auch wenn man ganz allgemein formulieren kann, es fordere, »ausnahmslos jedem lebensfördernd zu begegnen, wie Gott der Schöpfer es tut«[3], sollten zwei Momente unterschieden werden: *Erstens* fordert das Liebesgebot, für jeden Notleidenden, und zwar gerade auch für denjenigen, von dem man sagen würde, er sei einem feindlich gesonnen oder der Liebe nicht wert, aktiv einzutreten. *Zweitens* fordert es, jede gruppensolidarische, das heißt jede partikularistische, Einengung aufzugeben. Denn während das Gebot der Nächstenliebe eine Identifikation mit den Angehörigen der eigenen Familie, der eigenen Nation, der eigenen Kultur und Religion etc. möglich macht und wohl auch insinuiert, begründet die Universalisierung des Liebesgebots in Gestalt des Gebots der Feindesliebe eine Kritik daran, Rechte nur Stammesgenossen einzuräumen oder Solidarität nur innerhalb der Eigengruppe zu üben.

Mit diesen Grenzüberschreitungen hat das Christentum, vermutlich unter stoisch-hellenistischen Einflüssen, unsere Vorstellungen von einem moralisch angemessenen Verhalten verändert und den Horizont unseres moralischen Denkens erweitert. Zum einen wurden die moralischen Pflichten, insbesondere die Hilfspflichten, überdacht, die man anderen gegenüber hat. Zum anderen wurden moralische Normen nunmehr in einem die Stammesgesellschaft übergreifenden Sinne vertreten. Noch in der antiken jüdischen Ethik war die Gültigkeit etwa des Tötungsverbots auf den Bereich des Bundesvolkes Israel beschränkt. Rechtssubjekt war traditionell der israelitische Vollbürger und nicht der Mensch schlechthin. Was für uns heute selbstverständlich ist, nämlich dass ein Recht auf Leben buchstäblich jedem Menschen zusteht, war damals eine keineswegs selbstverständliche Idee.

Bereits um 300 v. u. Z. hatte im antiken Griechenland Zenon von Kition, der Begründer der Stoa, die Forderung formuliert, wir sollten nicht getrennt nach einzelnen Staaten und Stämmen leben, sondern alle Menschen für Genossen und Mitbürger halten. Zenon war sogar der Ansicht, dass alle Verwandtschafts- und Stammespflichten hinter die »Tugend«, man könnte vielleicht sagen: hinter unsere Verpflichtungen jedem Menschen gegenüber, zurückzutreten haben.[4] Die Ethik der Stoa beruht auf der Lehre von der Zusammengehörigkeit aller Vernunftwesen. Jeder Mensch ist Teil der Gemeinschaft der vernunftbegabten Wesen. Gleich ob Freier oder Sklave, Mitbürger oder Fremder, jeder gehört als Träger von Vernunft zu derselben Gemeinschaft artgleicher Wesen und ist insofern gerade kein Fremder. Deshalb haben alle Menschen die gleichen Rechte. Und deshalb gilt: »Das Vaterland des Stoikers ist die ganze Welt.«[5]

Wir finden in der Ethik der Stoiker die gleiche universalistische Tendenz wie in der christlichen Lehre von der Einheit, Gleichheit und Würde aller Kinder Gottes. Das stoische Ethos bildet mit dem christlichen Ethos der Nächstenliebe eine gedankliche Einheit, die im Humanismus der Aufklärungsphilosophie, in Ideen der Französischen Revolution, im weltbürgerlichen Geist der deutschen Klassik und des deutschen Idealismus sowie bei den Schriftstellern des utopischen Sozialismus/Kommunismus eine Wiederentdeckung erlebte. Konnte allerdings Friedrich Schiller im 18. Jahrhundert noch mit Pathos ausrufen »Alle Menschen werden Brüder«,[6] ohne dass daraus praktische Konsequenzen erwuchsen, hat sich im Zeitalter der Globalisierung die Lage radikal verändert. Heute werden Menschenrechtserklärungen und Humanitätsbekenntnisse beim Wort genommen. Zugleich aber steht eine universalistische Einstellung in Widerspruch zu den Tatsachen des praktischen Lebens – nämlich des Lebens in Familien und Nationalstaaten.[7]

Trotz des Postulats der Menschengleichheit fühlen wir uns manchen Menschen näher als anderen. Obwohl wir alle Menschen unter bestimmten Gesichtspunkten für gleich halten – etwa unter dem Gesichtspunkt der Vernunftbegabtheit –, bedeutet dies doch nicht, dass wir

UNIVERSALISIERUNGSDYNAMIK

uns allen gegenüber gleichermaßen verbunden und verpflichtet fühlen. Die Idee einer unbeschränkten, letztlich weltumspannenden Brüderlichkeit fordert, solche Bevorzugungen aufzubrechen und abzulegen. Wir sollen uns gegenüber jedermann auf der Welt so verhalten, wie wir uns gegenüber unseren Eltern und Geschwistern, unserem Ehepartner und unseren Kindern, unserem Nachbarn und Mitbürger verhalten.

Es ist sicherlich kein Zufall, sondern Ausdruck konsequenten Denkens, wenn Zenon und ebenso der Stoiker Chrysipp als Vertreter eines utopischen »Überstaates« (Arnold Gehlen) zugleich die »Gemeinschaft der Weiber« forderten. Denn, wenn sich jeder Mann mit jeder Frau zusammentun kann, wird allen Kindern die gleiche väterliche Liebe zuteil und aller Eifersucht wegen Ehebruchs wäre das Ende bereitet.[8]

Diesen Denkern war durchaus klar, dass eine Gleichbehandlung aller Menschen – und zwar jenseits ihrer rechtlichen Gleichgestelltheit – auch an lebenspraktische Voraussetzungen gekoppelt ist, die nicht gegeben, sondern erst sozialtechnologisch herzustellen sind. Ihre Herstellung allerdings erfordert nichts Geringeres als die Beseitigung jener gefühlsmäßigen Bindungen, aus denen die von nahezu allen Menschen als selbstverständlich und natürlich empfundenen Bevorzugungen entspringen. Die sozialen Grundlagen für das geforderte tugendhafte Verhalten dieses »neuen« Menschen zu legen wäre gleichbedeutend mit der faktischen Auflösung der Familie und der Abstammungsgemeinschaft. Beide verlören ihre Bedeutung als Institutionen der Begründung exklusiver sozialer Bindungen. Wer sich diesem Projekt einer universalen Nächsten- und Feindesliebe verschreibt, sollte sich bewusst sein: Es ist dies die Idee zu einer revolutionären

Neuordnung »des Menschseins«, die alle bisherigen Revolutionen in den Schatten stellte.

2. *Stammesgesellschaft und Liebesgebot*

Die Stammesgemeinschaft ist die ursprüngliche Einheit, in der das Leben reproduziert wird und in der sich moralische Beziehungen konstituieren. Sie bildet den Raum, innerhalb dessen die wechselseitige Berücksichtigung der Interessen aller Betroffenen geboten scheint. Die Grenzen des Stammes sind die quasi-natürlichen, in der kooperativen Lebenspraxis begründeten Grenzen der Geltung moralischer Normen. In einem Prozess der Erweiterung ihrer Kooperationsbeziehungen haben die Menschen die Grenzen ihres Stammes überschritten.

Diese Grenzüberschreitungen führen zum einen in einen Lernprozess mit dem Ergebnis der Erweiterung der Reichweite der anerkannten Moralnormen und zum anderen in einen allmählichen Prozess der »moralischen Sublimierung« und der Selbstkontrolle.

Um einen *Lernprozess* handelt es sich, insoweit die Reichweitenerweiterung, einem zweckrationalen Kalkül entspringend, der Intensivierung der kooperativen Außenkontakte folgt und die Anerkennung der Fremden als Vertreter legitimer Interessen der eigenen Interessenverwirklichung dient.[9]

Als ein *Prozess der Sublimierung* kann die Anerkennung der (ehemals) Fremden als Gleichberechtigte beschrieben werden, insoweit die Verleihung des moralischen Status' an Gemeinschaftsfremde der moralischen Überzeugung entspringt, dass dieser Status jedem Menschen qua seines

Menschseins gebührt. Ein Verhalten gemäß dieser Anerkennungsleistung bedarf der *Selbstkontrolle*.

Die Grenzen des Stammes sind zudem nicht undurchlässig. Abstammungsgemeinschaften verändern sich durch Heirat oder Zuwanderung in ihrer ethnischen Zusammensetzung. Die Intensivierung der Außenkontakte verändert das Bild des Fremden. Auch diese Veränderungen können dieselben Prozesse des Lernens und der Sublimierung auslösen.

Das Ethos der Stammesgesellschaft erweitert sich zu einem »Humanitarismus« (Arnold Gehlen), der alle Menschen umfasst. Dieser Prozess ist ein Prozess der »Universalisierung«. Die damit einhergehenden Einstellungsveränderungen veranlassten Veränderungen im Verhalten, insbesondere der Affektkontrolle, und sie sorgten für einen anderen Umgang der Menschen untereinander.

II.
Universalismus – Begriff und Idee

1. Die moderne Idee des moralischen Universalismus

Der Begriff des Universalismus ist vieldeutig. Als »universalistisch« bezeichnet man eine *Ethik*, eine normative Theorie des moralisch richtigen Verhaltens, die den Anspruch erhebt, moralische Normen *zu begründen*, die allgemeine, universale, Geltung besitzen, also für jeden Menschen verbindlich sind. Dieser *ethische Universalismus* postuliert einen universellen Normgeltungsanspruch ohne jede geographische, zeitliche oder soziale Einschränkung.

Der ethische Universalismus steht im Gegensatz zum *ethischen Relativismus*. Einer relativistischen Auffassung entsprechend lassen sich moralische Überzeugungen nur unter Berücksichtigung partikularer Faktoren (zum Beispiel individuell-subjektiver, kultureller, ethnischer, religiöser, historisch-konkreter Umstände) rechtfertigen, sodass eine Moral immer nur gruppenspezifisch gelten kann.

Von »Universalismus« spricht man zudem im Unterschied zum *Individualismus* und meint dann eine Betrachtungsweise, die dem Ganzen, dem Allgemeinen, einen Vorrang gegenüber den Teilen, dem Besonderen und Einzelnen zuweist – die etwa eine vorrangige Bedeutung der

Gruppe gegenüber den einzelnen Mitgliedern der Gruppe, den Individuen, unterstellt. Ein Universalismus in diesem Sinne kann verschiedene Formen annehmen. Dem Ganzen, etwa einer sozialen Gruppe, einer menschlichen Gemeinschaft, kann eine eigene, eine selbständige Existenz oder auch ein vom Wert der Individuen unabhängiger, ja sogar übergeordneter Eigenwert zugebilligt werden. Ein Universalismus im ontologischen Sinne sieht die Gruppe, das Volk, die Nation etc., als das Ranghöhere. Um Missverständnisse zu vermeiden, bezeichne ich diese ontologische Grundhaltung als »Kollektivismus« (siehe XIII.2).

Mitunter wird als »Universalismus« auch die deskriptiv verstandene Vorstellung von der Existenz transkultureller Werte bezeichnet – Werte, die kulturübergreifend von allen Menschen akzeptiert werden, also universal gelten und in diesem Sinne allgemeingültig sind.

Im Folgenden verwende ich den Begriff des Universalismus in einem *moralischen* Sinne. Dabei umfasst der Begriff des *moralischen Universalismus* zwei zu unterscheidende Aspekte.

Erstens bezieht sich der Begriff des moralischen Universalismus auf eine bestimmte Art der Begründung von moralischen Normen. Begründungsfragen treten auf, wenn man sich fragt, warum eigentlich man eine bestimmte moralische Norm oder überhaupt moralische Normen akzeptieren und befolgen soll. Moralische Universalisten folgen der Überzeugung, dass das Leben und das Wohlergehen eines jeden gleich wichtig und bei Verhaltensentscheidungen unparteilich zu berücksichtigen sind. Ihnen zufolge gehört es zum Inbegriff der Moral, nicht nur die eigenen Interessen zu vertreten, sondern auch auf die Interessen anderer, ja, auf die Interessen anderer in der gleichen Weise Rücksicht zu nehmen. Eine bis heute einflussreiche Version dieses Denkansatzes ist der Kategorische Imperativ Immanuel Kants. Danach sind nur jene Maximen des Handelns moralisch legitim, von denen man wollen kann, dass sie auch von allen anderen befolgt werden.

Sieht man von traditionalen, insbesondere theologischen, Moralbegründungen ab, steht der moralische Universalismus in diesem *ersten* Sinne vor allem im Gegensatz zu *kontraktualistischen Moralbegründungen*. Vertretern des Kontraktualismus zufolge sind wir auf der Basis ausschließlich eigener Interessen (die allerdings auch altruistische Interessen umfassen können) an der gesellschaftlichen Ingeltungsetzung von Moralnormen interessiert, die die Handlungsfreiheit wechselseitig einschränken oder wechselseitige Hilfspflichten begründen. Moralische Verpflichtungen gegenüber anderen empfinden Kontraktualisten nur insofern, als die vertraglichen Verpflichtungen von den anderen eingehalten werden.

Zweitens bezeichne ich mit dem Begriff des moralischen Universalismus sowohl die Idee sowie die spezifische Form und Tendenz moralischen Wollens, die Reichweite der akzeptierten Moral und die Inhalte der Moral auszuweiten, als auch die normative Forderung nach einer solchen Ausweitung. Was die Reichweite der Moral anlangt, geht es um eine Ausweitung der Grundgesamtheit der zu berücksichtigenden Betroffenen. Und was die Inhalte der Moral anlangt, geht es um eine inhaltliche Ausweitung der Rücksichtnahme.

Der moralische Universalismus in diesem *zweiten* Sinne steht im Gegensatz zum *moralischen Partikularismus* – der Auffassung, dass die Reichweite und die Inhalte unserer moralischen Pflichten grundsätzlich unter bestimmten Gesichtspunkten beschränkt sind.[10] Der Prozess der Ausweitung des Geltungsbereichs moralischer Normen ist ein Prozess der »Universalisierung«. Tatsächlich ist ein solcher Prozess der Universalisierung historisch zu beobachten.

UNIVERSALISMUS – BEGRIFF UND IDEE

Die sich bereits seit langem vollziehende Universalisierungsdynamik[11] sorgt dafür, dass partikularistisch orientierte Einstellungen zunehmend unter moralischen Druck geraten und eingeschränkt werden: Zum einen erweitern wir den Kreis derer, die wir in unser moralisches Wollen einbeziehen – deren Interessen wir zum Beispiel berücksichtigen. Unser Wohlwollen gilt nicht nur unseren Verwandten, unseren Freunden und Bekannten; wir achten nicht nur die Interessen unserer Stammesgenossen und Landsleute. Weltweiter Handel und Tourismus, das Kennenlernen fremder Kulturen, Migrationsprozesse und die Entstehung gemischter Identitäten bringen eine »empathische Ich-Erweiterung«[12] hervor. Wir billigen jedem Menschen Rechte zu und räumen (politisch) Verfolgten ein Asylrecht ein. Wir leisten Entwicklungshilfe für Gruppenfremde und haben eine Hilfsbereitschaft entwickelt, die in Not Geratenen auf der ganzen Welt zugutekommt. Wir haben die Sklaverei geächtet, betrachten Männer und Frauen als gleichberechtigt und verachten den Nepotismus. Wir unterscheiden zwischen Soldaten und Zivilisten und verschonen Kriegsgefangene. Zum anderen erweitern wir unsere Rücksichtnahme gegenüber anderen. Wir haben die Folter, die Todesstrafe sowie andere drakonische Formen der Strafe abgeschafft. Wir strafen nicht nur, sondern sorgen für Resozialisierung. Immer mehr Ungleichbehandlungen werden als ungerechtfertigt »erkannt«; immer mehr Benachteiligungen sollen vermieden oder ausgeglichen werden. Insgesamt gilt: Durch die Ausweitung unseres moralischen Wollens berücksichtigen wir die Interessen von Menschen, deren Interessen zuvor nicht oder nicht in dieser Weise berücksichtigt wurden. Der Prozess der Zivilisation ist zudem ein Prozess des Rückgangs der Gewalt in ihren verschiedenen Formen – ein Prozess fortschreitender Kultivierung der Selbstkontrolle.[13]

Dass partikularistische Orientierungen eingeschränkt werden heißt: Die Rücksichtnahmen und Verpflichtungen, die unser Handeln leiten, wachsen – und dies heißt, dass die Reichweite und der Umfang der von uns akzeptierten moralischen Normen größer werden. Diese Ausdehnung kann bedeuten, dass wir zum Beispiel bereit sind, Interessen der Mitglieder von immer mehr Menschengruppen oder auch immer mehr Interessen oder diese Interessen immer umfangreicher in unserem Handeln und Unterlassen zu berücksichtigen. Eine Einschränkung des Partikularismus bedeutet, dass sich unsere Pflichten erweitern, dass sich unsere moralischen Einstellungen »universalisieren«. Zu Ende gedacht, fordert der moralische Universalismus, die (berechtigten) Interessen jedes anderen Menschen so zu berücksichtigen, als wären es die eigenen. Ein moralischer Universalist akzeptiert die moralische Forderung, eigene Interessen nicht bevorzugt zu erfüllen. Und zugleich scheint dieser moralischen Idee die Tendenz zu entspringen, immer mehr Interessen als »berechtigte Interessen« anzuerkennen.

Man wird vielleicht einwenden, dass niemand auf der Welt einen solch rigiden, zu-Ende-gedachten moralischen Universalismus vertritt. Dies mag sein. Mir geht es jedoch darum, die Idee bloßzulegen, die sich – unbewusst oder vielleicht auch nur unausgesprochen – hinter bestimmten moralischen Überzeugungen, Ansprüchen oder Urteilen versteckt. Der moralische Universalismus ist die Forderung, jeder Form egoistischen Verhaltens, das heißt jeder Form der Bevorzugung eigener Interessen, abzuschwören und die Bedeutung der Erhaltung und Entfaltung der eigenen Person nicht höher zu veranschlagen als die jeder anderen Person.

Die Idee des moralischen Universalismus erweitert unsere Moralität (siehe auch IX.1). In gewisser Hinsicht scheint sie der Inbegriff des moralischen Fortschritts zu sein. Sie macht uns menschlicher. Macht sie uns wirklich menschlicher?

2. *Erweiterung der Moralität*

Der Gedanke, die Interessen jedes anderen so zu berücksichtigen, als wären es die eigenen, hat nicht nur, aber doch vor allem im Utilitarismus eine Heimstatt gefunden. Eine Handlung ist dem Prinzip der Utilität zufolge dann moralisch richtig, wenn sie, der Idee Jeremy Benthams folgend, »das größte Glück der größten Zahl« befördert beziehungsweise Henry Sidgwicks *Maxime des Wohlwollens* genügt, wonach jeder Mensch »moralisch verpflichtet [ist], das Wohl jedes andern Individuums als das seine anzusehen«[14]. Sidgwick hält es für ein »selbstverständliche[s] Prinzip, daß das Gute irgendeines Individuums, vom Standpunkte gewissermaßen des Universums aus, nicht mehr Bedeutung hat als das jedes andern«, woraus folgt, dass man sein »eigenes kleineres Wohl nicht dem größeren eines andern vorziehen [soll]«.[15] »Seine eigenen Interessen in irgendeiner Weise über die von anderen stellen«, schreibt demgemäß Jack Nasher in einer Darstellung der utilitaristischen Lehre, »verträgt sich nicht mit dem Grundprinzip der Neutralität des Utilitarismus«.[16]

Ganz in diesem Sinne formuliert Peter Singer, einer der gegenwärtig einflussreichsten Vertreter des Utilitarismus, ein grundlegendes Prinzip der Gleichheit – das *Prinzip der gleichen Interessenabwägung.*[17] Dieses Prinzip fordert, »dass wir in unseren moralischen Überlegungen den ähnlichen Interessen all derer, die von unseren Handlungen betroffen sind, gleiches Gewicht geben«; es bedeutet, »dass wir Interessen einfach als Interessen abwägen«: »Interesse ist Interesse, wessen Interesse es auch immer sein mag«.[18] »Das Prinzip der gleichen Interessenabwägung«, so schreibt Singer, »funktioniert wie eine Waagschale: Interessen werden unparteiisch abgewogen. Echte Waagen begünstigen die Seite, auf der das Interesse stärker ist oder verschiedene Interessen sich zu einem Übergewicht über eine kleinere Anzahl ähnlicher Interessen verbinden; aber sie nehmen keine Rücksicht darauf, wessen Interessen sie abwägen.«[19] Die Anerkennung dieses Prinzips hält Singer für eine Frage vernünftiger Einsicht, die auf einem geradezu objektiven Standpunkt gewonnen werden soll. Ihm zufolge erkennt eine vernünftige Person, »dass die Bedürfnisse anderer Menschen genauso zählen wie unsere eigenen«[20], »dass die anderen und ihr Wohlbefinden genauso wichtig sind wie das eigene Wohlergehen«[21].

Diese Lehre stellt nicht das Eigeninteresse und die Selbstbehauptung in den Mittelpunkt; der Einzelne hat sich vielmehr um die Interessen aller Menschen zu kümmern und das Wohl aller für gleich wichtig zu halten. Trotzdem besteht Singer darauf, dass, wer diesem Grundsatz entsprechend handelt, kein Opfer bringt, eine derartige Lebensweise vielmehr »Ausdruck der ureigenen Identität« und der Selbstachtung dessen ist,[22] der *eingesehen* hat, dass von einem neutralen Standpunkt aus betrachtet das Wohl der anderen genauso wichtig ist wie das eigene.

Es ist unmittelbar einleuchtend, dass sich aus dem Prinzip der gleichen Interessenabwägung radikale Solidaritätspflichten ergeben. Denn wenn jeder Mensch das Wohlergehen jedes anderen Menschen als gleich wichtig betrachten soll, ist jeder aufgefordert, sich anderen gegenüber solange solidarisch zu zeigen, wie der dadurch bewirkte Zuwachs an Wohlergehen für die anderen den dadurch hinzunehmenden Verlust an eigenem Wohlergehen eindeutig überwiegt.

Wenn wir an dieser Stelle davon absehen, dass Menschen in Wirklichkeit divergierende Interessen haben (sei es auch nur aufgrund einer unterschiedlichen Bereitschaft, Lebensrisiken zu tragen) und nicht sämtliche Interessen als legitime Interessen anerkannt werden können – wobei ein solches Anerkennungsverfahren wiederum einer Rechtfertigung bedarf –, ist für das Verständnis dieser Lehre Folgendes wichtig: Der Einzelne achtet nicht etwa die Interessen der anderen, weil er möchte, dass sie seine Interessen achten, sondern er achtet deren Interessen, weil deren Realisierung auch für ihn genauso wichtig ist, wie die Realisierung seiner Interessen. Die eigenen Interessen und die Interessen aller anderen sind in ihrer Bedeutung ununterscheidbar.

Diese Lehre eines moralischen Universalismus, von Singer vorgetragen in einer utilitaristischen Version, verlangt vom Einzelnen – jedenfalls zu Ende gedacht – seine primäre Orientierung auf Selbsterhaltung und Selbstentfaltung aufzugeben, ja letztlich von seiner eigenen Individualität zu abstrahieren. Er soll – auch wenn Singer diese Konsequenz nicht zieht[23] und damit sein Prinzip partiell zurücknimmt – sich und seine Nächsten nicht wichtiger nehmen als jeden beliebigen anderen. Sein drohender Tod soll ihn *nicht mehr* bekümmern als der drohende Tod jedes anderen. Für sein eigenes Überleben soll er sich *nicht mehr* anstrengen als für das Überleben jedes anderen Menschen auf der Welt.

Es dürfte auf der Hand liegen, dass diese Lehre weitreichende Konsequenzen hat: Wenn das Prinzip der gleichen Interessenabwägung fordert, von den Interessen sämtlicher Betroffener auszugehen, gilt dies auch in der Einwanderungsfrage.[24] Auch dort, wo die Interessen von Flüchtlingen oder Einwanderungswilligen mit den Interessen der autochthonen Bevölkerung in Konflikt geraten, gilt, dass die Befriedigung dringlicher und fundamentaler

Bedürfnisse den Vorrang hat, egal um wessen Bedürfnisse es sich handelt. Dieses Prinzip fordert somit, ein Recht auf Einwanderung für alle anzuerkennen, denen es nicht so gut geht wie uns. Einwanderung wäre also zu dulden bis ein Gleichgewicht der Interessenerfüllung erreicht ist. Ja, es wäre verwerflich, Menschen, die ein anzuerkennendes Interesse haben, in unserem Land zu leben, an der Niederlassung zu hindern. Das Prinzip der gleichen Interessenabwägung fordert letztlich, jede Form von Luxus aufzugeben und die dadurch freiwerdenden Mittel und Möglichkeiten so einzusetzen, dass – bei wem auch immer – der größte Zuwachs an Nutzen, an Glück, an Wohlergehen erzielt wird.

Das Wohlergehen hängt jedoch von vielen Dingen ab. Menschen versuchen nicht nur, sich Lebensmittel zu verschaffen, und legen es nicht nur darauf an, sich materiell-gegenständlichen Gütern aller Art zu versorgen, um das Leben sicherer und angenehmer zu gestalten; sie konkurrieren ebenso um Liebe und Zuneigung, um Geschlechts- und Lebenspartner, und sie streben nach Ämtern und Anerkennung. Viele der Güter, nach denen Menschen streben und von denen ihr Wohlergehen abhängt, sind unteilbare Güter. Für ein unteilbares Gut gilt: Wenn es der eine hat, kann es nicht gleichzeitig ein anderer haben. Was soll es eigentlich heißen, dass das Wohlergehen der anderen für mich genauso wichtig ist wie meines? Man mag nun einwenden, dass das Prinzip der gleichen Interessenabwägung nicht in dieser rigiden Form ausgelegt werden dürfe. Ja, aber was bedeutet es dann? Alle Einschränkungen untergraben den strikten Universalismus und münden in eine Form des Partikularismus.

Letzteres dürfte selbst für Vertreter des sogenannten *effektiven Altruismus* gelten. Dieser beruht auf der Idee, dass man so viel Gutes tun soll wie möglich.[25] Aber auch ein Gutverdienender, der große Teile seines Einkommens spendet, führt immer noch ein – gemessen an gröbster Armut – luxuriöses Leben. Die meisten effektiven Altruisten vertreten den moralischen Universalismus denn auch in einer »abgespeckten« Variante: Sie spenden, um Leben zu retten, Kranken zu helfen und andere vor größter Armut zu bewahren, aber nicht um dafür zu sorgen, dass es anderen genauso gut geht wie ihnen selbst; sie bevorzugen eigene Kinder gegenüber fremden Kindern; sie gestatten es sich, eigene Kinder zu bekommen, obwohl sie im Falle eines Verzichts mit den dadurch nicht gebundenen Mitteln und der freibleibenden Zeit für viel mehr Kinder in armen Ländern Gutes tun könnten. Damit legen sie der Befriedigung ihrer eigenen Bedürfnisse einen höheren Wert bei als der Befriedigung fremder Bedürfnisse. Sie gewichten tierisches Leid anders als menschliches Leid und bevorzugen somit, aus welchen Gründen auch immer, ihre eigene Gattung. Auf diese Weise verstoßen sie permanent gegen die innere Logik der ihrem Denken zugrunde liegenden Ideologie: dem moralischen Universalismus.

3. Eine Überbietung lebenspraktischer Moral

Die Forderungen des Universalismus sind in einer Welt knapper Existenzbedingungen eine Überbietung des pragmatisch lebbaren moralischen Denkens. Selbst aus der Goldenen Regel (negative Formulierung: »Was du nicht willst, das man dir tu', das füg' auch keinem andern zu!«; positive Formulierung: »Behandle andere so, wie du auch von ihnen behandelt sein willst!«) – einem moralischen Grundprinzip, das sich in der konfuzianischen, hinduistischen, jüdischen, christlichen und islamischen Ethik findet – ließen sich die Forderungen des Universalismus nur dann ableiten, wenn die von ihm implizit unterstellte Bedürfnis- und Interessenstruktur tatsächlich den allgemein-menschlichen Grundbedürfnissen und Grundinteressen entspräche. Davon kann aber keine Rede sein. Denn es gehört gerade nicht zur allgemeinmenschlichen Verhaltensausstattung, zu erwarten, dass sich ein anderer um meine Bedürfnisse und Interessen so kümmert, als wären es seine eigenen. Insofern ist es unzutreffend, wenn Peter Singer meint, die Goldene Regel fordere, »den Interessen anderer dieselbe Bedeutung beizumessen wie den eigenen«[26].

Es ist ja richtig, dass diese Regel dazu auffordert, sich in die Lage des anderen zu versetzen, aber dieses Hineinversetzen in den anderen dient dazu, sowohl die eigenen Pflichten als auch die Ansprüche und Erwartungen ihm gegenüber zu klären. Was wir von anderen erwarten ist, dass sie unsere körperliche Integrität respektieren, dass sie nicht die Früchte unserer Arbeit zerstören oder sich aneignen, dass sie uns nicht versklaven, uns nicht beleidigen. Was wir vielleicht darüber hinaus erwarten ist, dass sie uns in existenziellen Notsituationen helfen. Alles dies erwarten wir nicht nur von ihnen, sondern wir sind bereit – und zu dieser Bereitschaft fordert die Goldene Regel auf –, dieses Verhalten auch ihnen gegenüber an den Tag zu legen. Indem wir – auch auf der Grundlage des von der Goldenen Regel geforderten Perspektivenwechsels – diese Bereitschaft entwickeln, gewähren wir uns wechselseitig Rechte und akzeptieren zugleich Pflichten.

Diese Rechte und Pflichten beziehen sich jedoch vor allem auf Grundbedürfnisse und existenzielle Interessen. Wir verspüren zum Beispiel weder die Pflicht, unseren

Lottogewinn mit einem anderen zu teilen, noch erwarten wir von einem anderen, dass er den seinen mit uns teilt. (Eine moralisch gebotene egalitäre Verteilung der Gewinne zerstörte schließlich die Institution der Lotterie, die sich überall auf der Welt größter Beliebtheit erfreut.) Hingegen verspüren wir sehr wohl die Verpflichtung, einem Menschen höflich zu begegnen, der uns höflich behandelt, und erwarten von einem anderen Höflichkeit, wenn wir selbst höflich sind. Unsere Bereitschaft zur wechselseitigen Anerkennung von Bedürfnissen und Interessen scheint von deren Wichtigkeit abzuhängen und davon, was es kostet, einerseits für die Befriedigung der Bedürfnisse oder Interessen anderer einzutreten oder andererseits selbst auf ihre Befriedigung zu verzichten. Sie scheint aber auch davon abzuhängen, ob uns die Pflichtanerkennung zu Unterlassungen oder zu Handlungen auffordert. Denn es ist in der Regel klar, was zu tun ist, um die Pflicht zu erfüllen, einen anderen Menschen nicht zu töten; was es aber heißt, ihm zu helfen, kann in vielen Fällen durchaus unklar sein. Auch von daher ist es vernünftig, wechselseitige Verpflichtungen, denen nachzukommen in einem relevanten, einem lebenspraktisch spürbaren Sinne »etwas kostet«, vor allem auf Grundbedürfnisse und existenzielle Interessen zu beschränken.

Aber selbst in Bezug auf sie dürften die allerwenigsten die Verpflichtung verspüren, die eigenen Bedürfnisse und Interessen nicht zu priorisieren. Dies zeigt sich in Notsituationen und unter Bedingungen von Knappheit. Wir erwarten nicht, dass ein anderer auf seine Selbstrettung verzichtet, nur damit er uns retten kann – es sei denn er ist dazu rechtlich verpflichtet. Wir erwarten dies deshalb nicht, weil wir selbst, von Ausnahmen abgesehen, zu einem Verzicht auf Selbstrettung nicht bereit wären.

Was wir von anderen also gerade nicht erwarten, ist, dass sie unseren Interessen dieselbe Bedeutung beimessen wie den ihren. Aus der Goldenen Regel – wie auch aus dem Prinzip der Unparteilichkeit (XIV.1) – lässt sich gerade keine egalitäre Moral ableiten.

Die eigenen Interessen nicht zu priorisieren hieße auch, die eigenen altruistischen Interessen nicht zu priorisieren. Danach wäre es moralisch nicht gerechtfertigt, die eigenen Kinder bevorzugt zu fördern oder sich primär um die eigenen Eltern zu kümmern. Bedeutete auch diese Haltung einen moralischen Fortschritt? Machte uns ein gelebter Universalismus tatsächlich nur menschlicher oder nicht auch unmenschlicher?

»Universalismus« und »Partikularismus« sind Bezeichnungen für moralische Grundeinstellungen (vgl. XIII.2), die sich sowohl auf ein moralisches Wollen als auch die Akzeptanz eines moralischen Sollens beziehen. Diese Grundhaltungen müssen sich keineswegs komplett widersprechen. Moralische Universalisten und moralische Partikularisten können durchaus über einen Fundus gemeinsamer moralischer Überzeugungen verfügen. In ihrem moralischen Denken betonen sie jedoch unterschiedliche Aspekte; ihre Differenzen beziehen sich wesentlich auf Realisierungsmöglichkeiten, Zumutbarkeitsgrenzen und Gefahreneinschätzungen. Während Partikularisten Grenzen der Moralität betonen, fordern oder praktizieren Universalisten die Erweiterung bestehender Grenzen (siehe XIV).

4. Die kommunistische Idee

Inbegriff des Kommunismus war für die Gründungsväter des Marxismus eine Gesellschaft, in der das Privateigentum an Produktionsmitteln abgeschafft ist.²⁷ Seine Aufhebung galt als Voraussetzung der Realisierung der beiden Grundziele des marxistischen Kommunismusentwurfs: die Etablierung einer klassenlosen Gesellschaft sozial Gleichgestellter und die planmäßige vernunftgemäße Gestaltung des gesellschaftlichen Entwicklungsprozesses. Sämtliche Produktion sollte in den Händen der »assoziierten Individuen« konzentriert sein. An die Stelle der alten bürgerlichen Gesellschaft sollte jene Assoziation treten, von der es hieß, in ihr werde »die freie Entwicklung eines jeden die Bedingung für die freie Entwicklung aller« sein.²⁸

Das waren große Ziele. Nun weiß allerdings niemand wirklich, welche konkreteren Vorstellungen Marx und Engels mit jener halluzinierten »Assoziation« eigentlich verbanden; ja, niemand weiß, ob die ihnen vorschwebende Gesellschaft überhaupt auch nur halbwegs klare Konturen besaß. Klar war nur, dass in ihr die Klassen und damit die Existenzbedingung jeder Klassenherrschaft abgeschafft sein sollten und zu diesem Zweck das Privateigentum an Produktionsmitteln aufzuheben war. Zugleich sollten die arbeitsteiligen Beziehungen der Produzenten nicht mehr durch den Markt hergestellt werden. Insofern wäre »Kommunismus« die Lehre, die die Aufhebung des persönlichen Eigentums an Produktivvermögen sowie der kapitalistischen Produktionsverhältnisse empfiehlt oder prognostiziert.

Mit der Gleichstellung hinsichtlich des Eigentums an den Produktionsmitteln sollte aber nicht nur eine Abschaffung der Klassen verbunden sein. Zugleich sollten Produktionsverhältnisse hergestellt werden, unter denen die Beteiligten nicht mehr nach der Maximierung ihres Eigennutzes streben, sondern unmittelbar an der wechselseitigen Befriedigung ihrer Bedürfnisse interessiert sind.

Damit wird der andere, so die Vorstellung, nicht mehr, wie auf dem Markt, als ein Mittel der je eigenen Bedürfnisbefriedigung wahrgenommen, sondern als ein Bedürftiger anerkannt, dessen Interessen nicht weniger Aufmerksamkeit verdienen als die eigenen.

Unter diesen Denkvoraussetzungen ist es nur folgerichtig, wenn im reifen Kommunismus jedem ein gleicher Zugriff auf die gesellschaftlichen Konsumtionsfonds gewährt werden sollte. Während Marx für den Sozialismus, der ersten Phase der kommunistischen Gesellschaftsformation, noch das Leistungsprinzip vorsah, sollte im reifen Kommunismus die Zuteilung der Konsumtionsmittel nicht nach der erbrachten Leistung, sondern nach den Bedürfnissen erfolgen: »Jeder nach seinen Fähigkeiten, jedem nach seinen Bedürfnissen!«[29]

Mit diesem kommunistischen Verteilungsprinzip ließ Marx in seiner *Kritik des Gothaer Programms* aus dem Jahre 1875 die ursprüngliche, im *Manifest* noch als »rohe Gleichmacherei«[30] kritisierte, kommunistische Gleichheitsidee, wie sie von Gracchus Babeuf vertreten wurde, wieder aufleben und glaubte, ein Prinzip vorschlagen zu müssen, das die ungleiche Begabung und Leistungsfähigkeit der Menschen nicht mehr zu einem Maßstab für den individuellen Anteil an den gesellschaftlichen Konsumtionsfonds werden lässt.

Allerdings war sich Marx, wohl im Unterschied zu manchem modernen Universalisten, bewusst, dass die Praktizierung dieses Verteilungsprinzips eine grundlegende Veränderung der auf dem Boden der kapitalistischen Produktionsweise erzeugten zeitgenössischen Bedürfnisarchitektur voraussetzt – dass an eine kommunistische Verteilung überhaupt nur dann zu denken ist, wenn sich die Konsumwünsche »in vernünftiger, nicht snobistischextravaganter Weise«[31] entwickeln. Haben jedoch die Veränderungen, die eine notwendige Bedingung der Realisierung eines Prinzips sind, selbst als unwahrscheinlich zu gelten, ändert das Bewusstsein dieser Voraussetzung nichts am unrealistischen Charakter dieses Prinzips.

Zwar hatte Engels im *Anti-Dühring* (geschrieben 1876–78) die Auffassung vertreten, dass jede Gleichheitsforderung, die über die Forderung nach der Abschaffung der Klassen hinausgeht, »notwendig ins Absurde [verläuft]«[32], trotzdem waren mit der Formulierung des kommunistischen Verteilungsprinzips illusionäre Erwartungen geweckt worden, die aus der kommunistischen Bewegung nie mehr verschwanden und noch das Programm der SED durchzogen: Die Verteilung sollte in der kommunistischen Zukunftsgesellschaft nach den Bedürfnissen und nicht nach den Leistungen erfolgen,[33] sodass die Bedürfnisse und die auf ihre Befriedigung gerichteten Interessen jedes Menschen gleichermaßen zu berücksichtigen sein würden. In einer solchen Gesellschaft, hieß es schon bei Babeuf, dürfe es keinen Anlass geben, »sich vorzudrängen, sich herauszustreichen«; es dürfe da »weder oben noch unten, weder einen Ersten noch einen Letzten« geben; in einer solchen Gesellschaft müssten sich die Anstrengungen und Absichten jedes Einzelnen »ständig auf das große brüderliche Ziel ausrichten: den allgemeinen Wohlstand«; in einer solchen Gesellschaft müsse das Glück »unter alle gleichermaßen verteilt« sein.[34] Eine solche Gesellschaft, in der »jedes Eigentum dem Volkswillen untergeordnet« ist, macht aus allen Bürgern, so glaubte Filippo Buonarroti, »eine einzige friedliebende Familie«.[35]

Insofern kann man auch sagen, dass unter »Kommunismus« jede Idee zu fassen ist, die die Menschen nicht nur sozial gleichstellen will, um Chancengleichheit zu gewährleisten, sondern eine Gleichheit im Ergebnis, im Niveau der Bedürfnisbefriedigung, zu erzielen sucht – wobei die Gewährung dieses gleichen Ergebnisses lediglich an die individuelle Verpflichtung gebunden sein soll, im Rahmen der eigenen Möglichkeiten einen Beitrag zum gesellschaftlichen Gesamtprodukt zu leisten.[36]

Für Babeuf und viele andere Sozialisten war die bürgerliche Gesellschaft mit ihrem freien Unternehmertum und den daraus resultierenden Konkurrenz- und Klassenverhältnissen eine Verkehrung der natur- und vernunftgemäßen ökonomischen Ordnung; für Marx war sie eine historisch notwendige Entwicklungsform der menschlichen Gesellschaft in der gesetzmäßigen Abfolge von Gesellschaftsformationen. Während für Babeuf Einkommensunterschiede auf Übervorteilung und Diebstahl beruhten, betrachtete sie Marx als das systemimmanente und deshalb moralisch nicht zu beanstandende Resultat der kapitalistischen Produktionsweise. Auch diese voneinander abweichenden Erklärungen ließen die vormarxistischen Sozialisten zu »utopischen Sozialisten« werden.

Das jedoch waren nicht alle Unterschiede. Ganz wesentlich bestand für Marxisten der Utopismus vieler utopischer Sozialisten darin, die zentrale Bedeutung der Gewalt in der revolutionären Umgestaltung der Gesellschaft nicht erkannt zu haben. Utopische Sozialisten formulierten Forderungen nach sozialer Gleichheit als ein vermeintliches Naturrecht des Menschen, verfügten aber nicht, so die marxistische Lehre, über die Kenntnis der erst von Marx und Engels entdeckten objektiven Gesetzmäßigkeiten der gesellschaftlichen Entwicklung, der historischen Notwendigkeit des Kommunismus sowie des entscheidenden Hebels der geschichtlichen Beschleunigung, der proletarischen Revolution.

Jedenfalls: Mit dem kommunistischen Verteilungsprinzip hatte Marx für eine Reetablierung des ursprünglichen – im »wissenschaftlichen Kommunismus« angeblich überwundenen – utopischen Gleichheitskommunismus gesorgt, dem man vorwarf, die Elemente der neuen Gesellschaft »aus dem Kopf« zu konstruieren[37], statt sie aus dem geschichtlichen Prozess abzuleiten. Das kommunistische Verteilungsprinzip lässt sich jedoch keineswegs ableiten, indem man sich »Rechenschaft« ablegt von dem, was sich vor den »Augen abspielt«[38]; vielmehr war es Marxens, von Illusionen infiziertem, Haupte entsprungen und begann nunmehr, ein Eigenleben in den Köpfen ungezählter Adepten zu führen.

Das kommunistische Verteilungsprinzip sollte die Beseitigung aller faktischen Ungleichheit in der Verteilung materieller Güter garantieren, die sich aus unterschiedlichen Talenten und Fähigkeiten, aus Unterschieden der Herkunft, der persönlichen und familiären Lage oder auch aus dem reinen Zufall ergeben. Die Bedürfnisse und Interessen aller sollten unabhängig von aller empirischen Unterschiedlichkeit der Einzelnen, einschließlich ihrer unterschiedlichen individuellen Anstrengungen, gleichermaßen Berücksichtigung finden.

Dies gilt für jede einzelne Gesellschaft. Von Anfang an aber war der Kommunismus als ein weltweites Projekt gedacht. Die kommunistische Idee hielten Marx und Engels für die »Idee des neuen Weltzustandes«.[39] Selbst wenn das kommunistische Verteilungsprinzip zunächst in einzelnen Gesellschaften praktiziert würde, erhebt es doch einen globalen Geltungsanspruch – bezieht sich also, vergleichbar der Konzeption der Menschenrechte, auf buchstäblich jeden Menschen.

5. Die geistige Erbschaft des Kommunismus

Man könnte meinen, dass auch diese Idee mit dem faktischen Kollaps des Marxismus obsolet geworden ist; tatsächlich aber lebt sie in anderer Erscheinungsform fort – nämlich in der Lehre des moralischen Universalismus beziehungsweise des Humanitarismus beziehungsweise einer universellen Nächstenliebe. Dieser Lehre entsprechend, hat sich der Einzelne gleichermaßen um die Interessen aller Menschen zu kümmern. Die Realisierung der Interessen aller anderen soll er für genauso wichtig erachten, wie die Realisierung seiner eigenen Interessen. »Die menschliche Gesellschaft«, so brachte August Bebel das kommunistische Selbstverständnis zum Ausdruck, »hat in Jahrtausenden alle Entwicklungsphasen durchlaufen, um schließlich dahin zu gelangen, von wo sie ausgegangen ist, zum kommunistischen Eigentum und zur vollen Gleichheit und Brüderlichkeit, aber nicht mehr bloß der Gentilgenossen, *sondern aller Menschen*.«[40] Insofern kann der marxistische Kommunismus zu Recht beanspruchen, den – menschenbezogenen – moralischen Universalismus, den Humanitarismus, zu vollenden.

Ein internalisierter Universalismus lässt die Schwelle unseres Mitleids sinken. Wir werden ansprechbar für das Leid Fremder, für die Not von Personen, die wir nicht kennen, denen wir nie begegnen werden, deren Leben für uns ohne Bedeutung ist. Wir beginnen, die Wohlfahrt der gesamten Welt als Auftrag zu empfinden. »Schließlich«, so schreibt Arnold Gehlen, »erscheint das physische Daseinsglück ›aller Menschen‹ trotz seiner Unvorstellbarkeit in den Bedingungen und Konsequenzen als die große Verpflichtung.«[41]

Was der Universalismus in seiner modernen Form erstrebt, ist ein Weltzustand, in dem alle Menschen zu gleichen Teilen an den Gütern der Welt partizipieren, mithin eine vollständige Gleichheit im Grad der Bedürfnisbefriedigung herrscht,[42] und alle Menschen sich wechselseitig gleichermaßen anerkennen und achten. Ungleiche Konsumniveaus gelten als Folge von Unterdrückung und Ungleichbehandlung; sie sind in diesem Denkmodell Ausdruck von Ungerechtigkeit und durch eine ungerechte Behandlung verursacht. Ungleiche Niveaus der subjektiven Zufriedenheit verweisen nicht nur schlechthin auf überwindenswerte gesellschaftliche Zustände; vielmehr werden diese als etwas betrachtet, an dessen Überwindung man aktiv zu arbeiten hat.

Menschen lassen sich anhand einzigartiger individueller Merkmale unterscheiden (etwa Fingerabdrücke), die für ihre Behandlung als Menschen bedeutungslos sind. Darüber hinaus aber weisen sie Unterschiede auf, die für ihre Behandlung oder für die Frage, welche Ausbildung sie genießen sollen oder welche Arbeit oder welche Rolle sie in der Gesellschaft übernehmen können, sehr wohl relevant sind. Der Impuls der humanitaristischen Gesinnung zielt nun auf die Einebnung aller Unterschiede zwischen den Menschen, die eine Ungleichbehandlung rechtfertigen könnten. Diese Einebnung ist ein Weg, eine Gleichbehandlung als normativ geboten ausweisen zu können. Zu diesem Zweck muss man Unterschiede als konstruiert oder menschengemacht erscheinen lassen.

Das Prinzip der gleichen Interessenabwägung lässt eine Verteilung nach den Bedürfnissen moralisch geboten erscheinen – und ist insofern eine Explikation der kommunistischen Idee. Der Gerechtigkeit und Nützlichkeit, so meint Singer, wäre »besser gedient in einer Gesellschaft, die die bekannte marxistische Devise befolgt: ›Jeder nach seinen Fähigkeiten, jedem nach seinen Bedürfnissen.‹« Und er fügt hinzu: »Nur dann hätten wir eine Gesellschaft, die wirklich auf dem Prinzip der gleichen Interessenabwägung beruhte.«[43] Nun ist sich Singer bewusst, dass es »Schwierigkeiten mit sich [bringt]«, Menschen »eher nach ihren Bedürfnissen als nach ihren ererbten Fähigkeiten zu bezahlen« – und zwar Schwierigkeiten, die aus der »menschlichen Natur« folgen.[44] Da ein Wandel der menschlichen Natur nicht in Sicht sei, hält er es zwar für unrealistisch, nach einer Gesellschaft zu streben, die die Menschen nach ihren Bedürfnissen entlohnt, lässt aber gleichzeitig keinen Zweifel daran, dass eine solche, das heißt eine kommunistische, Gesellschaft die unter moralischem Gesichtspunkt eigentlich angemessenere Gesellschaft ist. Allein weil er zuzugeben bereit ist, dass die Aussicht auf höheren Verdienst manche Menschen manchmal veranlassen kann, sich mehr anzustrengen, und dadurch ein Nutzen »für die Öffentlichkeit insgesamt« entstehen kann, plädiert er dafür, eine Gesellschaft anzustreben, die nach Bedürfnissen *und* Anstrengungen bezahlt.[45] Eine ungleiche Entlohnung ist also dann und nur dann gesellschaftlich tolerabel, wenn sich dadurch der gesellschaftliche Nutzen erhöht. Dies allerdings ist bei Singer lediglich ein Zugeständnis an das nicht beliebig wandlungsfähige So-Sein der menschlichen Neigungen. Der Einzelne bleibt jedoch aufgefordert, diese Neigungen zu kontrollieren und nicht zur Geltung kommen zu lassen; sie gleichsam als überwindenswerte Defizite zu begreifen.

Eine nach den moralischen Grundsätzen des Universalismus organisierte Gesellschaft würde die Beziehungen zwischen den Menschen grundlegend verändern. Thomas

Pogge beispielsweise glaubt, den Grundsatz: »Eine Person fügt anderen unrechtmäßig Schaden zu, wenn der Erfolg ihres Handelns andere darin einschränkt, in gleicher Weise zu handeln«[46], rechtfertigen zu können. Die Problematik dieses Grundsatzes wird deutlich, wenn man sich – um nur ein Beispiel zu nennen – vergegenwärtigt, dass der Kampf zwischen Konkurrenten um Marktanteile einen Kernbestand der Marktwirtschaft verkörpert und es damit ohne weiteres erlaubt ist, das Unternehmerdasein von Mitkonkurrenten durch eigene Marktdominanz faktisch zu beenden. Ein erfolgreicher Unternehmer kann durch sein Handeln dafür sorgen, dass ein weniger erfolgreicher Unternehmer nicht mehr als Unternehmer wird handeln können. Insofern ist zu fragen, ob Pogges Grundsatz nicht die Abschaffung dieser Wirtschaftsordnung fordert. Das Mindeste, das zu sagen wäre, ist: Pogges Grundsatz ist entweder inakzeptabel und dann zu ignorieren, oder er ist unpräzise und deshalb nicht anwendbar.

Universalisten möchten letztlich – bewusst oder unbewusst – eigennütziges Handeln durch Altruismus, Konkurrenz durch Kooperation und jeden Patriotismus durch einen uneingeschränkten Internationalismus ersetzen. Die gesamte Menschheit ist nach dieser Vision verfasst als eine – marxistisch gesprochen – Assoziation freier Produzenten, die ihr Miteinander unter Ausschluss von Konkurrenzhandeln zum gemeinsamen Vorteil aller rational regeln.[47] In der von ihnen imaginierten Gesellschaft arbeiten die Mitglieder gemeinsam an der Verwirklichung der geteilten Zwecke; private Risiken werden sozialisiert, und freiwilliges caritatives Geben wird zur Pflicht. Daher ist es durchaus konsequent, wenn die Protagonisten solch illusorischer Hoffnungen individualistischen Unabhängigkeitssinn als eigennützig, ja als Ausdruck von Gier auslegen.[48] Das Streben nach individuellem Fortkommen und Anerkennung, Unternehmergeist und Durchsetzungsvermögen werden nicht primär als knappe Ressourcen und unverzichtbare Triebkräfte, sondern als »sittliche und soziale Gefahrenherde«[49] wahrgenommen, die es zu zügeln und unschädlich zu machen gilt.

Eine auf diesen Grundsätzen beruhende Gesellschaft aufzubauen ist der Versuch, den Konflikt oder, genauer gesagt, die Austragung von Konflikten aus der Welt zu entfernen; es ist der Versuch, weder Gewinner noch Verlierer zuzulassen. Eine Gesellschaft der Gleichgestellten hätte keine unterschiedlichen sozialen Rollen zuzuweisen; alle gemeinsam hätten sich zu einem einmütigen Wollen zusammenzufinden, wobei niemand sich auszeichnen oder herausragen kann. In einer nach den Grundsätzen des moralischen Universalismus organisierten Gesellschaft würden sich subjektive Unfähigkeit und Unwilligkeit, Trägheit und Scharlatanerie nicht mehr in individuell zu tragenden Folgen »materialisieren«; Misserfolg wäre in diesem Sinne unmöglich gemacht. Sofern Probleme im Prozess der Daseinsbewältigung, etwa in der gemeinschaftlichen Produktion der Güter für das Leben, auftreten, werden diese kooperativ gelöst. Sobald ein Einzelner sich durch individuelles Fehlverhalten ruiniert hat, wird er staatlich subventioniert. Eine auf humanitaristischen Grundsätzen beruhende Gesellschaft hätte das Streben nach Selbstbehauptung und Bewahrung der eigenen Identität einzustellen.

Die Vertreter der modernen Idee des Universalismus erweisen sich sowohl als die geistigen Erben des von Karl Marx propagierten kommunistischen Verteilungsprinzips als auch seiner Vision von einer herrschaftsfreien Weltgesellschaft.

III.
Universalismus – eine menschenmögliche Option?

1. *Schrankenlose Universalisierung?*

Der Prozess, der dahin führt, auch dem Gemeinschaftsfremden, letztlich jedem Menschen auf der Erde, die gleichen moralischen Rechte einzuräumen, ist bis heute nicht abgeschlossen. Man kann es jedoch für fraglich halten, ob er in einer Population von Milliarden Individuen jemals abschließbar sein wird.

Eine Universalisierung in Bezug auf die Menschheit als Grundgesamtheit erscheint denkbar hinsichtlich der moralischen *Grund*rechte, wenn diese primär als *Abwehr*rechte aufgefasst werden. Abwehrrechte dienen dem Schutz von menschlichen Individuen. Sie haben die Funktion, schädigende Angriffe – und zwar insbesondere auf das Leben, die körperliche Unversehrtheit, die persönliche Integrität, die Selbstachtung, die Freiheit und das Eigentum – abzuwehren oder zu verhindern. Abwehrrechte verpflichten alle anderen Menschen und Menschengruppen, bestimmte Handlungen zu unterlassen: einen anderen Menschen zu töten, ihn körperlich zu verletzen, ihn zu vergewaltigen, ihn zu beleidigen, ihn seiner Freiheit zu berauben oder sein Eigentum zu stehlen oder zu schädigen.

Eine universale Geltung der fundamentalen Abwehrrechte ist nicht nur denkbar, ihre Akzeptanz ist moralisch geboten. Ob das Opfer einer Rechtsverletzung zur Familie gehörte oder nicht, In- oder Ausländer ist, ist moralisch irrelevant. Abwehrrechte zu beachten verlangt nur, bestimmte Dinge nicht zu tun; es entstehen keine Kosten – es sei denn die, auf bestimmte Bedürfnis- oder Triebbefriedigungen, die mit dem Tun dieser Dinge verbunden wären, verzichten zu müssen. Insoweit ist ein menschenrechtlicher Universalismus, der in einer »sich globalisierenden« Welt zur herrschenden moralischen Grundüberzeugung wird, begründbar und akzeptabel.

Ist eine Universalisierung in Bezug auf die Menschheit als Grundgesamtheit aber auch denkbar, wenn Grundrechte soziale *Anspruchs*rechte umfassen sollen? Anspruchsrechte verpflichten die Gesellschaft oder andere Menschen zu einem bestimmten Handeln. Wird beispielsweise das Recht auf Leben als ein Anspruchsrecht verstanden, müssen andere etwas tun, um mich am Leben zu halten – mich mit Nahrung versorgen, mir eine Unterkunft bereitstellen oder medizinische Hilfe angedeihen lassen, mich aus einer Gefahr retten, mir mit einem Organ aushelfen.

Ist die Forderung, alle berechtigten Interessen aller Menschen gleichberechtigt zu behandeln, das heißt, der Erfüllung eigener Interessen keinen Vorrang gegenüber der Erfüllung der gleichen Interessen anderer Menschen einzuräumen, rational begründbar? Als leiblich-organische Wesen, die für ihre Reproduktion zu sorgen haben, bevorzugen Menschen sich selbst sowie Familienmitglieder, Verwandte und Freunde, und es ist keineswegs selbstverständlich, dass eine Überwindung dieser Bevorzugungsüblichkeit überhaupt eine menschenmögliche Option darstellt, die zu realisieren zudem noch lebenspraktisch wünschenswert wäre.

Wird die Haltung des moralischen Universalismus tatsächlich gelebt, erzeugt sie auf Seiten der Nutznießer entsprechende Ansprüche und letztlich die Forderung nach Gewährung von entsprechenden Anspruchsrechten. Ein solcher Anderer hört nicht auf, ein Hilfsbedürftiger zu sein, solange er nicht dieselben Lebenschancen hat und denselben Wohlstand genießt. Ein solcher Anderer hört nicht auf, sich als ein Benachteiligter, als ein Diskriminierter zu fühlen, solange seine Neigungen und Vorlieben, seine Gewohnheiten und sein Lebensstil, seine religiösen und sonstigen Überzeugungen nicht als gleichberechtigt und gleichwertig akzeptiert werden.

2. Stammesgeschichtliches Erbe und Familienbande

Altruistisches Verhalten hat eine biologische Grundlage. Wer in den Fortpflanzungserfolg seiner unmittelbaren Verwandten oder seiner Sippengenossen, mit denen er ja ebenfalls verwandt ist, investiert, sorgt für die Weitergabe auch seiner Gene. Dies bedeutet, dass ein solches Verhalten zur Erhöhung der Frequenz jener Gene in einer Population beiträgt, die altruistisches Verhalten steuern – und zwar eines Altruismus, der verwandtschaftszentriert ist.[50] Untersuchungen des Sozialverhaltens von Primaten bestätigen dies. Man wird daher damit zu rechnen haben, dass das altruistische Verhalten auch des Menschen, soweit es auf genetischen Dispositionen beruht, in seiner Reichweite durch die Evolutionsprinzipien der Verwandtenselektion beschränkt ist. Frans de Waal gelangt in diesem Zusammenhang zu der Feststellung, dass Menschen »Fremde generell viel schlechter [behandeln] als Mitglieder ihrer eigenen Gemeinschaft«: »De facto scheinen moralische Regeln für Außenstehende kaum zu gelten.«[51]

Menschliches Verhalten ist allerdings durch erbliche Dispositionen nicht vollständig determiniert. Der Mensch verfügt über die – ebenfalls evolutionär erklärbare – kulturelle Begabung, sein Familienethos zum Gruppenethos zu erweitern und damit auch Nichtblutsverwandte in solidarischen Gruppen zu binden, die nach außen als Einheiten auftreten. Gruppeninteressen können auf diese Weise über individuelle Interessen gestellt werden.[52] Zur nahen genetischen Verwandtschaft treten weitere Bindungsfaktoren hinzu: persönliche Bekanntschaft, Nachbarschaft, Gruppenzugehörigkeit. Die biologische Evolution schreitet gerade nicht ausschließlich im Kampf aller gegen alle voran.[53] Erst in der Familie allerdings, entwickelt der Mensch jene Eigenschaften – Bindungsfähigkeit, Fürsorglichkeit, Freundlichkeit, Vertrauens- und Liebesfähigkeit –, die es ihm gestatten, auch in Fremden Mitmenschen zu sehen. Erst in der Familie werden jene Anlagen entwickelt, die ein Miteinander-Leben in der anonymen Großgesellschaft ermöglichen.[54]

Auch die Erweiterung des Familienethos hat jedoch ihre Grenze. Sie hat zunächst eine *interne* Grenze. Der innerhalb der Familie anzutreffende *unbedingte* Altruismus, der nicht die eigene Fitness steigert und sogar die Selbstaufopferung Einzelner einschließt, wird schon innerhalb der Kleingruppe, des Klans, der Sippe, durch einen *reziproken* Altruismus, einen Altruismus auf Gegenseitigkeit, ersetzt. Die Hilfe für den Anderen, rechnet mit einer Gegenleistung. Ohne erwartbare Gegenleistung, fällt die

Hilfe geringer aus oder sie versiegt. Großzügigkeit ohne jede Hoffnung auf Belohnung ist unter engen Blutsverwandten, im engsten Familienkreis, möglich, schon in der Sippe ist sie weniger häufig anzutreffen, und jenseits der Kleingruppe ist sie eine der seltensten menschlichen Verhaltensweisen.

Die Familienbande sorgt für eine emotionale Bindung, die sich selbst über enttäuschte Erwartungen hinwegsetzen kann. Eine Mutter liebt auch ihren missratenen Sohn; sie verteidigt ihn trotz seiner Untreue und seiner Schandtaten. Eltern gehen in Vorleistung und opfern sich auf für das Wohlergehen ihrer Kinder. Eine Familie, die ihre Beziehungen nicht auch auf der Basis von Selbstlosigkeit, sondern ausschließlich auf der eines reziproken Altruismus gestaltete, für die also lediglich die wechselseitige Optimierung des Eigeninteresses zählte, befände sich bereits in Auflösung. Darauf aber zu bauen, dass sich die Einstellung des unbedingten Altruismus auf Gruppen jenseits des Familienverbandes übertragen lässt, ist illusionär und fahrlässig.

3. Kleingruppen und Massengesellschaften

Der Mensch ist an ein Leben in Kleingruppen adaptiert. Unsere steinzeitlichen Vorfahren, die in Gruppen von 50 Personen oder wenig mehr lebten, kannten einander und waren aufeinander angewiesen. Gegenseitige Hilfe war für sie eine Frage des Überlebens. Zudem unterlag jeder Einzelne der Kontrolle durch die Gemeinschaft. Zu täuschen und zu lügen waren keine Optionen – zu groß die Entdeckungsgefahr und zu unangenehm die Konsequenzen. Ein reziproker Altruismus, ein wechselseitiges

»Geben und Nehmen«, ist unter diesen Bedingungen die gebotene Verhaltensstrategie.

Die Neigung, anderen zu helfen, ist real, aber in aller Regel nicht selbstlos. Im Interesse der Daseinssicherung war der prähistorische Mensch gezwungen, mit anderen Individuen seiner Art zu kooperieren; er war aber keine Kreatur, die vom Geist der Humanität beseelt gewesen wäre.[55] Indem der Mensch kooperiert, geht er mit bestimmten anderen Einzelnen Bündnisse ein. Dies setzt wechselseitiges Vertrauen voraus und erzeugt Vertrauen. Vertrauen ist die mentale Grundlage von Kooperation. Die gegenseitige Hilfe unter Bündnispartnern ist nicht nur eine wechselseitige Bevorzugung, sondern grenzt auch andere aus.

Wie schon gesagt: Unser Verhalten hat eine genetische Grundlage. Wir tragen in uns die Gene von jenen Angehörigen unserer Spezies, die sich hinreichend fit erwiesen, um in einer Welt knapper Ressourcen überleben und sich fortpflanzen zu können. Unsere genetisch fixierten Verhaltensdispositionen spiegeln die Selektionsbedingungen wieder, unter denen unsere Vorfahren ihr Leben reproduzierten. Soziale Kohäsion, die Bereitschaft, zusammenzuhalten, arbeitsteilig vorzugehen und zu teilen, war sogar ein ausschlaggebender Faktor in der Evolution hin zum *Homo sapiens*.[56]

Wenn die Zusammenarbeit zum gegenseitigen Vorteil sich tatsächlich als eine Überlebensstrategie bewährt hat, ist es plausibel anzunehmen, dass die damit einhergehenden Verhaltensweisen der Bevorzugung und Diskriminierung in der Natur des Menschen liegen – obwohl sie ebenso der Natur der Sache, nämlich der Kooperation, entspringen. Insofern kann man tatsächlich sagen, wir seien für die Vetternwirtschaft geboren.[57]

UNIVERSALISMUS – EINE MENSCHENMÖGLICHE OPTION?

Nun lebt der moderne Mensch nicht mehr in Kleingruppenverbänden mit persönlichen Bekanntschaftsbeziehungen, sondern in anonymen Großgesellschaften. Es stellt sich daher die Frage, ob ein reziproker Altruismus auch unter den Lebensbedingungen von Massengesellschaften noch in gleicher Weise funktionieren kann. Diese Frage stellt sich deshalb, weil eben ein Handeln zum gegenseitigen Nutzen auf Vertrauen und Vertrauen, historisch betrachtet, auf persönlicher Bekanntschaft beruht. Und in der Tat, alle Erfahrungen zeigen, dass dies nicht der Fall ist. Mit wachsender Mitgliederzahl einer Gesellschaft wird das soziale Band schwächer und der Egoismus dominanter.[58] Auch unsere Verhaltensdisposition zu einem reziproken Altruismus hat, soweit sie in unseren (genetischen) Anlagen verwurzelt ist, Grenzen.

Diese Grenzen sind freilich – wiederum in Grenzen – überwindbar. Auch in Massengesellschaften lässt sich Vertrauen bewusst herstellen, sodass eine Zusammenarbeit auf der Basis eines reziproken Altruismus gelingen kann. Solche Beziehungen wird man jedoch aus naheliegenden Gründen nur zu vergleichsweise wenigen Mitgliedern der Gesellschaft unterhalten können. Die allermeisten Menschen einer Massengesellschaft bleiben unbekannte Fremde, um deren Lebensbedingungen man sich bestenfalls dann kümmern kann, wenn sie ein so katastrophales Niveau erreichen, das man davon Kenntnis erlangt oder in irgendeiner Form persönlich tangiert wird. Die allermeisten menschlichen Beziehungen beruhen in Massengesellschaften auf Verträgen. Verträge beruhen zwar auch auf Vertrauen, dieses Vertrauen jedoch stellt sich in der Regel nicht über die persönliche Bekanntschaft des Vertragspartners her, sondern durch die Erfahrung des Funktionierens rechtsstaatlicher Institutionen. Stabile und in ihrem Funktionieren berechenbare Institutionen sind die Basis einer effektiven Zusammenarbeit in Massengesellschaften.

Die Erweiterung des Familienethos zu einem Gruppenethos hat damit auch jederzeit – jedenfalls bis zur Realisierung eines denkbaren Weltethos – *faktische* Grenzen. Diese ergeben sich vor allem aus der Reichweite und Intensität von Kooperationsbeziehungen.

Gerade die Übertragung des Familienethos auf größere Gruppen ist aber der Kern des kommunistischen Gemeinschaftsideals. Danach ergibt sich die Abschaffung der Ungleichheit hinsichtlich der Verfügung über die Mittel des Lebens gleichsam, eben wie in der Familie, »organisch« – ohne dass es eines besonderen Aktes ihrer Zuteilung bedarf.[59] Die Denker des Kommunismus zielten auf eine Vereinfachung des gesellschaftlichen Zusammenlebens und eine Vereinheitlichung der menschlichen Bedürfnisse.

4. Exklusive Bindungen

Menschliche Bindungen bedeuten, dass mir der eine Mensch mehr wert ist als der andere. Zu fordern, mir sollte jeder Mensch auf der Welt gleich viel bedeuten, heißt zu fordern, jedes Gefühl des besonderen Verbundenseins mit einem anderen zu unterdrücken, solche Gefühle nicht einzugestehen, sie aufzuopfern. Mit allen verbunden sein heißt mit keinem verbunden sein, heißt zu allen dieselbe Distanz wahren. Mit keinem verbunden sein heißt, das aufzugeben, was menschliches Leben maßgeblich ausmacht; es heißt, aus dem Menschen einen bindungslosen isolierten Solitär zu machen, ihn zu vereinsamen, ihn beziehungslos in die Welt zu stellen. Denn: Einem anderen Menschen

UNIVERSALISMUS – EINE MENSCHENMÖGLICHE OPTION?

nah sein heißt ihm in besonderer Weise verbunden sein, heißt, ihm näher zu sein als anderen.

»Einem anderen nah sein« ist so wie »groß sein« kein absoluter, sondern ein relativer Begriff. Groß ist man, wenn man größer ist als viele andere; man kann auch größer sein als x und kleiner sein als y. Wenn aber alle Menschen gleich groß wären, wäre keiner groß – und keiner klein. Wenn ich mit allen Menschen befreundet bin, habe ich keinen Freund. Wenn ich keinen Freund, also zu niemandem eine engere Beziehung als zu allen anderen und niemandem gegenüber umfangreichere Pflichten als allen anderen gegenüber habe, bin ich ein Alleinstehender. Wer sich in seiner universalistischen Einstellung nicht selbst beschränkt, macht sich zu jenem atomisierten Wesen, das er gerade nicht sein will. Wer alle exklusiven Beziehungen zu anderen Menschen aufgibt, weil er jede Ungleichbehandlung anderer für eine illegitime Diskriminierung hält, verliert den Zugang zum Inneren seiner nächsten Umgebung. Wenn es gleich wichtig ist, den Fremden wie den Nächsten zu unterstützen, existieren auch keine ungleichen Loyalitäten.

Der Mensch kann auf der Basis einer Einsicht in gesellschaftliche Erfordernisse oder der Akzeptanz rational begründeter Moralnormen tief verwurzelte Neigungen überwinden. Sein stammesgeschichtliches Gewordensein wird von seiner kulturellen Evolution überformt. Insofern setzt die Biologie den menschlichen Verhaltensmöglichkeiten keine starren Grenzen. Jeder einzelne Mensch ist im Grunde genommen zu jeder Form selbstschädigenden Verhaltens fähig. Trotzdem ist die Plastizität des durchschnittlichen Verhaltens der Mitglieder einer Population zu jedem gegebenen Zeitpunkt nicht unbegrenzt und nicht beliebig beeinflussbar. Die Häufigkeit der praktizierten

Selbstüberwindung sinkt mit abnehmendem Verwandtschaftsgrad und der Größe der Sympathiegruppe.

Es ist daher nicht verwunderlich, wenn Biologen und Verhaltensforscher bis jetzt »noch bei keinem Lebewesen Anzeichen für einen echten Altruismus gefunden« haben, »der sich ohne Diskriminierung auf die ganze Art oder auch nur auf eine Population erstreckte«.[60] Deshalb gibt es im realen Leben »keinen ethischen Kosmopolitismus; die potentiell friedfertige, altruistische Moral der Kleingruppe«, so Hans Mohr, »bleibt auf ›Sippe‹ und ›Stamm‹ begrenzt«.[61] Politiker täten daher gut daran, sich klarzumachen, dass das Weltbürgertum bis auf weiteres ein frommer Wunsch bleibt[62]: Wir sind »nicht bedingungslos bereit«, so Franz Wuketits, »anderen Menschen (oder gar Tieren) unsere Hilfe angedeihen zu lassen«.[63] Obwohl »der Altruismus in der Evolution unserer Gattung eine wichtige Rolle [spielt]«, haben wir unsere Hilfe »nie beliebig ausgedehnt«.[64] »Demnach ist die Hoffnung, ein Mensch könnte *alle* anderen Menschen sozusagen ins Herz schließen, durchaus unbegründet.«[65]

Auch in Zukunft werden Menschen um die Reproduktion ihres Lebens kämpfen müssen. Die empirische Welt ist und bleibt eine Welt der Knappheiten – und damit der Austragung von Konflikten. Selbst der von Jeremy Rifkin erhoffte und angemahnte Übergang zu einem globalen empathischen Bewusstsein, der die »Menschheit zu einer Großfamilie«[66] werden ließ, würde daran nichts ändern. Ungeachtet unserer Verflechtungen in der Welt, bleiben wir Einzelne, die sich um ihr individuelles Dasein bemühen.

IV.
Selbstbehauptung als Selbstverständlichkeit

1. *Menschliches Selbstverständnis*

Die allermeisten dürften es für eine Selbstverständlichkeit halten, sich zunächst einmal um sich selbst zu kümmern; sie betrachten es als fraglos legitim, nicht nur das eigene Überleben zu garantieren, sondern sich auch um das eigene Fortkommen zu bemühen, darum, den eigenen Lebensstandard zu verbessern, für das Auskommen und die Ausbildung der eigenen Kinder zu sorgen – und zwar unabhängig davon, wie gut es anderen geht und in welchem Maße es ihnen gelingt, dieselben Ziele zu erreichen.

Auf die Erfahrung, dass sich Menschen am intensivsten mit ihren eigenen Angelegenheiten beschäftigen und gerade nicht im Dienst für das Ganze aufgehen, hatte schon Aristoteles eines seiner Argumente gegen Platons kommunistisches Idealstaatsmodell gestützt.[67] Die Einstellung, in unserem Nahbereich mehr Pflichten zu akzeptieren, spiegelt sich letztlich auch in weit verbreiteten moralischen Überzeugungen wider. Offenbar gehört es zum menschlichen Selbstverständnis des evolutionär gewordenen Menschen, sich nicht nur als ein »allgemeiner Mensch«

SELBSTBEHAUPTUNG ALS SELBSTVERSTÄNDLICHKEIT

zu begreifen, sondern sich in seiner Konkretheit und Besonderheit zu sehen und von diesem individuellen Standpunkt aus Ansprüche und Pflichten gegenüber anderen Menschen zu formulieren.[68]

Sich in erster Linie um das eigene Wohl, die Verwirklichung der eigenen Interessen zu kümmern ist aber nicht nur eine kulturübergreifende Invariante menschlichen Verhaltens. Diese Einstellung ist aufs Engste mit der Idee des Privateigentums verwoben; sie liegt dem Handeln auf Märkten und jeglichem Wettstreit zugrunde und ist eine entscheidende Triebkraft allen Fortschritts.

Das Recht auf Privateigentum sichert jedem Einzelnen die Verfügungsgewalt über die Früchte seiner Arbeit. Niemand ist berechtigt, zu entwenden oder auch nur mitzubenutzen, was einem anderen gehört. Umgekehrt ist niemand verpflichtet – weder rechtlich noch moralisch –, Diebstahl oder unerlaubte Mitbenutzung seines Eigentums zu dulden. Dagegen vorzugehen steht jedem ein Notrecht zu. Auf der ganzen Welt werden Haus und Hof gegen ungebetene Eindringlinge verteidigt. Die Besetzung von Lebensraum ist ein Entzug von Lebensmöglichkeiten. Das individuelle Weiterleben ist an die Produktion und Reproduktion materieller Voraussetzungen gebunden. Der nicht-gerechtfertigte Entzug oder die Zerstörung dieser Voraussetzungen begründen ein Recht auf Selbstverteidigung. Selbstverteidigung ist ein Akt der Selbstbehauptung. Und Selbstbehauptung ist die elementarste Bedingung der Möglichkeit des Weiterlebens. Um sein Weiterleben zu kämpfen sollte, sofern berechtigte Interessen Dritter unberührt bleiben, niemandem verboten werden.

Als eine Grundorientierung gilt die Einstellung, sich um die Verwirklichung der eigenen Interessen zu kümmern, jedoch nur *prima facie* – das heißt, unberücksichtigt bleiben zunächst besondere Konstellationen wie etwa die, dass wir die unvorteilhafte Lage anderer in einer moralisch unzulässigen Weise mit herbeigeführt haben. Die Frage, ob wir für das schlechtere Leben der anderen in einem moralischen Sinne zumindest mitverantwortlich sind, ist daher von eminenter Bedeutung.

2. Moralischer Universalismus – lebensfremd und Kultur zerstörend

Vergegenwärtigt man sich diese Tatsachen, wird man die Realisierung der Forderung des moralischen Universalismus, die Interessen aller anderen Wesen mit gleichem moralischen Status so zu berücksichtigen, als wären es die eigenen, für wenig wahrscheinlich und auch nicht förderlich, ja, für geradezu lebensfremd und letztlich Kultur zerstörend halten.

Wer, etwa durch eine Innovation, seinem Unternehmen Wettbewerbsvorteile verschafft und dessen Marktposition verbessert, hat getan, was seiner Aufgabe als Unternehmer entspricht. Dass er damit die Investitionen seines unmittelbaren Mitkonkurrenten entwertet, dessen Firma womöglich ruiniert und zum Verlust von dessen Haus und Hof beigetragen, ihn persönlich also massiv geschädigt hat, mindert nicht seine Chancen, zum Unternehmer des Jahres erkoren zu werden. Der Sportler, der seinen Konkurrenten besiegt und dessen Hoffnungen zerstört, steigt zum umjubelten Star auf und hat sich womöglich wirtschaftlich saniert. Dass er seine Gegner gleichzeitig frustriert, ihre staatliche Förderung beendet, ihre Karriere ruiniert und sie vielleicht in das Reich des Vergessens geschickt hat, ist eine (unvermeidbare) Nebenwirkung, die niemand der Erwähnung wert hält.

Jede Bewertung unter Leistungsgesichtspunkten impliziert Abwertungen; jede Hervorhebung des Außerordentlichen ist eine Kennzeichnung von weniger Hervorhebenswertem. Ohne die Möglichkeit, sich auszuzeichnen, und ohne Auszeichnung des Besseren, ist keine Kultur – im weitesten Sinne – denkbar. Kultur ist das Verlassen eingefahrener Bahnen, Durchbrechen der Nivellierung, Hervorbringung von Neuem. Kultur entsteht durch Solidität, Präzision und Kreativität. Dort aber, wo Spitzenleistungen zugelassen sind und auch erbracht werden, ist gesellschaftliches Ansehen ungleich verteilt: Die einen leben in dem Bewusstsein, ihre überlegenen Fähigkeiten unter Beweis gestellt zu haben; die anderen müssen ihre Unterlegenheit erkennen – wenigstens auf dem fraglichen Gebiet. Aber auch sie können die Spielart wechseln und versuchen, sich anderweitig zu beweisen und hervorzutun.

Ich bin mir nicht sicher, ob die folgende Überlegung Sinn macht, aber sie scheint mir wert, verfolgt zu werden: Vielleicht verfügen viel mehr Menschen über spezifische Fähigkeiten – nur sind »die Spiele«, die sie zu herausragenden Akteuren machten, noch nicht erfunden worden? Jede Gesellschaft scheint bestimmte Fähigkeiten und Verhaltensweisen zu begünstigen, sodass bestimmte Persönlichkeitstypen besser angepasst und in dieser Art Gesellschaft erfolgreicher sind. Daher mag, wer in der einen Gesellschaft Schwierigkeiten hat, seinen Platz zu finden, in einer anderen Gesellschaft zu den Erfolgreichen gehören. Aber jede Gesellschaft ist nun einmal konkret. Selbst wenn sich für das einmalige individuelle Fähigkeitsbündel jedes einzelnen Menschen eine Gesellschaft konstruieren ließe, in der er am besten angepasst und gleichsam der Fitteste ist (woran ich nicht glaube), gäbe es doch immer Erfolgreiche und weniger Erfolgreiche.

Daher geht kein Weg an der Erkenntnis vorbei: Unter allen denkbaren gesellschaftlichen Verhältnissen entstehen Beziehungen der Über- und Unterordnung. Deshalb sind Gesellschaften und überhaupt Gruppen von Menschen – und zwar ganz unvermeidlich – hierarchisch gegliedert. Und deshalb genießen manche Privilegien und andere nicht. Es nützt nichts, dies nicht wahrhaben zu wollen. Gesellschaften unterscheiden sich nicht dadurch, ob sie Hierarchien zulassen, sondern wie mit ihnen umgegangen wird. Der Universalismus folgt der fragwürdigen Illusion, dass jeder Mensch auf der Welt glücklich werden kann, wenn wir es nur wollen. Aber selbst wenn es in unserer Macht stünde, für das universale Glück zu sorgen: Wer eigentlich möchte in einer Gesellschaft leben, in der auch der Dumme und Ehrgeizlose, der Träge und Faule denselben Platz an der Sonne hat und dieselbe Anerkennung genießt? Und vor allem: Was würde aus einer solchen Gesellschaft über kurz oder lang werden?

3. Kognitive, lebenspraktische und moralische Selbstverwaltung

Seit der Aufklärung begreifen sich Menschen als autonom. Autonom zu sein ist das Merkmal eines Wesens, das seine Vernunft als ein rationaler Selbstgesetzgeber gebraucht. Selbstgesetzgeber ist, wer sich die Regeln seines Verhaltens und Handels auf der Basis eigenständiger rationaler Überlegungen selbst gibt und ihnen entsprechend handelt. Ein solcher Mensch verwaltet sich und sein Leben selbst. Eine solche Selbstverwaltung hat verschiedene Facetten. Ich nenne drei.

Die Selbstverwaltung eines vernünftigen Wesens bezieht sich *erstens* auf die Überzeugungs-, Urteils- und Willensbildung (*kognitive Selbstverwaltung*). Dazu gehört, dass man seine Überzeugungen, seine Urteile und seinen Willen auf der Grundlage eigenständiger Überlegungen und möglichst unbeeinflusst von allen Formen der Indoktrination bildet. Zwar ist unsere Wahrnehmung und unser Denken kulturell eingebunden, zwar werden wir durch Erziehung und Lebenserfahrung geprägt, zur kognitiven Selbstverwaltung gehört es aber, auch solche Einflüsse zu reflektieren und zu berücksichtigen.

Die Selbstverwaltung eines vernünftigen Wesens bezieht sich *zweitens* auf die Entscheidungen, die die Art, wie wir leben, konstituieren (*lebenspraktische Selbstverwaltung*). Dazu gehört wesentlich, dass man die Berufswahl, die Wahl des Ehepartners, den Entwurf des Lebensstils sowie alle Entscheidungen, die letztlich mitbestimmen, was für ein Leben man führt, selbstbestimmt trifft. Ein selbstbestimmtes Leben zu führen geht lebenspraktisch damit einher, auf sich selbst gestellt und für sich selbst verantwortlich zu sein. Selbstbestimmung ermöglicht Selbstverwirklichung, fordert aber auch, Risiken individuell zu tragen.

Die Selbstverwaltung eines vernünftigen Wesens bezieht sich *drittens* auf unser moralisch relevantes Denken (*moralische Selbstverwaltung*). Dazu gehört, dass man sich moralischen Forderungen – die etwa in der eigenen Gesellschaft im Schwange sind – nicht bedingungslos unterwirft, sondern nach ihrer rationalen Begründbarkeit oder gesellschaftlichen Zweckmäßigkeit fragt. Auch hier gilt zwar, dass der Einzelne immer schon in einer Gesellschaft lebt und mit deren Traditionen und Sitten verbunden ist, als Selbstgesetzgeber aber Herr seiner Anschauungen und Meinungen sein sollte. Zur *rationalen* Selbstgesetzgebung gehört aber auch, dass man, sofern Kooperation unverzichtbar ist, nur solchen Regeln folgt, denen vernünftige Akteure zustimmen können.

Sich in diesen Dingen selbst verwalten heißt insbesondere, unabhängig zu sein von Vorgaben der Politik. In einer liberalen Gesellschaft leben heißt weitgehend frei sein von diesbezüglichen Gängelungen, heißt, nach seiner Fasson selig werden zu können – heißt auch, seine Vorlieben artikulieren, seine Urteile unabhängig von vorgegebenen Maßstäben des politisch Korrekten frei äußern zu können. In liberalen Gesellschaften ist niemand autorisiert, festzulegen, wie ein gutes Leben zu leben ist. Liberale Gesellschaften sind Gesellschaften von rationalen Selbstverwaltern und Selbstgesetzgebern. Sie betrachten die gesellschaftlich gesicherte Freiheit des Einzelnen zur Selbstverwaltung als eine Frage der Menschlichkeit.

V.
Die Moral des moralischen Universalismus

1. Universale Nächstenliebe?

Die Forderung der universalen und uneingeschränkten Nächstenliebe – aufgefasst als die Forderung, die Interessen jedes anderen Menschen so zu behandeln, als wären es die eigenen – ist nicht von dieser Welt. Obwohl bereits in der antiken Philosophie Universalisierungsbestrebungen zu verzeichnen waren (I.1), ist sie weder in der antiken jüdischen noch der griechischen Ethik vertreten worden, und sie wird auch nicht in einer Ethik der Menschenrechte akzeptiert.

Zudem verband Jesus seine Forderung nach Nächstenliebe mit einer radikalen Kritik an Reichtum und Besitz. Seine Jünger sollten heimatlos sein, das Haus des Vaters verlassen, auf Familie und jeglichen Besitz verzichten.[69] »Eher geht ein Kamel durch ein Nadelöhr«, so warnte er, »als daß ein Reicher in das Reich Gottes gelangt« (Mk. 10,17; siehe auch Mt. 19,16/30; Lk. 18,18/30). Das frühe Christentum sang das Lob der Armen und prophezeite den Reichen das denkbar größte Übel. »Die Hungernden beschenkt er mit seinen Gaben«, heißt es bei Lukas, »die

Reichen läßt er leer ausgehen« (Lk. 1,53). Und dem Ideal entsprechend, stellt der Evangelist die urchristliche Gemeinde in Jerusalem als eine Gesellschaft ohne Privatbesitz vor.[70] Dieser beschworene frühchristliche Liebeskommunismus mag in Erwartung des bevorstehenden Gottesreiches als sinnvoll erschienen sein, nachdem jedoch die endzeitlichen Hoffnungen enttäuscht waren, stellte sich die Frage, wie die ursprünglichen Forderungen zu verstehen sind und das Auseinanderklaffen von Anspruch und Wirklichkeit zu interpretieren ist.[71]

Nach dem Ausbleiben der Wiederkunft des Herrn musste ein Weg gefunden werden, den Besitz zu rechtfertigen, ohne die christliche Armutsforderung zu ignorieren. Zum einen wurden die Worte Jesu zur Besitzlosigkeit fruchtbar gemacht, indem man Bedingungen formulierte, unter denen Besitz zu akzeptieren ist. Der Einzelne sollte sich nicht im Streben nach Reichtum aufzehren, sondern von seinem Besitz einen rechten Gebrauch machen – nämlich sich in angemessener Weise um sich, seine Familie und die Gemeinde kümmern und Arme unterstützen. Zum anderen wurden soziale Unterschiede durch die Lehre erträglich gemacht, dass vor Gott und im Hinblick auf die Erlösung alle Menschen gleich seien. Auch Armen, Sklaven und Frauen stand also das Reich Gottes offen. Damit war ein Weg gefunden, die grundsätzliche Berechtigung von Eigentum und Privatbesitz anzuerkennen.[72]

Zwar blieb die Pflichterfüllung freiwillig und das Wohltun ein Akt der Barmherzigkeit, zwar blieb das Motiv des Wohltuns auf das eigene Seelenheil gerichtet, innovativ war jedoch der Gedanke der religiösen Gleichstellung, »welche die Heilszukunft aller Menschen unabhängig von Nation, Stand und Geschlecht allein auf den Glauben und sonst nichts gründete«[73]. Damit war aber sowohl die Realisierung des eigentlichen Zieles, nämlich des Seelenheils, als auch die Realisierung der faktischen Gleichheit in eine transempirische Welt verlegt – was diesen Bestrebungen zugleich Enttäuschungsresistenz garantierte.

Wahrscheinlich haben die meisten Menschen auch altruistische Interessen und wahrscheinlich empfinden sie auch Mitleid mit anderen. Trotzdem schätzen wir unser eigenes Leben mehr als das eines Mitbürgers oder gar Fremden. Wir Streben nach Selbsterhaltung, und dieses Ziel der Erhaltung unseres eigenen Lebens verfolgen wir mit weit größerem Einsatz und Nachdruck als das Ziel, das Leben eines Fremden zu bewahren. Das Leben unserer Kinder und Nächsten ist für uns bedeutungsvoller als das Leben der anderen. Wenn wir aus einem brennenden Haus entweder nur das eigene Kind oder das des Nachbarn retten können, retten wir unser Kind. Wer dies nicht täte, träfe kaum auf Bewunderung.

Wir teilen nicht mit unserem Nachbarn, der weniger verdient. Und auch dieser Nachbar käme nicht auf die Idee, einen »Finanzausgleich« zu fordern, weil er weiß, dass unser Einkommen höher ist als das seine. Ebenso wenig würde er glauben, er sei berechtigt bei uns einzuziehen, weil seine Wohnung naß und unsere trocken ist. Bei aller Nächstenliebe können wir das Eigene vom Fremden unterscheiden. Allgemein ist festzuhalten: Für die Verwirklichung unserer eigenen Interessen strengen wir uns mehr an als für die anderer Menschen. Wir empfinden auch keine Verpflichtung, Geld zu verdienen, um es Menschen spenden zu können, denen es weniger gut geht als uns selbst. Oberhalb einer Grenze des zum Leben Notwendigen ist jeder seines Glückes eigener Schmid.

Was innerhalb einer Gruppe gilt, gilt aber auch zwischen den Gruppen: Die meisten von uns sind in höherem Maße bereit, Solidarität mit Angehörigen des eigenen Volkes zu üben als mit denen anderer Völker oder der Menschheit als Ganzer. Der weitaus größte Teil der gigantischen Transferzahlungen, die Westdeutsche seit dem Zusammenbruch des Ostblocks bereitstellten, kamen den Ostdeutschen und nicht den Russen oder Tschechen zugute. Man ist selbstverständlich frei, sich mit Friedhelm Hengsbach zu wünschen, dass »die Grundsätze der gleichen Gerechtigkeit und Solidarität« von »den Kommunen über die Länder, Nationen, Kontinente bis hin zu allen Bewohnern des Planeten Erde« gelten sollten.[74] Nur, man muss dann auch bereit sein, die Bevorzugung der Ostdeutschen durch die Westdeutschen, das nationale, also partikularistisch beschränkte, Aufbauwerk nach der Wiedervereinigung, als Ausdruck eines unterentwickelten moralischen Empfindens, ja womöglich als einen Akt der Unmoral zu deuten. Ein solcher Akt der Unmoral wäre auch jede bevorzugte Hilfe innerhalb der Europäischen Union, denn auch sie schließt Menschen mit denselben Interessen aus. Natürlich würde heute niemand sagen: »Wie es den Russen geht, wie es den Tschechen geht, ist mir total gleichgültig.«[75] Aber auch heute noch helfen Deutsche bevorzugt Deutschen oder Russen bevorzugt Russen oder Tschechen bevorzugt Tschechen. Die Forderung Wladimir Solowjows: »Du sollst jedes andere Volk lieben wie dein eigenes«[76], wurde bisher nicht erhört.

Dies schließt nicht aus, dass wir uns mit den Menschen anderer Länder und Kontinente im Rahmen einer Gattungssolidarität verbunden fühlen. Katastrophen- und Entwicklungshilfe, unser Mitfühlen mit dem Leid der Anderen sind Ausdruck dieser emotionalen Verbundenheit. Und natürlich sollen wir dieses Empfinden kultivieren – etwa indem wir die Bereitschaft entwickeln, die Anderen als uns ähnlich wahrzunehmen und das zu sehen, was sie und wir gemeinsam haben –, und natürlich sollen wir uns von diesem Empfinden auch leiten lassen. Doch letztlich gilt auch in diesem Falle, dass ein vernünftiges Wesen seine Gefühle reflektiert und ihnen nicht blindlings folgt.

2. Was uns der moralische Universalismus zumutet

Wäre die Welt wirklich besser, wenn wir jede partikularistische Einstellung komplett aufgeben würden? Dies zu glauben wird uns von moralischen Universalisten zugemutet. Man sollte sich jedoch klarmachen, welche Konsequenzen es hätte, wenn wir dieser Forderung nachkämen. Wenn es moralische Pflicht ist, die Interessen der anderen für genauso wichtig zu halten wie die eigenen, ist jeder Einzelne und jede einzelne Gemeinschaft aufgefordert, zur Verfügung stehende Ressourcen so einzusetzen, dass die Interessen aller Menschen auf dem Planeten gleichmäßig verwirklicht werden. Der moralische Universalismus führt in einen Egalitarismus. Egalitaristen halten eine Verbesserung der Lage jener, denen es – gemessen an einer für alle geltenden Dringlichkeitsskala der Bedürfnisse – schlechter geht als anderen, für dringlicher als eine weitere Steigerung des Wohlstands derer, denen es ohnehin schon gut geht.[77] Nach Überzeugung mancher unter ihnen fallen sogar Gewinne für die minder Privilegierten stärker ins Gewicht als Verluste der Privilegierten.[78]

Nun dürfte nahezu jeder Mensch auf der Welt an einem möglichst langen und gesunden Leben interessiert sein. Das heißt, die zur Verfügung stehenden Mittel wären weltweit so zu verteilen, dass diese gleichen Interessen gleichmäßig bedient werden. Tatsächlich jedoch lebt ein Großteil der Bevölkerung in den reichen Ländern im Luxus, während es in armen Ländern häufig am Notdürftigsten mangelt – teilweise um satt zu essen zu haben, teilweise um Epidemien zu verhindern oder Seuchen zu bekämpfen. Werner Sombart verstand unter »Luxus« jeden Aufwand, der über das Notwendige hinausgeht, und er war sich bewusst, dass dieser Begriff seinen Inhalt erst in Abhängigkeit von einer Bestimmung des Notwendigen bezieht.[79] Angesichts der Evidenz der Unterschiedlichkeit der Lebensverhältnisse in den ärmsten und den reichsten Ländern der Welt ist es jedoch nicht erforderlich, sich dem notorisch schwierigen Versuch einer Definition des Notwendigen zu unterziehen. Ohne sich zu einigen, wo genau die Grenze zum Überflüssigen überschritten wird, dürfte es unstrittig sein, dass durch eine andere Verteilung der vorhandenen Mittel – zumindest kurzfristig – deutlich bessere Ergebnisse hinsichtlich der gleichen Bedürfnisse beziehungsweise der allgemein geteilten Ziele (Gesundheit und ein langes Leben) zu erreichen wären.

Nur, welche Verpflichtungen ergäben sich, wenn man die Forderungen des moralischen Universalismus ernst nähme? Zunächst stünde die Forderung im Raum, die sozialstaatlichen Leistungen, die ein reiches Land seinen Bürgern gewährt, auf das weltweite Durchschnittsniveau zurückzufahren und die freigewordenen Mittel den ärmeren Ländern zur Verfügung zu stellen. Selbstverständlich wäre auch jedem Menschen der Welt die Möglichkeit zu eröffnen, in die sozialstaatlichen Sicherungssysteme anderer Länder einzuwandern (so lange sich dies noch als lukrativ erweist). Stellen und Aufträge wären weltweit auszuschreiben, sodass es nicht von vornherein zu einer Bevorzugung von Gemeinschaftsmitgliedern kommt.

Handlungspflichten ergäben sich aber nicht nur für Staaten. Jeder Einzelne hätte die Pflicht, auf bestimmte Facetten seines Wohlergehens zu verzichten, wenn dadurch Menschen vor »schlechten Leben« bewahrt werden können.[80] Ted Honderich zufolge sind wir aufgefordert, »Mittel zum Wohlbefinden« von »den Bessergestellten zu den Schlechtgestellten« zu transferieren.[81] Jede Unterlassung dieser Art hat die Folge, dass einige Leben verloren sind oder schlechte Leben bleiben, und diese Folgen sind Folgen unserer Entscheidungen – nämlich, etwas nicht zu tun.[82] Für diese Folgen, so wir sie hätten verhindern können, wären wir nach dieser Sichtweise verantwortlich. Da aber nicht zu sehen sei, so Honderich, inwiefern Unterlassungen in Bezug auf schlechte Folgen weniger falsch sein sollten als Handlungen, die dieselben Folgen haben,[83] wäre jeder Nicht-Transfer von Mitteln, der uns möglich ist, ohne nicht selbst Schlechtgestellte zu werden, jeder Luxus, den wir uns genehmigen, jede Urlaubsfahrt ein moralisches Verbrechen.

Natürlich lassen sich solche Überlegungen zwanglos auf sämtliche Lebensbereiche ausdehnen. Wenn wir moralisch verpflichtet wären oder uns selbst dazu verpflichteten, die in den reichen Gesellschaften des Westens als berechtigt anerkannten Interessen eines jeden Menschen auf der Welt so zu berücksichtigen, als wären es unsere Interessen, dann wäre es unsere Pflicht, die Mittel zur Befriedigung der Bedürfnisse dorthin zu lenken, wo sie den größten Nutzen, den maximalen Zuwachs an Bedürfnisbefriedigung, erzielen. Für viele Patienten beispielsweise, die das kostspielige Gesundheitssystem des reichen Westens mit seinen Möglichkeiten der modernen Medizintechnik in Anspruch nehmen, könnte sich die Pflicht ergeben, auf eine kostspielige Behandlung zu verzichten, um durch die dadurch freigewordenen Mittel die Rettung vieler Kinder in der Dritten Welt vor dem Hungertod zu ermöglichen. Jeder Patient letztlich, der sich einer kostenintensiven Operation unterzieht, um seine Lebenserwartung vergleichsweise marginal zu verlängern, jeder Patient, der sich einer langwierigen, Ressourcen bindenden Behandlung aussetzt, um seine Leiden zu lindern, sorgte unter Umständen dafür, dass andere frühzeitig sterben, obwohl ihnen mit einem viel geringeren Aufwand ein langes Leben beschert werden könnte.

Wer diese Beispiele für überzogen hält oder glaubt, dass Schlussfolgerungen dieser Art von moralischen Universalisten letztlich nicht gezogen werden, irrt. Diese Überlegungen liegen in der Logik eines Gleichheits- beziehungsweise Gerechtigkeitsutilitarismus. Im konkreten Fall äußerte sie eine evangelische Pastorin aus der Schweiz, der zufolge die »Luxusmedizin« des Westens ein ethischer Skandal ist – eine mörderische Praxis, »errichtet auf den Gebeinen von Millionen verhungerter Kinder aus der Dritten Welt«.[84]

Denkt man sich in diese Logik ein, drängen sich überraschende Überlegungen auf. Nicht nur die eigene Gesundheitsversorgung oder der eigene Luxuskonsum reduzieren unser spendenfähiges Geldaufkommen; auch in den westlichen Ländern aufgezogene Kinder beanspruchen mehr Mittel pro Kopf als in Afrika aufgezogene Kinder. Das heißt aber: Die Erfüllung ihres Kinderwunsches wird für eine moralische Universalistin des Westens rechtfertigungsbedürftig. Und als Rechtfertigungen kommen nur Argumente in Frage, die zeigen, dass die durch den Verzicht auf eigene Kinder möglich gewesene, aber nunmehr entgangene Kostenersparnis beziehungsweise Spendenfähigkeit zumindest langfristig kompensiert wird – etwa dadurch,

»dass Kinder durch diejenigen Werte beeinflusst werden, die ihre Eltern haben und im Alltag vertreten«[85]. Das Haben eigener Kinder wäre danach gerechtfertigt, wenn es gelingt, aus ihnen moralische Universalisten zu machen!

Aber selbst einmal angenommen, wir akzeptierten das Prinzip der gleichen Interessenabwägung, auch dann wären Singers Schlussfolgerungen keineswegs so zwingend, wie er selbst glaubt. Entscheidend für seine Begründung von Hilfspflichten ist die (erste) Prämisse, dass, wenn wir etwas Schlechtes verhüten können, ohne irgendetwas von *vergleichbarer moralischer Bedeutsamkeit* zu opfern, wir es tun sollten. In Verbindung mit der (zweiten) Prämisse, dass absolute (»äußerste«) Armut schlecht ist, und der (dritten) Prämisse, dass es ein bestimmtes Maß an absoluter Armut gibt, das wir verhüten können, ohne irgend etwas von vergleichbarer moralischer Bedeutung zu opfern, ergibt sich die Schlussfolgerung, dass wir ein bestimmtes Maß an absoluter Armut verhüten sollten.[86] Ich möchte nun nicht argumentieren, dass absolute Armut nicht verhütet werden sollte. Mir geht es vielmehr darum, die Gültigkeit der dritten Prämisse des Singer'schen Syllogismus in Zweifel zu ziehen. Tatsächlich nämlich scheint man die These verteidigen zu können, dass man mit Einkommen nicht nur Lebensqualität, sondern auch Lebenserwartung »kaufen« kann. Auch wenn der Grenznutzen der erworbenen Güter mit jeder weiteren aufgewendeten Geldeinheit sinken mag (was durchaus bestreitbar ist[87]), muss er doch deshalb nicht Null werden. Schon heute könnte wahrscheinlich das gesamte Einkommen eines Durchschnittsverdieners der westlichen Welt sinnvoll für medizinische Güter ausgegeben werden.[88] Wenn diese Annahme zutreffend sein sollte, bedeutete die Pflicht, absolute Armut zu verhüten, auf einen möglichen Zuwachs an eigener Lebenserwartung oder Lebensqualität verzichten zu müssen. Man mag durchaus annehmen, dass dieser Zuwachs geringer wäre als der Zuwachs, der durch die Bekämpfung absoluter Armut erreichbar ist.[89] Die Frage ist nur, ob dieses Opfer die von Singer genannte Voraussetzung erfüllt, nicht von vergleichbarer moralischer Bedeutung zu sein. Singer verbindet seine Begründung der Verpflichtung zu helfen, stillschweigend mit der Annahme, dass die Pflicht zum Verzicht auf einen vergleichsweise geringen Zuwachs an Lebenserwartung oder Lebensqualität, um damit einen weitaus größeren Zuwachs an Lebenserwartung oder Lebensqualität für andere Menschen zu generieren, kein Opfer von *vergleichbarer moralischer Bedeutung* verlangt.

Diese Annahme versteht sich jedoch nicht von selbst. Sie entspricht vielmehr der utilitaristischen Grundüberzeugung, dass eine Handlung dann moralisch richtig ist, wenn sie den Nutzen maximiert – gleichgültig wie dieser Nutzen auf die Individuen verteilt ist. Mit deutschem Recht beispielsweise, das eine quantitative Abwägung von Leben gegen Leben verbietet, ist diese Annahme jedenfalls nicht vereinbar. Natürlich ist der Hinweis auf das deutsche Rechtsdenken kein philosophisches Argument. Mein Argument lautet vielmehr, dass die utilitaristische Grundüberzeugung, die Singer abzuleiten sucht, bereits in der dritten Prämisse vorausgesetzt ist.

3. Was eigentlich fordert das Gebot der Feindesliebe?

Abgesehen von diesen Bedenken ist eine christliche Ethik noch aus einem anderen Grund nicht von dieser Welt. Es fragt sich nämlich, was genau das Gebot der Feindesliebe, verstanden als ein Gebot der Gewaltlosigkeit und Barmherzigkeit, im zwischenmenschlichen Verkehr fordert.

Was eigentlich bedeutet Feindesliebe, wenn der Feind in Gestalt eines unrechtmäßigen Angreifers daherkommt? Schließlich heißt es: »bittet für die, die euch verfolgen«. Nach wohl herrschender Auslegung hat die Ethik der Feindesliebe keine Möglichkeit, eine Schädigung des Anderen oder eine ihm vorenthaltene Dienstleistung in einem individuell oder gruppenbezogen übergeordneten Interesse zu rechtfertigen.[90] Das heißt, ein so verstandenes Gebot erklärt bei konsequenter Auslegung selbst eine individuelle oder kollektive Notwehrhandlung für unrechtmäßig – und zwar selbst dann, wenn der durch sie angerichtete Schaden kleiner wäre als der vermiedene. Eine Moral im Sinne einer solchen Auslegung der Predigt Jesu verzichtet selbst dem Feind gegenüber auf jedes Recht – auch auf das der Selbstverteidigung.[91] Danach hätten sowohl Einzelne als auch Staaten rechtswidrige Angriffe auf Rechtsgüter widerstandslos hinzunehmen. Menschen müssten sich – ohne Gegenwehr – einsperren, ausrauben, missbrauchen, verprügeln oder töten lassen; Staaten müssten es hinnehmen, dass sie von Fremden überrannt, besetzt und ausgesaugt werden.

Der Hintergrund eines solchen Verständnisses ist folgender: Die christliche Ethik kümmert sich in letzter Instanz nicht um die irdischen Interessen menschlicher Sünder, sondern um deren transempirisch zu realisierendes Seelenheil; ihr eigentlicher Sinn ist eine Anweisung zur Selbstrettung des Menschen. Deshalb können die Anforderungen, die an ein moralisches Verhalten zu stellen sind, auch keine Beschränkungen finden, die aus der Realisierung *irdischer* Eigeninteressen entsprängen. Das einzig wahre Selbstinteresse, das ein Mensch haben kann, ist, das moralisch Geforderte zu tun. Denn nur dann hat er Aussicht auf sein Seelenheil.[92]

Diese Deutung des Gebots der Feindesliebe ist nicht unumstritten. Schließlich forderte schon Paulus eine Bevorzugung der Glaubensgenossen (»Tut allen Gutes, vornehmlich aber den Glaubensgenossen« [Gal. 6,10]) und plädierte damit für eine Einschränkung der universal verstandenen Nächstenliebe.

Zu fragen ist des Weiteren, ob die Forderung, den Feind zu lieben, sich nur auf den unmittelbar zwischenmenschlichen Bereich bezieht oder sich auch auf das Handeln des Staates erstreckt.[93] Wenn der Staat die gottgewollte Ordnung unter den Menschen zu gewährleisten hat, muss er, so sollte man meinen, diese auch vor inneren und äußeren Feinden schützen. Wie aber sollte ein gewaltloser Staat dazu in der Lage sein? Führt somit die Forderung der Feindesliebe nicht zu unannehmbaren Konsequenzen? Offenbar ist Gewaltlosigkeit, so wäre dann zu folgern, nicht in einem absoluten Sinne gefordert. Wenigstens der Staat kann nicht zu einem totalen Verzicht auf Gewalt aufgerufen sein. Aber auch wenn man diese Auslegung (nämlich dass der Staat nicht zum Totalverzicht auf Gewalt aufgerufen sein kann) akzeptierte, müssten der Gewaltanwendung gegen den Feind Grenzen gesetzt werden – und zwar Grenzen, die sich aus dem Sinn des Gebots der Feindesliebe ergeben. Denn auch der Feind ist ein Geschöpf Gottes und als ein solches zu behandeln.[94]

Dieser Auslegung gemäß, kann das christliche Liebesgebot nur situationsbezogen, nämlich im Zusammenspiel mit dem historisch Gegebenen einer Kultur oder Epoche und den konkreten Fällen des praktischen Lebens, wirksam werden.[95] Danach wäre das Handeln des christlichen Menschen gleichsam eingebettet in die allgemeine Grundintention der Liebe. Gelebte christliche Moral käme dergestalt als eine Haltung, als eine allgemeine die konkreten Entscheidungen durchwaltende Gesinnung der Barmherzigkeit und Nächstenliebe zur Geltung. Sie wäre daher sehr wohl mit der Tötung eines gedungenen Mörders vereinbar, wenn dieser nur dadurch an seiner Tat gehindert werden kann.[96] Versuche hingegen, die gesellschaftlichen Verhältnisse im Geiste des Evangeliums zu revolutionieren und auch dem Feind unter allen Umständen gewaltlos zu begegnen, könnten nur zum Scheitern verurteilt sein.[97]

4. Menschenrechtsethik

Aber wie auch immer das christliche Gebot der Feindesliebe im Einzelnen zu verstehen sein mag, festzuhalten bleibt: Auch die Ethik der Menschenrechte hat den logisch denkbaren Prozess der Universalisierung keineswegs vollendet, sondern bleibt hinter der – freilich von noch keiner Gesellschaft gelebten – christlichen Moral zurück. Das Liebesgebot Jesu fordert die Überwindung der menschlichen Natur, und es sollte daher nicht verwundern, wenn Menschen die christliche Forderung für nicht akzeptabel halten und, falls doch, im Normalfalle an ihr scheitern.

Als Vertreter einer Menschenrechtsmoral akzeptieren wir zwar die Idee, dass alle Menschen uns gegenüber dieselben Abwehrrechte haben – wir sie also unter anderem nicht verletzen oder töten dürfen –, wir teilen aber keineswegs die christliche Überzeugung, dass wir gegenüber allen Menschen in grundsätzlich *gleicher Weise* zur Hilfe und Fürsorge verpflichtet sind. Daher wird man sagen müssen, dass unsere eigene moralische Praxis *in dieser Hinsicht* partikularistisch ist.

Dass wir nicht allen Menschen gegenüber in grundsätzlich gleicher Weise zur Hilfe und Fürsorge verpflichtet sind wie gegenüber unseren Nächsten, gilt freilich nur unter der Voraussetzung, dass wir für deren Not oder Hilfsbedürftigkeit nicht selbst die moralische Verantwortung tragen. Damit stellt sich die überaus wichtige Frage, welche Handlungen oder Unterlassungen eine solche Verantwortung begründen oder welche Umstände oder Sachverhalte die Übernahme einer solchen Verantwortung nahelegen. An dieser Stelle sei dazu nur Folgendes angemerkt: Dass wir die Lage der Hilfsbedürftigen oder Geschädigten »verursacht« haben,[98] reicht nicht aus, um eine moralische Verantwortung festzustellen und positive Pflichten zu begründen. Auch der Vater eines Mörders hat den Tod des Opfers durch die Zeugung des Täters mit verursacht, ohne deshalb an der Tötung durch den Sohn schuldig geworden zu sein. Moralische Verantwortung entsteht, wenn eine Rechtsverletzung schuldhaft herbeigeführt oder ein Schaden schuldhaft verursacht wurde. Pauschale Hinweise auf die Geschichte des Kolonialismus, auf wachsende globale Interdependenzen, auf vermeintlich ungerechte terms of trade oder auf ein früheres Profitieren Europas durch Wanderungsströme dürften jedoch nicht ausreichen, um die weitgehende Pflicht begründen zu können, auch alle Fremden wie die Nächsten zu behandeln (siehe auch VIII.6). Damit ist freilich noch nicht gesagt, dass wir nicht auch gegenüber Menschen in der Dritten Welt Pflichten haben, die aus einer moralischen Verantwortung dieser Art entspringen.

Diese Form des Partikularismus bewusst zu leben ist *insofern* rational, als sie das durchschnittliche menschliche Verhalten, wie wir es kennen und wie es seit je her kulturübergreifend praktiziert wird, als ein Faktum zur Kenntnis nimmt und ihm Rechnung trägt. Menschen identifizieren sich mit Gruppen, und sie definieren sich selbst über die Zugehörigkeit zu Gruppen. »Völker und Nationen versuchen heute«, so Samuel P. Huntington, »die elementarste Frage zu beantworten, vor der Menschen stehen können: Wer sind wir? Und sie beantworten diese Frage in der traditionellen Weise, in der Menschen sie immer beantwortet haben: durch Rückzug auf die Dinge, die ihnen am meisten bedeuten.«[99] Zu jenen Dingen, die jedenfalls vielen Menschen viel bedeuten und über die sie sich selbst definieren, gehört ihre Sprache, das Bewusstsein ihrer Herkunft, gehören Sitten und Gebräuche, gehört ihre Religion, gehört ihre Teilhabe am Funktionieren sozialer Institutionen.

Ausdruck ihrer Identitätsbildung und ihres Zugehörigkeitsgefühls ist die Tatsache, dass es sehr viele Menschen vorziehen, unter ihresgleichen zu leben – unter Menschen, die ihre Sprache sprechen, die ihre Sitten und Bräuche, ihre Werte und Gewohnheiten teilen, die sich auf dieselben geschichtlichen Erfahrungen beziehen, ja, die so aussehen wie sie. Deshalb werden Einwanderer und selbst deren im Land geborene Nachkommen häufig nicht als Landsleute betrachtet; sie werden von der angestammten Bevölkerung nicht als ihresgleichen wahrgenommen.[100] In dem Maße, wie sich die Interaktionen zwischen Kulturen vervielfachen, scheinen die Menschen ihrer kulturellen Identität sogar zunehmend Bedeutung beizumessen.[101] Es mag sein, dass dieses Verhalten und die ihm zugrunde liegenden Empfindungen und Einstellungen »archaisch« zu nennen sind, daraus folgt aber weder, dass sie in der modernen Welt ihren ursprünglichen Evolutionsvorteil im Kampf um die Bewältigung des Daseins gänzlich verloren hätten, noch, dass wir in der Lage wären, diese Determinanten unseres Denkens und Fühlens einfach abzuschalten.

Trotzdem zielt die universalistische Bewegung nicht nur genau darauf ab (wogegen noch nichts einzuwenden wäre), sondern ihre Protagonisten sind zudem überzeugt, mit ihren diesbezüglichen Bestrebungen *in toto* erfolgreich sein zu können. Vor allem aber versuchen sie, ihre Vorstellungen, und zwar auch gegen den Willen breiter Bevölkerungskreise, praktisch umzusetzen. Sie möchten nicht nur sämtliche Formen von Ungleichheit abschaffen, jede Art der Diskriminierung beenden und eine uneingeschränkt solidarische Weltgesellschaft herstellen. Darüber hinaus möchten sie uns alle besser machen – sie möchten den Menschen so formen, wie er ihren moralischen Überzeugungen nach zu sein hat. Sie möchten den Menschen auf den Pfad der Tugend führen und glauben zu wissen, wie man es macht. Die Welt soll einst eine bessere Welt für alle sein und deshalb soll der reale Mensch zu einem wahrhaft humanen Vertreter seiner Gattung erzogen werden. Die Protagonisten eines moralischen Universalismus sehen sich als Vollender einer nachgerade »göttlichen« Mission. Ob der zurechtgestutzte Mensch die Welt wirklich besser macht, ist freilich ein Bedenken, das sich einem illusionär entgrenzten Universalismus nicht stellt.

Allgemein scheint hingegen Folgendes zu gelten: Die menschliche Bereitschaft, sich solidarisch zu verhalten, Verantwortung für den Mitmenschen zu übernehmen, sinkt mit dessen Andersheit. Neben Kultur- und Religionszugehörigkeit können schon Lebensstile und überhaupt sämtliche Abweichungen von Normalitätserwartungen den Unterschied ausmachen. Wer sich Konformitätszwängen nicht unterwirft oder sich auf sonst eine Weise zum Außenseiter macht, kann nicht auf dasselbe Maß an Solidarität hoffen. Niemand kann ein Verantwortungsgefühl für alle einzelnen Menschen auf der Welt entwickeln.

Deshalb muss man auswählen. Und da steht einem jener Mensch, den man als seinesgleichen erkennt, näher als die anderen. Nur kommunistische Diktatoren und nationalsozialistische Führer (und einige andere Groß-Verbrecher) gaben vor, sich für die Menschheit als Ganzes verantwortlich zu fühlen. Aber gerade sie waren es, die aus ihren vermeintlichen historischen Missionen und ihrem moralischen Überlegenheitsgefühl Selbstlegitimation für die schlimmsten Verbrechen gewannen.[102]

Die Praktizierung des Partikularismus schützt einerseits vor Überforderung und zerstört andererseits nicht die Anreize, die daraus resultieren, sich zunächst einmal um sich selbst und das Wohl der eigenen Gruppe kümmern zu müssen, die eigenen Kinder zu fördern, die eigenen Eltern zu pflegen. Indem wir die Forderungen eines uneingeschränkten Universalismus ablehnen, berufen wir uns nicht nur und auch nicht primär auf die menschliche Natur – denn jeder Einzelne könnte ja für sich selbst höhere Maßstäbe akzeptieren und seine Natur »überwindende« Entscheidungen treffen –, sondern wir bedenken auch die Konsequenzen für die Gestaltung des Lebens überhaupt und für das menschliche Zusammenleben insgesamt. Gleichheit (im Sinne gleicher Lebensaussichten) ist nicht nur kein Wert an sich[103] – alle staatlich organisierten Versuche, sie durch egalisierende Umverteilung und positive Diskriminierung herzustellen, enden früher oder später im politischen Desaster.

5. Der rationale Kern des Partikularismus

Gibt man dies zu, muss man auch einräumen, dass in der Ablehnung des moralischen Universalismus ein partiell berechtigtes Anliegen verborgen sein kann. Der Konzentration auf individuelle und gruppenbezogene Eigeninteressen scheint eine anthropologische Disposition zugrunde zu liegen, die sich in ihrer unterbewussten Kraftentfaltung weder durch Aufklärung noch durch moralische Erziehung vollständig neutralisieren lässt – einmal vorausgesetzt, man hielte eine Neutralisierung überhaupt für sinnvoll. Diese bevorzugte Verwirklichung sowohl eigener egoistischer als auch eigener altruistischer Interessen kann sich eben auch in einer Bevorzugung der Mitglieder jener Gruppen niederschlagen, denen wir angehören oder denen wir uns zugehörig fühlen.

In manchen dieser Gruppen ist die Mitgliedschaft frei gewählt; zu manchen gehören wir aber auch von Geburt an. Gerade letztere Gruppen erzeugen im Allgemeinen die wirkungsmächtigste Mitgliedschaft, die intensivsten Gefühle der Anziehung, aber auch der Abstoßung. Die Familie, das Volk, die Nation, der Staat, die Religionsgemeinschaft und, »auf weitester Ebene«, Kulturkreise[104] sind solche Gruppen. Man kann vermuten, dass die in ihnen freigesetzte Bindungsintensität mit wachsender Gruppengröße tendenziell schwächer wird und die Bedeutung anthropologischer Faktoren mit der Gruppengröße ab- und die sozialer Faktoren zunimmt. Eine partikularistische Einstellung steht also in Übereinstimmung mit bestimmten Facetten unserer Natur.

Dies ist aber nicht der einzige Grund, der für die Rationalität des Partikularismus spricht. Jede Mitgliedschaft in Gruppen ist exklusiv; sie schließt andere aus. Deshalb sorgt sie auch für exklusive Bindungen und Verpflichtungen. Wer Mitglied in einer Gruppe, einer Gemeinschaft ist, genießt deren Schutz und Loyalität und partizipiert von deren Ressourcen im Kampf um die Bewältigung des Daseins. Mitgliedschaft bedeutet mehr Sicherheit und mehr Wohlstand. In einer Gemeinschaft erhalten wir exklusive Unterstützung, die nur Mitgliedern zuteil wird.

Man mag nun einwenden, auch die Weltgesellschaft könnte doch eine Gemeinschaft sein. Dies ist richtig. Aber die Weltgesellschaft wäre keine bestimmte Gemeinschaft, keine Gemeinschaft, in der nicht jeder Mensch Mitglied ist. Auch die Weltgemeinschaft könnte Unterstützung gewähren, aber sie könnte niemandem – ohne sich als Gemeinschaft durch Zerfall in mehrere Gemeinschaften selbst aufzuheben – mehr Unterstützung gewähren als einem gleichgestellten Anderen. Weil in der Weltgemeinschaft alle gleich wären, entfaltete diese Gemeinschaft gerade keine besonderen Bindungen und keinen spezifischen Schutz. In einer Gemeinschaft, in der *jeder* durch Geburt Mitglied ist, entsteht kein Zusammengehörigkeitsgefühl, und deshalb auch genießt der Einzelne gerade keine besondere Sicherheit und Zuwendung, die sich auf seine Mitgliedschaft gründet. Gemeinschaftsdenken und das Gefühl, zusammenzugehören, setzt aber positive Kräfte frei – und auch deshalb ist eine Einstellung, die diese Verhältnisse befördert, rational.

Die Zugehörigkeit zu Gruppen wird an Eigenschaften oder Merkmalen festgemacht, wodurch sich die Mitglieder als Gleiche definieren. Für den Zusammenhalt der Gruppe ist entscheidend, dass sie sich als solche Gleiche fühlen – dass sie, nur um Beispiele zu nennen, ihre Abstammung ähnlich beschreiben, sich in derselben Tradition verorten oder eine gemeinsame Geschichte haben. Solche Zuschreibungen können höchst vage, in hohem Maße konstruiert und in vielerlei Hinsicht falsch sein. Aber das ist für die interne Gruppenbindung irrelevant. Entscheidend ist letztlich nicht die tatsächliche verwandtschaftliche Nähe, sondern der Glaube, man sei besonders nahe miteinander verwandt. Entscheidend ist nicht die Realität und klare Abgrenzbarkeit der ins Auge gefassten Traditionsbestände, sondern der gelebte Bezug auf sie. Entscheidend ist nicht, in welchem Maße die Geschichtsschreibung zutrifft, die die Geschichte des Zusammenlebens und der gemeinsamen Kämpfe beschreibt, sondern dass man ein gemeinsames Bild von der eigenen Geschichte hat. Es ist die Idee des Zusammengehörens, die zu einer kollektiven Kraftentfaltung im Dienste gemeinsamer Interessen befähigt.

Die Mitgliedschaft in Gruppen bietet für viele, ja die allermeisten Halt und Orientierung. Der Mensch ist ein soziales Wesen. Er bedarf des Aufgehobenseins in einer Gemeinschaft. Als Mitglied der Weltgemeinschaft hat man zu niemandem exklusive Bindungen. Nur Bindungen besonderer Art garantieren besondere Anstrengungen der Hilfeleistenden. Deshalb auch bevorzugen es viele Menschen, unter ihresgleichen zu leben, mit ihresgleichen zu verkehren. Obwohl das Leben in diesen Gruppen einen geschichtlichen und kulturellen (und insofern prinzipiell veränderbaren) Tatbestand verkörpert, sollte man zur Kenntnis nehmen, dass die mit diesen Institutionen verbundenen gruppenbezogenen Gefühle nicht ungestraft, sondern nur um den Preis der Missachtung fundamentaler menschlicher Bedürfnisse ignoriert werden können.[105]

Ein gelebter moralischer Universalismus kappte den Primat der Selbsterhaltung und Selbstentfaltung. Denn indem man in einer Welt knapper Ressourcen um seine Selbsterhaltung kämpft, berücksichtigt man die Interessen der anderen gerade nicht so, als wären es die eigenen. Es ist kein Zufall, dass Menschen im täglichen Leben eine Präferenz für das Eigeninteresse als moralisch zulässig anerkennen: durch die Hinnahme ungleicher Lebensverhältnisse oder mit dem individuellen Recht auf Notwehr oder mit der Privilegierung von Verwandten und Bekannten oder der Solidarisierung mit der Eigengruppe. Nur diese Anerkennung macht ein Leben außerhalb paradiesischer Verhältnisse, außerhalb des Schlaraffenlandes überhaupt lebbar.

Zudem kann die Zugehörigkeit zu einer Gemeinschaft mit höheren Pflichten und mit Einschränkungen von Abwehrrechten verbunden sein. Dies ist auf der Ebene des Staates etwa bei der Wehrpflicht oder bei rechtlich zulässigen Enteignungen der Fall. Auf der Ebene der Familie gelten sowohl moralische Fürsorge- und Erziehungspflichten als auch rechtliche Unterhaltspflichten. Gemeinschaften garantieren nicht nur Rechte und Privilegierungen; sie bedeuten auch Verpflichtungen und Last.

VI.
Universalismus – eine selbstzerstörerische Idee

1. Voraussetzungen gesellschaftlicher Stabilität

Das Zusammenleben mit Menschen, denen man sich – etwa aufgrund gemeinsamer Sprache oder Kultur, Abstammung oder Geschichte – zugehörig fühlt, begünstigt die Etablierung stabiler demokratischer Institutionen, innerhalb derer Entscheidungen nach dem Mehrheitsprinzip getroffen und von der unterlegenen Minderheit mitgetragen werden müssen.

Generell wird man darauf bedacht sein, gesellschaftliche Widersprüche nicht eskalieren zu lassen und Interessenkonflikte auf einem Niveau zu belassen, auf dem sie noch friedlich lösbar sind. »Lösbarkeit« meint in diesem Zusammenhang dialektische Aufhebbarkeit. Eine Lösung bringt Konflikte nicht zum Verschwinden; sie werden »bearbeitet« und gleichzeitig in anderer Form neu gesetzt. Ein gewisses Konfliktpotenzial ist bereits an die bloße Existenz von sozialen Klassen oder sich ethnisch oder religiös definierenden Bevölkerungsgruppen gebunden. Denn aus den diesbezüglichen Differenzen entspringen Interessenkonflikte und Probleme eines auskömmlichen Miteinanders.

UNIVERSALISMUS – EINE SELBSTZERSTÖRERISCHE IDEE

Multikulturelle Gesellschaften sind nicht nur Horte wechselseitiger Bereicherung. Kulturelle Vielfalt hat speziell in der Geschichte Europas zu einer gegenseitigen Befruchtung geführt. Kulturen schlagen sich aber nicht nur in Werken des wissenschaftlichen und künstlerischen Schaffens oder technischen Innovationen nieder; sie sind spezifische, komplexe Lebensäußerungen. Unterschiedliche Kulturen entfalten unterschiedliche individuelle Lebensstile und unterschiedliche kollektive Lebensformen. In unterschiedlichen Kulturen machen die Menschen kulturabhängig verschiedene Erfahrungen; sie entwickeln typische Gepflogenheiten und charakteristische Verhaltensstandards. Eigenheiten dieser Art lassen sich nicht beliebig mischen; auf ein und demselben Territorium praktiziert, in ein und demselben Haus gelebt, können sie sich als unverträglich erweisen; ja, sie sind – wenigstens zum Teil – auf Ausschließung des Anderen angelegt.

Die Versuche, Unterschiede der Völker, der Kulturen, der Rassen zu dekonstruieren, Eigenarten als nur Schein abzutun und alles Typische zu verleugnen, die zeitgenössischen Forderungen, Individuen nur noch als Individuen, aber nicht mehr als Gruppenzugehörige zu sehen und das Fremde nicht länger als andersartig zu betrachten, stehen, so schon Frank Böckelmann, in einem eklatanten Widerspruch zur Forderung, das Andere und den Fremden zu respektieren und angstfrei zu ertragen. Diesen Forderungen nämlich kann man nur entsprechen, wenn das Andere als Anderes und das Fremde als Fremdes erkannt wird – Unterschiede also wahrgenommen und Unterscheidungen getroffen werden.[106]

Wer ist schon ein Deutscher und was ist »deutsch« fragt man – und es fragen nicht selten jene, die selbst genau wissen, keine Deutschen zu sein. Ja, diese Bestimmungen sind, wie so manche andere auch, einerseits vage, andererseits aber hinreichend genau. Denn auch Deutsche »wissen«, dass sie Deutsche sind, und lebenspraktisch ist nicht mehr gefordert.[107]

Freilich: Jeder Unterschied kann in der theoretischen Argumentation »zersetzt«, als nur scheinbar existent oder als konstruiert dargestellt werden. Nur haben uns kontinuierliche Abstufungen von Eigenschaften oder Merkmalen noch nie daran gehindert, Unterscheidungen zu treffen. Solche Unterscheidungen vorzunehmen ist weder erkenntnistheoretisch noch moralisch zu kritisieren. Man teilt uns mit, der »Rassismus« habe das »Sehen« von Hautfarben »erfunden«, denn es sei »unmöglich, das Spektrum von ›Hautfarben‹ irgendwie in plausibel voneinander abgrenzbare Räume zu verwandeln, geschweige denn, sie konstruierten ›Menschenrassen‹ zuzuschreiben«, und zieht daraus die Schlussfolgerung, dass bereits die Unterscheidung von Rassen, weil sie einem ökonomischen und politischen Machtstreben entspringe, Rassismus sei.[108] Doch diese Schlussfolgerung ist falsch (siehe auch XII.1). Zunächst müssen solche Unterscheidungen keineswegs unplausibel sein – genauso wenig wie es unplausibel ist, zwischen Jugendlichen, Erwachsenen und Greisen zu unterscheiden, obgleich die Übergänge fließend sind. Sodann aber folgte aus dem Umstand, dass die ursprüngliche Unterscheidung von Rassen tatsächlich illegitime Interessen bediente, nicht, dass dem mittlerweile zur Üblichkeit gewordenem Sehen von Weißen, Schwarzen und Gelben immer noch dieselben und nur diese Interessen zugrunde liegen und über die Angehörigen der Rassen immer noch dieselben Werturteile gefällt werden. Sich körperlich manifestierende Eigenschaften zu unterscheiden kann in ganz unterschiedlichen Hinsichten von Bedeutung sein.

UNIVERSALISMUS – EINE SELBSTZERSTÖRERISCHE IDEE

Es ist richtig: Ethnische oder rassische Unterscheidungen lassen sich gradualistisch auflösen, sodass die Rede vom Eigenen und Fremden scheinbar obsolet wird. In der Tat sind etwa die Gründe des Glaubens an die die »Nation« begründenden Gemeinsamkeiten sehr verschieden.[109] Zudem sind moderne westliche Gesellschaften schon heute in einem Ausmaß ethnisch gemischt, sozial inhomogen und religiös pluralistisch, dass ein weitreichendes einheitliches Wir-Gefühl jedenfalls in den Normalsituationen des Alltags nicht unterstellt werden kann. Allerdings können ohnehin nie alle Mitglieder einer größeren Gruppe als wirklich integriert gelten. Verstoßene, Aussätzige oder Kriminelle »produziert« jede Gesellschaft. Der Tatbestand einer gewissen Inhomogenität und Desintegriertheit ist also nicht nur typisch für westliche Gesellschaften der Gegenwart.

Der Begriff der Integration erfasst den Prozess der Einheitsbildung über ein Wir-Gefühl.[110] Integriert ist, wer das Bewusstsein der Gemeinschaftsmitglieder teilt, mit den anderen verbunden zu sein und dazuzugehören, und von den anderen als ein solches Mitglied gesehen wird. Während die Konzeption des Verfassungspatriotismus die politische Einheit des Gemeinwesens auf die rationale Zustimmung zur Verfassung gründen zu können glaubt, haben reale Prozesse der Vergemeinschaftung ein emotionales Element. Die staatliche Einheit stellt sich her über ein vorgängiges Gefühl des Zusammengehörens. Und dieses Wir-Gefühl hat selbst für den aufgeklärten Menschen, der sich seiner Irrationalitäten bewusst zu werden versucht, eine starke nationale Komponente. Auch er muss – spätestens dann, wenn er vom Jubel über einen Sieg der deutschen Fußballnationalmannschaft mitgerissen wird – seine Zugehörigkeit zu Volk und Nation als unverfügbar erkennen und hinnehmen.[111]

Die Zugehörigkeit zu einer Gruppe mag für viele unter geordneten und prosperierenden Verhältnissen keine Rolle spielen. Menschen rücken jedoch zusammen, wenn es ernst wird. Im Ernstfall, ebenso wie in heroischen Momenten, zeigt sich, wer sich zusammengehörig fühlt. Das deutsche Nationalbewusstsein erwachte in den Befreiungskriegen gegen die napoleonische Fremdherrschaft. Allgemein ist festzuhalten: Sobald der existenzielle Ernst der Daseinsbewältigung für viele spürbar wird, gewinnen jene Faktoren mental an Einfluss, die den Menschen an seine Gruppenzugehörigkeit erinnern. Und die Gruppe, die das dominanteste Wir-Gefühl erzeugt und lebenspraktisch alles in allem die für uns wichtigste ist, ist neben der Familie auch heute noch das Volk beziehungsweise die Nation – das heißt das Volk als politische Handlungseinheit. Ein Volk ist nicht nur eine beliebig zusammengesetzte Menge von Individuen, die sich auf der Basis rationaler Erwägungen gemeinsam einer Verfassung unterstellt haben. Völker und Nationen integrieren sich gerade nicht nur über einen Verfassungspatriotismus – und zwar genauso wenig wie ausschließlich über einen Wertekonsens[112].

Das Volk beziehungsweise die Nation sind soziale Einheiten zwischen den Einzelnen und ihren Familien auf der einen Seite und der Menschheit als Ganzer auf der anderen Seite. Die Zugehörigkeit zu ihnen beruht weder auf rationaler Einsicht noch auf individueller Entscheidung. Es sind jene »Kollektivwesen«, die außerhalb der Familie die wirksamsten Identifizierungen und die intensivsten Loyalitäten entstehen lassen können. Auch wenn die verbindenden Eigenschaften (Abstammung, Sprache, Siedlungsgebiet, Kultur etc.) sich von Fall zu Fall unterscheiden, beruht doch jeder Sozialverband dieser Art auf der Zuschreibung gemeinsamer Eigenschaften, die einerseits reale Gleichheit innerhalb der Gruppe verbürgen und andererseits als Unterscheidungsmerkmale zu anderen Sozialverbänden fungieren.[113] Die Praxis des gelebten Lebens gibt Auskunft darüber, wer von dem Gruppen bildenden Wir-Gefühl umfasst wird und wer die Fremden sind.

Staaten generell, aber auch Nationalstaaten im Besonderen, sind Kollektive gemeinsamer Daseinsbewältigung; es sind Menschengruppen, die sich auf der Grundlage bestimmter Zusammengehörigkeitskriterien zum Zwecke der Erlangung von Sicherheit, Freiheit und Wohlstand auf bestimmte Regeln des Zusammenlebens verständigt haben; es sind Gefahren- und Schicksalsgemeinschaften. Bereits die bloße Tatsache, dass eine Unterscheidung zwischen »Wir« und »die Anderen« vorgenommen wird und Handlungsrelevanz gewinnt, ist Ausdruck einer intensiveren Kooperation und größeren Zusammengehörigkeit innerhalb der Eigengruppe.

Auch Einwanderungsgesellschaften beziehungsweise Vielvölkerstaaten können ein Gefühl der Zusammengehörigkeit, ein Wir-Gefühl entwickeln. Man sollte aber auch sehen, dass die klassischen Einwanderungsländer (die USA, Kanada, Australien, Neuseeland) keine relevante autochthone Bevölkerung haben oder diese vollständig marginalisiert wurde. Dadurch müssen sich Zuwanderer nicht in eine Gesellschaft integrieren, die von einer autochthonen Bevölkerung und deren Kultur dominiert wird. Trotzdem können auch solche Gesellschaften, man siehe speziell die USA,[114] mit Segregations- und Zerfallserscheinungen zu kämpfen haben. Auch in der modernen Welt scheinen gemeinsame Abstammung, Sprache, Geschichte und Kultur noch immer die intensivsten und verlässlichsten Verbindungen zwischen einander persönlich nicht bekannten Menschen zu knüpfen. Oder sollte man es für einen puren Zufall halten, dass nach 1989/90 die DDR ganz selbstverständlich dem anderen deutschen Staat beitrat und die Einheit der Nation wieder herstellte, während die Mehr-Völker-Staaten des Ostblocks (die Sowjetunion, die Tschechoslowakei und Jugoslawien) zerfielen?

Auf die Verbundenheit von Menschen mit ihren Herkunftsgruppen und mit Menschen gleicher Sprache hinzuweisen oder die »Existenz« von ethnischen oder nationalen Gruppen festzustellen bedeutet nicht, dass man die Grundkonflikte einer (multiethnischen) Gesellschaft in der Konfrontation solcher Gruppen sehen müsste. Die modernen Gesellschaften des freien Unternehmertums sind unter anderem auch Klassengesellschaften. Daraus resultieren Konflikte eigener Art. Aber ethnische Konflikte können mit wachsender Verwässerung der gefühlten ethnischen Homogenität der autochthonen Bevölkerung an Bedeutung gewinnen. Die angestammte Bevölkerung sieht ihre Felle davonschwimmen, Neu-Bürger werden selbstbewusster, vielleicht auch aufmüpfiger, seltener rücksichtsvoll, weniger bereit, sich zu assimilieren. Je pluralistischer die Aufnahmegesellschaft, je dramatischer die Homogenitätsverluste, umso unklarer wird es, worein man sich eigentlich integrieren soll. Zwar wird eine autochthone Bevölkerung in der Regel noch lange Zeit wenigstens die relative Mehrheit bilden. Und selbst von einer nur relativen Mehrheitsgesellschaft wird schon deshalb immer ein Integrations- und Absorptionssog ausgehen, weil der durchschnittliche Migrant mehr Kontakte mit Einheimischen hat als der durchschnittliche Einheimische mit der betreffenden Migrantengemeinde.[115] Trotzdem erzeugt eine verwässerte kulturelle Identität in der Aufnahmegesellschaft nicht nur einen schwächeren Integrationssog, sie lässt selbst einen vorhandenen Integrationswillen zum Teil verpuffen.

Nicht jeder Eingewanderte zeigt aber Integrationsbereitschaft. Manche möchten bleiben, was sie sind; für sie ist es undenkbar, eines Tages in der Masse der einheimischen Bevölkerung aufzugehen und jedenfalls an ihrem Lebensstil und ihren Verhaltensgewohnheiten nicht mehr als Zugewanderte erkennbar zu sein. Sie möchten anders bleiben und nehmen damit wissentlich in Kauf, auch dauerhaft als »die Anderen« betrachtet zu werden. Sie bleiben Eingewanderte und damit Fremde »im eigenen Land«. Dieses Los der kulturellen Isolation ist freiwillig gewählt und kein Anlass zur Klage.

Wer es darauf anlegt, sich nicht zu assimilieren, lebt seine mitgebrachte Kultur. Handelt es sich um Migranten aus armen Ländern wird dieser Umstand in den reicheren Aufnahmeländern ökonomisch negativ zu Buche schlagen. Denn arme Länder sind arm, weil unter den sie prägenden kulturellen Voraussetzungen Wohlstand nicht erreichbar ist.[116] Einwanderer, die sich nicht anpassen wollen, werden zur Wohlstandssteigerung nichts beitragen.

Die Möglichkeit der Einwanderung zu eröffnen gewährt eine Option. Der Einwanderer kann sie nutzen oder nicht. Der Einwanderungsgesellschaft entspringt daraus keine Pflicht, sich ihrerseits anzupassen oder auf Befindlichkeiten der Einwanderer Rücksicht zu nehmen. Selbst ein förmliches Angebot, zu kommen, kann schließlich ausgeschlagen werden. Wer es aber annimmt, kann daraus keine Verpflichtung für die Mitglieder der Einwanderungsgesellschaft ableiten, etwaige Veränderungswünsche zu akzeptieren. Die Kulturen, aus denen die Zuwanderer stammen, sind deren viele; aber es gibt nur die eine Kultur des Einwanderungslandes. Diese Asymmetrie ist nicht nur nicht aufhebbar, sondern ein pragmatischer Grund mehr, das Recht der Aufnahmegesellschaft, die Spielregeln vorgeben zu dürfen, anzuerkennen.

Als zukünftiger Staatsbürger jedoch hat der Eingewanderte denselben Status und dieselben Rechte wie jeder andere. Als Bürger kann er seine Vorstellungen vom Zusammenleben, seine Wünschen an den Staat, was dieser wie regeln möge, äußern und in Wahlen zur Geltung bringen. Spätestens dann nützt es der autochthonen Bevölkerung nichts mehr, dass sie mit der Eröffnung der Einwanderungsoption oder auch nur mit der Duldung eigentlich unerwünschter Einwanderung keine Verpflichtung zur Selbstveränderung übernommen hatte. Die Notwendigkeit, sich selbst zu verändern, sich im eigenen Land an neue Realitäten anzupassen, kommt als ein durch sie allein nicht mehr steuerbarer Druck über sie. Einer Einwanderungsgesellschaft, die keine vollständige Assimilierung der Eingewanderten durchsetzt, kommt allmählich ihr Land abhanden – jedenfalls ihr Land, wie sie es bisher kannte. Spätestens dann wird es heißen, dass Integration eine wechselseitige Angelegenheit sei.[117]

Liberale und pluralistische Demokratien haben jedoch keine Mittel und noch nicht einmal die Ambition, Assimilation zu fordern oder zu erzwingen. »Wir sind«, schrieb der Franzose Guy Debord im Jahre 1985, »nicht imstande, irgendjemanden zu assimilieren: nicht die Jugend, nicht die französischen Arbeiter, nicht einmal unsere Provinzbewohner und unsere alten ethnischen Minderheiten (Korsen, Bretonen) […].«[118] Moderne Gesellschaften »pluralisieren« sich aus sich heraus und entfalten immer weniger Assimilierungsdruck. Mit der Entscheidung, Einwanderung zu dulden, zu erlauben oder zu fördern, besiegeln sie ihre kulturelle Selbstveränderung vollends. Das, was die Nation und den typischen Angehörigen der Nation ausmachte, wird sich verändern. Manche Merkmale werden verwässert oder verschwinden, neue Merkmale wird die neu konfigurierte Gruppe sich anverwandeln. Dieser Prozess ist ohnehin permanent im Gange, auch ohne jede Einwanderung. Mit Einwanderung aber beschleunigt er sich – und es hängt ganz vom Ausmaß dieser Beschleunigung, von der neuen Veränderungsgeschwindigkeit, ab, ob der Wandel als erträglich oder als eine Art Selbstzerstörung wahrgenommen wird.

2. Die Verantwortung der Politik

Rationale Politiker werden sich unaufhaltsamen Entwicklungen nicht entgegenstellen – gleichgültig, ob diese gewünscht oder unerwünscht sind. Sie werden aber genau prüfen, welche unerwünschten Entwicklungen tatsächlich unaufhaltsam sind – und sie werden unwünschbare Veränderungen nicht beschleunigen. Deshalb werden rationale und verantwortungsbewusste Politiker den Sprengsatz zu entschärfen suchen, der aus dem Zusammenprall von Kulturen entstehen kann, deren Lebensäußerungen sich als partiell inkompatibel erweisen. Sie werden darauf achten, die Konfliktlösungsfähigkeit der Institutionen ihrer Gesellschaft nicht zu überfordern. Sie werden alles daran setzen, innere Spannungen dosiert abzubauen und konvulsivische Spannungsentladungen zu vermeiden. Ihnen wird bewusst sein, dass es für die friedliche Lösung von Konflikten einer hinreichenden Basis gemeinsamer Überzeugungen bedarf. Sie werden nur solche gesellschaftlichen Veränderungen anstreben, die von den breiten Massen mitgetragen werden – und zwar ohne, dass sich diese zuvor ändern müssten.

UNIVERSALISMUS – EINE SELBSTZERSTÖRERISCHE IDEE

Alle sozialen Groß-Projekte, deren Gelingen ein Sich-Ändern der Menschen zur Voraussetzung hat oder die ein solches Sich-Ändern als unmittelbares Resultat des von Politikern in Gang gesetzten Änderns der Umstände mitdenken, sind zum Scheitern verurteilt. Dies jedenfalls ist eine erfahrungsgesättigte Anfangsvermutung, die das Scheitern des Kommunismus in Erinnerung gerufen hat. Sie scheitern an den anthropologischen Gegebenheiten. Damit wird nicht behauptet, dass sich Menschen nicht ändern könnten. Niemand ist gezwungen, seinen Verhaltensdispositionen zu folgen, seine Neigungen auszuleben. Jeder Einzelne kann sein Verhalten ändern. Nur sprechen wir hier von Massenphänomenen und damit von statistischen Wahrscheinlichkeiten. Und deshalb gilt: Jede Veränderung von sozialen Prägungen oder auch der Aufbau von neuartigen sozialen Prägungen zur Überformung nicht veränderbarer biologischer Prägungen braucht Zeit – und zwar mehr Zeit, als in revolutionären gesellschaftlichen Umbrüchen zur Verfügung steht.

Ein verantwortungsvoller Politiker wird die Dinge nicht laufen lassen, nur um seine Wiederwahl nicht zu gefährden. Er wird auch nicht beschwichtigen, nur um im Volk keine Stimmung aufkommen zu lassen, die für ihn gefährlich werden könnte. Ein demokratischer Politiker, der seiner Verantwortung gerecht zu werden gedenkt, muss einerseits tun, was er für das Richtige für sein Land hält, kann dies aber andererseits nur in dem Maße tun, wie es von den Betroffenen ertragen wird. Nur das (inhaltlich) Richtige zu tun ist nicht richtig. Menschen müssen die Konsequenzen des politischen Handelns tragen. Ihre Bereitschaft dazu ist das Maß des realistischerweise Richtigen. Schon aus diesem Grunde können sich rein gesinnungsethische Entscheidungen verbieten. Das (vermeintlich) wahrhaft Richtige zu verwirklichen, auch gegen den Willen der davon Betroffenen, ist die Idee des Totalitarismus.

Natürlich wird ein verantwortungsvoller Politiker aufzuklären versuchen und für seine Visionen werben. Er wird aber wissen, dass die geistigen und mentalen Beharrungskräfte groß und Massen nur schwer von etwas zu überzeugen sind, das ihren Interessen widerspricht oder zu dem sie nicht von sich aus hintendieren. Ein solcher Politiker wird die Wandlungsfähigkeit und Veränderungstoleranz der Bevölkerung abschätzen; er wird Chancen und Konflikte gegeneinander abwägen und Eskalationspotenziale minimieren. Ein Politiker, der seine Verantwortung kennt, weiß, dass seine oberste Pflicht darin besteht, den inneren Frieden zu wahren, den Bürgerkrieg, auch in Gestalt von Unruhen oder der Apartheid, zu verhindern.

Daraus folgt nicht, dass zur Beruhigung der Bevölkerung jedes Mittel recht wäre. In schwierigen Lagen nur Zuversicht zu verbreiten ist intellektuell dürftig. Es mag sein, dass es in manchen Situationen angeraten ist, Informationen zurückzuhalten. Letztlich aber ist der Politiker zur Wahrheit verpflichtet.

3. Eine inhumane Forderung

Um es zu wiederholen: Die Präferenz für das Eigene hat einen biologischen Ursprung. Zwar versteht sie sich allein deshalb – unter moralischem Gesichtspunkt betrachtet – nicht von selbst. Die Forderung jedoch nach Aufgabe jeder gruppenbezogenen, partikularen Solidarität zugunsten eines Verhaltens, das buchstäblich alle Menschen der Welt gleich behandelte, ist selbst inhuman. Ihr nachzukommen hieße, jedem Menschen diejenigen Rechte zu gewähren, die man für sich selbst und seine Eigengruppe einfordert; dieser Forderung nachzukommen hieße, jede Bevorzugung ausgewählter Menschen aufzugeben. Mit der Anerkennung eines so verstandenen, sämtliche Lebensbereiche erfassenden Universalismus übernähme man nicht nur Verpflichtungen, die schlechterdings unerfüllbar wären; man verweigerte Nahestehenden, Ehepartnern, Kindern, Eltern, Geschwistern, jede besondere Zuwendung und verzichtete damit auch auf jeden Anspruch auf exklusiven Rückhalt in Nahgruppen.

Natürlich: Jede Bevorzugung einzelner Menschen – sei es in der Familie, im Freundeskreis oder innerhalb der Nation, des Staates, des Vereins oder des Unternehmens – grenzt alle Nichtzugehörigen aus; sie bedeutet, manchen Menschen mehr Aufmerksamkeit zukommen zu lassen als anderen, manchen nicht so zu helfen, wie man ihnen helfen könnte; sie bedeutet Zurückweisung und Ausschluss Nichtdazugehöriger. Unsere Lebenszeit ist endlich, und unsere Mittel sind beschränkt. Und deshalb gilt, wer lebt, diskriminiert. Jede Bevorzugung ist eine Diskriminierung. Wir diskriminieren privat – indem wir uns auf eine Skatrunde ohne Frauen festlegen; wir diskriminieren als Kollektiv – indem wir über die Zuweisung der Staatsangehörigkeit befinden und nur Staatsangehörigen, nicht aber Nicht-Staatsangehörigen bestimmte Rechte zubilligen. Gleichzeitig bietet die Zugehörigkeit zu Gruppen Schutz und Geborgenheit, und sie setzt zusätzliche Kräfte frei.

Die Konzentration auf das Eigene ist der effektivste Anreiz. Bei der Beantwortung der normativen Frage, inwieweit die Interessen Fremder berücksichtigt werden sollten, müssen die Bedingungen für die Entfaltung von Motivation und die Übernahme von Verantwortung mitbedacht werden. In einer Gesellschaft, in der es Pflicht ist, sowohl auf Luxuskonsum als auch auf kostenintensive »Luxusmedizin« zu verzichten, würde weniger Luxus geschaffen und weniger moderne Medizintechnik entwickelt. Würde eine solche Moral massenhaft internalisiert, hätte dies Konsequenzen für die wirksame Motivationsstruktur – und zwar deshalb, weil der Mensch nur bedingt aus seiner Haut kann. Die Menschen einer solchen Gesellschaft wären weniger fleißig, weniger innovativ, weniger reich und könnten nicht zuletzt auch deshalb weniger Hilfe leisten.

Ein unbeschränkter Universalismus stellt nicht nur in dem Sinne eine Überforderung dar, dass es den Menschen nicht möglich ist, seine Rationalität im Sinne einer langfristigen Interessenoptimierung zu erkennen; er dürfte auch nicht im langfristigen rationalen Interesse der jeweils wirklichen Menschen liegen. Ein unbeschränkter Universalismus blockiert nicht nur die Entfaltung menschlicher Wesenskräfte; er bedeutet zudem die Auflösung jeglicher Gruppenloyalitäten. Die Forderung, jede Bevorzugung Nahestehender aufzugeben, ist lebensfremd und stößt sich an genetisch geprägten Verhaltensdispositionen. Diese selbstzerstörerische Idee auszuleben kann moralisch nicht gefordert sein. Sie gar staatlich zu verordnen oder eine Politik zu praktizieren, die dieser Idee folgt, widerspräche nicht nur dem Interesse der davon betroffenen Bevölkerung, sondern stieße voraussehbarerweise auf Widerstand. In der Tat: Gerechtigkeit herzustellen für jedermann ist nur ein Wert unter anderen. Die Bewahrung des sozialen Friedens aber ist eine Bedingung der Möglichkeit, Gerechtigkeit zu üben – und darüber hinaus intrinsisch wertvoll[119]. Die Verabsolutierung des Universalismus brächte den Frieden innerhalb der Gesellschaft in Gefahr und führte in ihrer praktischen Durchsetzung in einen neuen Totalitarismus.

Man könnte meinen, die Stunde des moralischen Universalismus werde schlagen, wenn Menschen nicht mehr in unabhängigen Staaten leben werden, sondern sich die geeinte Menschheit einer Weltregierung unterstellt und jeder Mensch als Weltbürger auch die gleichen Anspruchsrechte haben wird. Unverbesserliche Optimisten mögen sich vorstellen, dass unter dieser Voraussetzung ein Zeitalter allgemeiner Verbrüderung anbrechen würde. Aber selbst wenn man dies gegen alle Plausibilität hypothetisch unterstellt: Auch dann hätte jeder Mensch ihm Nahestehende, denen sich in besonderer Weise zuzuwenden ihm ein Bedürfnis ist. Und das heißt: Auch dann noch bliebe die Forderung des moralischen Universalismus, alle Menschen gleich zu behandeln, unmenschlich.

4. Voraussetzungen der Demokratie

Demokratien sind voraussetzungsvolle, mitunter fragile und eigentlich recht unwahrscheinliche Gebilde. Da in ihnen letztlich das Volk herrschen soll, sollte sich eine deutliche, eine möglichst übergroße Mehrheit der auf dem Staatsterritorium lebenden Menschen auch als eine ethnische Einheit begreifen; sie sollte ein »Wir-Gefühl«, ein Gefühl der Zusammengehörigkeit, der gemeinsamen Verantwortung haben. Ein solches Gefühl entwickeln zu können, zusammenzugehören und über eine einheitliche nationale Identität zu verfügen, ist jedoch an eine kulturelle Homogenität gebunden. Diese mag durch unterschiedliche Faktorenbündel konstituierbar sein. Eine gemeinsame Sprache, vielleicht nur als Verkehrssprache, gemeinsame Geschichte, gemeinsame Werte, ein gemeinsames Bekenntnis zu den rechtlichen und institutionellen Grundlagen von Staat und Gesellschaft, ein gemeinsam verfolgtes Projekt sind solche Faktoren. Zerfällt die Gesellschaft in Teilgesellschaften, die aus verschiedenen Kulturen stammen und gleichsam unterschiedlichen Welten angehören, die sich kaum verstehen, sich aus verschiedenen Quellen informieren, kann sich kein Zusammengehörigkeitsgefühl und auch kein Staatsvolk entwickeln. Damit aber fehlt eine zentrale Voraussetzung für ein hinreichend reibungsloses Funktionieren einer Demokratie.

Demokratien sind Herrschaftssysteme. Die jeweilige Minderheit muss es hinnehmen, zeitweise von der durch die Mehrheit gewählte Regierung regiert, also von der Mehrheit beherrscht zu werden. Sie hat die von der Mehrheit der Volksvertreter erlassenen Gesetze zu akzeptieren; gleichzeitig kann sie erwarten, dass nur solche Gesetze erlassen werden, die zu befolgen auch für die Mehrheit der Angehörigen der Minderheit zumutbar, die von ihr nicht als eine Form der Unterdrückung zu verstehen sind. In einer funktionierenden Demokratie wird die Mehrheit keine Gesetze verabschieden, die von der nach einem Regierungswechsel an der Macht befindlichen ehemaligen Minderheit nur wieder aufgehoben werden können.[120] Denn die Mehrheit weiß, dass sie selbst bald zur Minderheit gehören kann. Eine demokratische Regierung wird an der Stabilität des Gemeinwesens interessiert sein und deshalb versuchen, auch berechtigte Interessen der Minderheit zu berücksichtigen.

All diese innerdemokratischen Prozesse werden erschwert oder gar verunmöglicht, wenn das »Staatsvolk« in mehrere Gesellschaften auseinanderfällt, deren Kommunikation aufgrund kultureller Disharmonie gestört ist – weil sie eben keine hinreichend homogene Ansammlung von Menschen verkörpern, die wenigstens in einem metaphorischen Sinn »dieselbe Sprache« sprechen.[121] Wenn sich die kulturellen Praktiken so stark unterscheiden, dass der übliche zwischenmenschliche Verkehr gestört ist, oder Gruppen von Eingewanderten die deutsche Rechtsordnung nicht anerkennen und die Zusammenarbeit mit deutschen Behörden verweigern, ist die gebotene kulturelle Homogenität bereits abhandengekommen. Wenn Zugewanderte sich nicht an die autochthone Kultur assimilieren, eine Assimilierung als Vertreter des Multikulturalismus grundsätzlich ablehnen oder den Wunsch nach Assimilierung gar für einen Menschenrechtsverstoß halten, dann wird jener kulturellen Diversität der Boden bereitet, der die Kommunikation und die gütliche Einigung, die Kompromissfindung, erschwert.

Kulturelle Homogenität ist eben kein Selbstzweck, sondern der gemeinsame Boden, auf dem unterschiedliche Interessen als *berechtigte* Interessen anerkannt werden. Kulturelle Homogenität sorgt für die gemeinsam geteilte »Hintergrundideologie« sowie eine in Bezug auf Grundmerkmale übereinstimmende Lebensform; sie sorgt für jene schwer greifbaren Übereinstimmungen im Denken und Fühlen von Menschen, in charakteristischen Lebensäußerungen und Verhaltensweisen, die man mitunter als »Leitkultur« bezeichnet – typische Übereinstimmungen, die, wenn sie fraglos gelebt werden, eine Menge von Menschen, selbst wenn sie nicht gemeinsamer Abstammung wären, nicht nur zu einem Volk machen, sondern den Andersdenkenden und sozial Andersgestellten trotz aller Unterschiede nicht als Feind, sondern als ein Gemeinschaftsmitglied erscheinen lassen – als jemanden, mit dem ein Ausgleich prinzipiell gefunden werden kann. Gemeinsame Abstammung allerdings erleichtert die Volkwerdung nicht nur ungemein, sondern ist in aller Regel die Voraussetzung. »Man kann«, so formuliert es Kenneth Minogue, »keine Demokratie haben, ohne ein *Volk* zu haben, und die Angehörigen dieses Volkes müssen einander als Individuen behandeln statt als Kollektivfeinde und Rivalen.«[122]

Es ist offenbar kein Zufall, dass die moderne Demokratie als Nationalstaat entstanden ist. Es genügt nicht, dass der Staat ein Volk nach zweckrationalen Erwägungen definiert. Die Bürger selbst müssen sich zu einer politischen Einheit zusammenfinden und den Willen zur Gemeinsamkeit durch Akzeptanz der Verfassung bekräftigen.[123] Heterogenen Bevölkerungsgruppen hingegen mangelt es an gegenseitigem Verständnis und Solidarität. Eine heterogene Bevölkerung hat es schwer, eine selbstbewusste und im Geiste freie Bürgerschaft zu werden – sie wird Untertan einer elitären Oberschicht.[124]

Wenn dies aber stimmt, befinden sich liberale Demokratien in einem Dilemma, das sowohl für den Rechts-, vor allem aber für den Sozialstaat bedrohlich werden kann. Denn der liberale Staat kann zwar Treue zur Verfassungs- und Rechtsordnung einfordern, kaum aber zur nationalen Leitkultur. Denn das, was man »Leitkultur« nennt – jene Menge von fraglos gelebten Üblichkeiten, von landes- und volkstypischen Lebensäußerungen, von selbstverständlichen Umgangsformen, von nichthinterfragten Einstellungen und Gewohnheiten – übernimmt der Einzelne in seiner Sozialisation; eine »Leitkultur« saugt man auf – so wie man Reden lernt. Lesen und Schreiben lernt man in der Schule; zu sprechen beginnt man, indem man gemeinsam mit anderen lebt.

Hinzu kommt ein Weiteres: Der liberale Staat hat auch keine Handhabe, eine Leitkultur zu definieren und vorzuschreiben – genauso wenig wie er eine allgemeinverbindliche Lebensweise vorgeben oder zu einem bestimmten

Glauben verpflichten könnte. Die Leitkultur zu verteidigen firmiert in Deutschland sogar als »rechts«, obwohl es sich bei der (bundes-)deutschen, wie Heinz Theisen zu Recht meint, um eine Kultur der Freiheit und Gleichberechtigung handelt.[125] Gleichzeitig jedoch, und darin besteht das Dilemma des liberalen Staates, ist er an einer gelebten Leitkultur interessiert, gewährleistet doch gerade sie ein reibungsloses Funktionieren seiner Institutionen. Diese Problemsituation lässt nur einen Ausweg offen: Gerade der liberale Staat wird darauf zu achten haben, seine kulturelle Homogenität zu bewahren.

5. Voraussetzungen des Sozialstaates

Der Sozialstaat beinhaltet eine Einkommensumverteilung. Auch seine Akzeptanz setzt ein Zusammengehörigkeitsgefühl voraus. Die »Besserverdienenden« müssen letztlich jenes Steuersystem akzeptieren, das den Ressourcentransfer ermöglicht. Ihnen muss zugemutet werden, auf einen Teil ihres Einkommens zugunsten anderer zu verzichten. Auch wenn es dafür gute Gründe gibt und selbst wenn diese Gründe von vielen im Prinzip anerkannt werden, bleibt es doch dabei, dass Steuern zwangsweise erhoben werden und im hypothetischen Falle der Aufhebung des Zwanges vermutlich weniger Steuern freiwillig abgeführt würden. Offenbar wird ein »Arbeiten für andere« von vielen als eine Zumutung, als eine Art Opfer begriffen – und zwar selbst innerhalb der eigenen Solidargemeinschaft.

Zunächst aber muss überhaupt die Gemeinschaft definiert werden, und diese wird definiert über die Regeln der Mitgliedschaft. Ohne Regeln, die die Zugehörigkeit bestimmen und damit auch limitieren, konstituiert sich keine Gemeinschaft. Des Weiteren ist zu fragen, wie weit Solidaritätszumutungen tragen, die Menschen zugute kommen, die nicht als Teil der historisch gewachsenen Solidargemeinschaft angesehen werden. Diese Frage ist in der Tat ungelöst.[126]

Allgemein zu vermuten ist jedoch Folgendes: Die Akzeptanz von Solidaritätszumutungen wächst – unter sonst gleichen Bedingungen – mit der kulturellen Homogenität der Gemeinschaft und dem Grad des Zusammengehörigkeitsgefühls ihrer Mitglieder. Auch in dieser Hinsicht ist ein Wir-Gefühl eine elementare Voraussetzung, um eine hinreichende Bereitschaft zu entwickeln, für den anderen einzustehen. Ich muss das Gefühl haben, dass das, was die anderen betrifft, auch mich angeht.[127] Ich muss mich mit ihnen in bestimmter Hinsicht identifizieren; mich muss das Gefühl leiten, dass die anderen und ich unter bestimmten Gesichtspunkten zusammengehören. Aus diesem Wir-Gefühl entspringt die Bereitschaft, Risiken und Lasten gemeinsam zu tragen. Die Opferbereitschaft korreliert mit dem Grad der Identifizierung.[128] Und umgekehrt gilt, dass eine wachsende kulturelle Diversität innerhalb der Gesellschaft die Umverteilungsbereitschaft verringert.[129]

Solange es Nationalstaaten gibt, wird sich das Gefühl der Solidarität nicht auf die Menschheit überhaupt beziehen. Zugleich wird der Sozialstaatsgedanke am ehesten in einem Nationalstaat verwirklicht werden können. Wer an der Aufrechterhaltung oder gar am Ausbau des Sozialstaates interessiert ist, sollte die gesellschaftlichen Bedingungen pflegen, die das Zusammengehörigkeitsgefühl einer Gemeinschaft stärken. Er wird Entwicklungen zu vermeiden suchen, die das Potenzial sozialer, ethnischer oder religiöser Konflikte erhöhen. Unter gerade diesem

Gesichtspunkt wird er das soziale Auseinanderdriften von Ober- und Unterschicht sowie die Entstehung von multikulturellen Parallelgesellschaften als gleichermaßen problematisch betrachten. Der innere Zusammenhalt einer Gesellschaft ist eine Ermöglichungsbedingung des Sozialstaats. Parallelgesellschaften hingegen sind Ausdruck der gegenseitigen Abschottung; sie sind das Ergebnis des Multikulturalismus, sichtbares Ergebnis des Scheiterns der Idee, unterschiedliche Kulturen und Religionen könnten konfliktfrei und verständnisvoll zusammenleben.

In einem Nationalstaat mit sozialstaatlicher Prägung wird Solidarität rechtlich verfasst. Sie wird nach Regeln gewährt. Dadurch gewinnt sie den Charakter der Gegenseitigkeit.[130] Auf solidarische Zuwendung hat jeder rechtlichen Anspruch, der in die Lage einer definierten Hilfsbedürftigkeit gerät. Sozialstaatliche Solidarität funktioniert damit einerseits nach dem Modell des reziproken Altruismus (III.2/3). Dieser folgt dem Prinzip eines wohlverstandenen Eigennutzes. Deshalb ist die Akzeptanz des Sozialstaates an entsprechende Interessen gebunden. Man ist bereit, Hilfe zu leisten, weil man im Notfall selbst Hilfe beanspruchen kann. Diese Reziprozität der gesetzlich geregelten Hilfeleistung lässt die Solidarität innerhalb der Nationalstaaten stärker ausfallen, als die von den Theoretikern der Arbeiterbewegung angedachte internationale Klassensolidarität des Proletariats,[131] die allein auf gemeinsame Interessen Bezug nimmt.

Andererseits aber ist nicht jeder in Bezug auf jede sozialstaatliche Leistung mit derselben Wahrscheinlichkeit ein potenzieller Hilfsbedürftiger. Insofern ist auch im Sozialstaat eine Solidarität gefordert, die nicht auf einem Kosten-Nutzen-Kalkül beruht. Und dies ist der Grund, weshalb die vom Einzelnen geforderte Solidaritätsleistung, sei es in Form von Teilen der Einkommensteuer oder des »Solidaritätszuschlags«, zumutbar bleiben muss.

Die Frage, wie viel Solidarität als zumutbar betrachtet wird, richtet sich nicht nur an die angestammten Mitglieder einer Gruppe.[132] Auch zugewanderte Neu-Mitglieder müssen letztlich bereit sein, Solidaritätslasten zu tragen. Sie müssen in der Lage sein, ein Solidaritätsempfinden zu entwickeln, das sich dem auf einem nationalen Zusammengehörigkeitsgefühl beruhendem Maß annähert und jedenfalls das allgemein-menschliche, »gattungstypische« Solidaritätsempfinden, das die meisten Menschen Angehörigen der eigenen Gattung entgegenbringen, übertrifft. Werden Einwanderer, die zum Teil aus anderen Kontinenten und Kulturkreisen kommen und andere Moralvorstellungen mitbringen, dazu in der Lage sein? Allgemein ist zu vermuten: Einwanderung, die in Umfang und Tempo kritische Grenzen übersteigt, verringert die Bereitschaft, zu kooperieren und zu teilen. Die europäischen Sozialstaaten werden von diesen Entwicklungen stärker beeinträchtigt sein als etwa die Vereinigten Staaten von Amerika.[133]

Neben den Einkommensunterschieden zwischen den armen und den reichen Ländern entwickeln auch die sozialstaatlichen Verheißungen einen enormen Sog auf potenzielle Einwanderer. Unter Berücksichtigung all dieser Tatsachen drängt sich der Gedanke auf, dass die Sozialleistungen in der gegenwärtigen Höhe unbezahlbar werden könnten. Der Sozialstaat setzt eine Territorialgewalt voraus, welche die Kontrolle über die Einwanderung hat. Die Kontrolle über die Einwanderung hat ein Staat nur, wenn er souverän ist, über sämtliche Arten von Beschränkungen und Hindernissen zu befinden, die den Einwanderungssog reduzieren.

Jeder Staat braucht Grenzen. Selbst Lenin wusste dies: «Wir vertreten die Notwendigkeit des Staates, der Staat aber setzt Grenzen voraus.»[134] Und dies gilt erst recht für den demokratischen und den Sozialstaat. Dort, wo Staaten zerfallen, herrschen Bürgerkrieg und Chaos.

VII.
Interessenkonflikte und Toleranzgrenzen

1. Gefahren des Gruppendenkens

Jede Gruppenbildung impliziert Ausgrenzungen, und mit jeder Ausgrenzung kann die Entstehung von Feindschaft verbunden sein. Feinde können als bedrohlich empfunden werden – selbst wenn von ihnen keine Bedrohung intendiert ist. Gerade die Berufung auf eine notwendige Abwehr von Bedrohungen ist *die* Argumentationsfigur par excellence, um eigene Aggressionen zu rechtfertigen.[135]

Wir wissen seit langem, und neuere Forschungen zur Evolution des menschlichen Verhaltens bestätigen dies, dass sich Menschenmengen am besten durch die Identifikation eines Feindes und die Behauptung dirigieren lassen, »die anderen« würden »uns« bedrohen.[136] Hitler scheint dies intuitiv gewusst zu haben. Michael Tomasello, ein Vertreter der evolutionären Anthropologie, geht davon aus, dass sich die menschliche Kooperationsfähigkeit vor allem für Aktivitäten innerhalb der eigenen Gruppe entwickelt hat und daher auch mit einem spezifischen »Gruppendenken« zu rechnen ist. Interessanterweise schlägt er nicht etwa vor, dieses »Gruppendenken, das heutzutage oftmals zu Unzufriedenheit und Leid auf der Welt führt«, zu überwinden, sondern sieht eine Lösungsmöglichkeit darin, »die Gruppe neu zu definieren« – wobei er hinzufügt, dies sei leichter gesagt als getan.[137] Die Nationalsozialisten haben die menschliche Neigung zum Gruppendenken für ihre politischen Zwecke instrumentalisiert; sie haben es verstanden, ein entsprechendes Wir-Gefühl herauszubilden und Loyalitäten zu generieren.

Dies gemahnt, die Gefahr im Auge zu behalten, die in der missbräuchlichen Ausnutzung anthropologischer Dispositionen liegt. Aus dem Bestehen dieser Gefahr folgt jedoch nicht, dass es in der Macht von Politikern stünde, Gruppendenken generell oder das einer bestimmten Art zu eliminieren. Auch Versuche, die historisch entstandenen Gruppen, in denen Menschen ihr praktisches Leben vollziehen, neu zu konfigurieren, werden sich hinsichtlich dieser Zwecke als untauglich erweisen. Vielmehr ist es rational, anthropologische Dispositionen und kulturelle Gegebenheiten zur Kenntnis zu nehmen und das politische Handeln an den Möglichkeiten ihrer gezielten, die Würde des Einzelnen achtenden, Beeinflussbarkeit auszurichten.

Allerdings ist auch zu bedenken, dass sich Solidarität gerade in Gruppen sowie in der Auseinandersetzung mit anderen Gruppen entfaltet. Solidarität dient sowohl der gruppeninternen kooperativen Bewältigung individueller Lebensrisiken als auch der Selbstbehauptung der Gruppe gegen äußere Konkurrenten oder Feinde. In beiden Variationen ist die Solidarität gruppenbezogen – also partikularistisch und nicht universalistisch. Solidarität aber wird vor allem in Staaten organisiert. Ein gemeinsames Nationalgefühl ist deshalb nicht nur gefährlich, sondern auch nützlich.

2. Aufgaben des Staates

Der Staat hat die Aufgabe, als Friedensstifter unter dem Staatsvolk zu fungieren. Er ist in erster Linie ein Instrument der Vermeidung des gewaltsamen Kampfes um die stets knappen Existenzbedingungen auf einem gegebenen Territorium. Er hat Garant der Sicherheit zu sein. Nur als ein solcher kann er zu Recht Gehorsam verlangen. Als eine Institution zur Setzung und Gewährleistung allgemein-verbindlicher Regeln ist er auf die Minimierung zwischenmenschlicher Konflikte im Prozess der Daseinsbewältigung und auf Rechtssicherheit ausgerichtet. Insofern ist es die oberste Aufgabe der Politik, den Bürgerkrieg zu verhindern. Darüber hinaus ist es eine Aufgabe *demokratischer* Politiker das Interesse der Bürger an der Stabilität der Institutionen, insbesondere der Rechtsordnung, des demokratischen Verfassungsstaates zu fördern und eine Erosion dieser Stabilität zu unterbinden.

Um diese Ziele zu erreichen, ist es zum einen notwendig, die Grenzen dessen zu beachten, was einer Bevölkerung unter Berücksichtigung ihres aktuellen geistigen und emotionalen Zustandes zumutbar ist. Zu diesem Zweck müssen Zumutbarkeitsgrenzen erkannt und ausgetestet werden. Politik darf weder Extremisten folgen noch die Augen davor verschließen, was relevante Minderheiten für tolerierbar halten. Auch Grenzen der Toleranz müssen artikuliert werden können und sollten im Feld der politischen Auseinandersetzung eine Stimme finden. Zur Erfüllung seiner Aufgaben kann der Staat angemessene Opfer fordern, auch größere Opfer als die Bürger von sich aus, unaufgefordert, in einer konkreten Situation erbringen würden. Jenseits dieser Grenze sollte er aber letztlich

INTERESSENKONFLIKTE UND TOLERANZGRENZEN

nicht mehr fordern, als sie freiwillig auf eine Aufforderung hin im Allgemeinen zu erbringen bereit sind.

Zum anderen sind die Gesetzestreue des Staates sowie der Rechtsgehorsam der Bürger zentral für die Stabilisierung des Institutionensystems. Selbstverständlich kann der Staat nicht einem eventuellen »Wunsch« von Teilen der Bevölkerung nachkommen, Rechtsansprüche von Asylanten, Migranten oder anderen Minderheiten zu missachten. Die Forderung nach Beachtung der Gesetze gilt aber in beide Richtungen. Die Rechtsfolgen – etwa die Abschiebung – im Falle eines rechtsstaatlich festgestellten Nichtbestehens von Rechtsansprüchen *nicht* durchzusetzen, obwohl keine Hinderungsgründe bestehen, muss als ebenso unzulässig betrachtet werden, wie ein Banküberfall mit der Absicht, das Geld der Welthungerhilfe zu spenden.

Politiker, die Meinungen und Befindlichkeiten einer relevanten Masse des Volkes in existenziellen Fragen ignorieren, die sehenden Auges das Konfliktpotential innerhalb der Gesellschaft vergrößern, die wiederholt oder dauerhaft geltendes Recht brechen, organisieren das Staatsversagen – mögen sie dabei auch Wahlen gewinnen.

Wohlfahrtsstaaten entstehen durch steuerfinanzierte Umverteilung innerhalb einer definierten Bevölkerung, die über ihre Mitgliedschaft selbst befindet. Sobald ein Zustand einträte, in dem die Behauptung korrekt wäre, dass es nicht in der Macht des Staates steht, darüber zu befinden, wer und wie viele einwandern, könnte die Bereitschaft, Steuern zu zahlen, dramatisch sinken. Aus demselben Grund wird sich in einem Wohlfahrtsstaat dann, wenn die Neuankömmlinge mit großer Wahrscheinlichkeit Sozialempfänger sein werden, keine »Willkommenskultur« dauerhaft einstellen. Deshalb hat sich getäuscht, wer glaubte, von anders gelagerten Empfindungen, auch wenn diese nicht nur in Einzelfällen auftraten, auf die Befindlichkeit eines 80-Millionen-Volkes schließen zu dürfen.

3. Gefahren der Verabsolutierung des Universalismus

Aufgabe der Politik ist es aber nicht nur, den Bürgerkrieg zu verhindern. In einer Welt von Nationalstaaten ist es ein politisches Ziel, die nationalen Interessen möglichst friedlich zu sichern. Dies erfordert, die Interessen der eigenen Nation zu bestimmen und gleichzeitig die der anderen zur Kenntnis zu nehmen.

Der rational gebotene und moralisch berechtigte Wille zur möglichst friedlichen Konfliktbeilegung wäre fehlorientiert, wenn er in Kombination mit dem Glauben an die Möglichkeit einer friedlichen und konfliktfreien Welt, in der jede Partei jede andere als völlig gleichberechtigt behandelt und deren Ansprüche auf knappe Güter akzeptiert, zur Leugnung von Interessenunterschieden und bestehenden Konflikten führte. Denn deren Leugnung zieht die Leugnung der Unvermeidbarkeit von Feindschaft nach sich und steht damit immer in der Gefahr, den tatsächlichen Feind zum Verbrecher zu stempeln. Jede Partei, die Feindschaft fortgesetzt pflegt, muss dann als böswilliger Verhinderer der universalistischen Idealvorstellung und damit als ein Feind der Menschheit erscheinen, die eine entsprechende Antwort verdient. Ein so zurechtgestutzter Feind verdient aber eine radikale Antwort, ja möglichst seine Vernichtung, denn er ist ein Störenfried auf dem Weg zum universalen und ewigen Frieden.

Unrealistische Erwartungen und »die Eigendynamik einer Moral mit universalistischem Anspruch«[138] können dergestalt gerade eine Entgrenzung der Gewaltanwendung zeitigen. Wenn der Feind nur noch als moralisch verkommener Menschheitsfeind begreifbar ist, müssen Auseinandersetzungen mit allen Mitteln und kompromisslos geführt werden. Ausgerechnet der Wille zur universalen Ausweitung des Geltungsbereichs moralischer Normen erweist sich somit als ein Moment der Radikalisierung.

Zugleich erzeugt die Leugnung des Fortbestehens unauflösbarer Interessenkonflikte die Notwendigkeit, das erzwungene Gefügigmachen eines Konkurrenten oder auch gewaltsame Konfliktlösungen auf eine verlogene Weise zu rechtfertigen.[139] Sämtliche Maßnahmen zur Durchsetzung partikularer Eigeninteressen müssen dann als Notwehr oder Nothilfe getarnt, als Gefahrenabwehr, womöglich präventiver Art, bemäntelt werden.

Ein hypertropher Universalismus ist gefährlich, weil er Einstellungen und Institutionen ausschließlich unter Gesichtspunkten einer universalistischen Ethik bewertet und die Rationalität einer partikularistischen Lebensorganisation ausblendet. Um ein Beispiel zu nennen: Es ist ja vollkommen richtig, dass, wie Zygmunt Bauman meint, der Nationalstaat »die Bevorzugung der Einheimischen vor den Einwanderern« sowie »die ethnische, religiöse, sprachliche und kulturelle Homogenität« fördert.[140] Nur lässt sich daraus kein Argument für die Auflösung von Nationalstaaten gewinnen. Die konstitutiven Elemente des Nationalstaats, die Kontrolle über das eigene Territorium und die Bewahrung einer hinreichenden Homogenität, sind eben nicht nur negativ zu beurteilen. Der Nationalstaat ist nach wie vor jener Lebenszusammenhang, in dem Menschengruppen ihr gemeinsames Leben rechtsförmig und solidarisch organisieren. Nicht umsonst hat sich die Zahl der UN-Mitgliedsstaaten seit dem Ende des Zweiten

Weltkriegs nahezu vervierfacht. Angesichts der Vielfalt und Eigenart von ethnischen Gruppen, Religionen, Kulturen und Mentalitäten, angesichts bestehender Machtungleichgewichte sowie dem Beharren auf hegemonialen Sonderinteressen und angesichts des anerkannten Rechts auf Selbstbehauptung und Selbstbestimmung liegt die überschaubare Zukunft der Menschheit – und zwar trotz eines wachsenden globalen Handlungsbedarfs – in der Kooperation freier Völker und Nationalstaaten,[141] die in letzter Instanz selbst entscheiden, welche Formen der Zusammenarbeit sie eingehen oder welche überstaatlichen Rechtsordnungen sie akzeptieren.[142]

Natürlich propagieren Nationalstaaten gemeinsame Haltungen, konstruieren gemeinsame historische Erinnerungen und predigen ein gemeinsames Schicksal und gemeinsame Aufgaben.[143] In welchem Sinne sie notwendigerweise Feindseligkeit züchten und legitimieren, wie Bauman ebenfalls zu meinen scheint, ist schon eine andere Frage. Tatsächlich bietet die Geschichte genügend Anschauungsmaterial für solche Feindseligkeiten. Daraus folgt aber nicht, dass der Nationalstaat als ein überkommenes Relikt zu bekämpfen wäre. Es gibt auch Beispiele für die friedliche Koexistenz und Kooperation von Nationalstaaten.

Um Interessen durchsetzen zu können, müssen Staaten um Macht und Einfluss kämpfen. Dies erfordert, strategisches Handeln. Die Zwänge des strategischen Handelns können im konkreten Fall die Befolgung prima facie geltender moralischer Normen ausschließen. Moralisches Handeln verursacht Kosten, und diese wiederum können moralisch relevante Folgen haben. Zu einer rationalen Politik gehört es daher, die Kosten des humanitären Handelns zu bedenken.

VIII.
Moralische Pflichten

1. Mitgliedschaft in Gemeinschaften

Ungeachtet der Gefahren einer Verabsolutierung des Universalismus ist es rational, Gruppendenken unter bestimmten Voraussetzungen zu überwinden und auf diese Überwindung hinzuarbeiten. Wir leben auf einem endlichen Planeten und sind mit der Tatsache prinzipiell unaufhebbarer Knappheiten konfrontiert. Entweder sind die Ressourcen selbst begrenzt oder unsere Möglichkeiten, sie zu nutzen. Selbst die Luft zum Atmen kann unter Umständen knapp werden. Wer heute geboren wird, wird zudem in eine Welt geboren, die von anderen Menschen bereits vollständig in Besitz genommen wurde. Faktisch jeder Quadratmeter Boden befindet sich unter Kontrolle eines Eigentümers, einer privaten Person oder eines Staates, der das Recht hat, über die Nutzung seines Eigentums zu entscheiden und andere von der Nutzung auszuschließen. Darüber hinaus sind die natürlichen Ressourcen (Wasser, Böden, Rohstoffe) unter den Staaten und Regionen ungleich verteilt.

Unter diesen Voraussetzungen stellt sich die Frage, wie der Zugriff auf die für das Leben notwendigen Bedingungen und Ressourcen – seien es natürliche oder auch von

Menschen geschaffene – geregelt werden soll. Welche allgemeinen und von jedem Einzelnen zu respektierenden Verhaltensgrundsätze sollen insbesondere dann gelten, wenn einzelne Menschen oder auch Gruppen von Menschen nicht in der Lage sind, sich zu ernähren oder vor Versklavung oder physischer Bedrohung zu schützen?

Diese Frage stellt sich in vollständiger Allgemeinheit. Das heißt: Wir suchen nicht nur nach einer Regelung, die sich auf das Zusammenleben innerhalb einer Gemeinschaft oder eines Staates bezieht, sondern auch nach einer solchen, die unsere Beziehungen zu Menschen außerhalb der eigenen Gemeinschaft, außerhalb des eigenen Staates erfasst. Ist es denkbar, die Beziehungen zu Menschen innerhalb und außerhalb der Gemeinschaft, zu Mitgliedern und zu Fremden, nach ein und demselben Verhaltensgrundsatz, nach ein und derselben Norm, zu regeln?

Ich glaube, die Antwort auf diese Frage ist eindeutig – und zwar unabhängig davon, welche Gemeinschaft wir im Auge haben: Zu Menschen außerhalb der Gemeinschaft befinden wir uns *als Mitglieder dieser konkreten Gemeinschaft* nicht in derselben Unmittelbarkeit wie zu Menschen innerhalb der Gemeinschaft. Zu Menschen außerhalb der Gemeinschaft unterhalten wir menschliche Beziehungen nicht in derselben Tiefe wie zu Gemeinschaftsmitgliedern. Wir – und zwar wir, die wir nur als Mitglieder dieser Gemeinschaft und nicht als bestimmte Personen mit eigenen Interessen und eigenen Vorlieben zu betrachten sind – teilen mit ihnen nicht die gleiche Herkunft, Geschichte und Kultur; wir leben nicht unter den gleichen allgemeinen Lebensbedingungen und den gleichen Institutionen; wir haben ihnen gegenüber nicht dieselben Loyalitätspflichten wie gegenüber den Mitgliedern der Gemeinschaft. Als Mitglied einer Mannschaft kämpfen wir für deren Erfolg, selbst wenn wir mit Mitgliedern der gegnerischen Mannschaft persönlich befreundet sind. Mitglied einer Gemeinschaft sein heißt, zu allen Nicht-Gemeinschaftsmitgliedern ein in Bezug auf den Sinn der Gemeinschaft oder dem Vergemeinschaftungszweck anderes Verhältnis zu haben. Als Angehörige eines Volkes haben wir in Bezug auf das Merkmal der Abstammung ein anderes Verhältnis zu allen Menschen, die nicht diesem Volk angehören. Natürlich kann man zu einzelnen Gemeinschaftsfremden intensivere oder emotional tiefere Beziehungen haben; aber diese hat man eben nicht als Mitglied dieser bestimmten Gemeinschaft – etwa als Mitglied eines Vereins oder als Angehöriger eines Volkes oder als ein Staatsangehöriger –, sondern als eine bestimmte Person mit individuellen Eigenheiten und subjektiven Interessen.

Die Beziehungen zwischen Menschen werden vermittelt durch die Beziehungen, die sie zu Gemeinschaften haben. Insoweit verschiedene Menschen unterschiedlichen Gemeinschaften angehören, haben sie nicht zu allen Menschen dieselben Beziehungen. Daher kann es einen einzigen Verhaltensgrundsatz, der unsere Pflichten gegenüber allen Menschen auf der Erde, gegenüber Gemeinschaftsangehörigen und Gemeinschaftsfremden, bestimmte, nicht geben. Wir haben Menschen gegenüber unterschiedliche, das heißt unterschiedlich intensive oder umfassende, Pflichten – und zwar auch in Abhängigkeit davon, ob sie der eigenen Gemeinschaft angehören oder nicht, und wir haben gegenüber den Menschen verschiedener Gemeinschaften unterschiedliche Pflichten in Abhängigkeit davon, in welcher Beziehung unsere Gemeinschaft zu der jeweils anderen Gemeinschaft steht. Als eine pragmatische Faustregel dürfte der Grundsatz allgemein akzeptabel sein, dass Intensität und Umfang unserer Pflichten, die wir gegenüber anderen Menschen – sowohl gegenüber Menschen der eigenen Gemeinschaft als auch gegenüber Menschen anderer Gemeinschaften – haben, mit wachsender Distanz hinsichtlich Abstammung, Kultur, kooperativer Beziehungen etc. sinken.

Bei der Bestimmung von Hilfspflichten ist zudem zu bedenken, dass die Art der benötigten Hilfe sehr verschieden sein kann. Manche Menschen leben in Ländern, in denen eine Hungersnot herrscht oder Epidemien grassieren, manche auf Inseln, die allmählich das Meer verschluckt. Andere kämpfen nach Naturkatastrophen um das nackte Überleben oder werden in Kriegen und Bürgerkriegen mit dem Tod oder auch Versklavung bedroht. Viele werden von Gewaltregimen verfolgt.

2. Gemeinschaften als Individuen

Um zu klären, welche Pflichten Gemeinschaften wechselseitig und gegenüber den Mitgliedern anderer Gemeinschaften akzeptieren sollten, ist es zweckmäßig, Gemeinschaften wie Individuen zu behandeln. Es ist jedoch keineswegs klar, inwieweit dies zulässig ist. Gemeinschaften verhalten sich zwar als soziale, wirtschaftliche und politische Einheiten und entwickeln als solche eine (partikulare) Verantwortlichkeit für ihre Mitglieder; sie sind aber letztlich Kollektivwesen und keine menschlichen Individuen.

Ein *erster* wesentlicher Unterschied zwischen menschlichen Individuen und Gemeinschaften ergibt sich wie folgt: Einer natürlichen Person gestehen wir das Recht zu, selbst bestimmen zu können, mit wem sie zusammenlebt. Dieses Recht dient dem Selbstschutz. Das menschliche Individuum möchte seine Freiheit, seine Sicherheit, seine Wohlfahrt wahren; es möchte bleiben, was es ist, seinen Gewohnheiten folgen und sein Leben in derselben Weise fortsetzen können. Es möchte selbst entscheiden, wer in sein Haus einzieht, durch seinen Garten spaziert und sich aus seinen Vorräten bedient. Nur weil wir Gemeinschaften ebenfalls als Individuen betrachten können, folgt allerdings nicht, dass wir gezwungen wären, auch ihnen dieses Recht zuzubilligen. Tatsächlich sind andere Modelle vorgeschlagen worden.[144] Trotzdem halte ich es für vernünftig, dasselbe Selbstbestimmungsrecht auch für abgeschlossene, definierte menschliche Gemeinschaften zu akzeptieren. Denn sie sind schließlich Ansammlungen von menschlichen Individuen mit eben diesen Bedürfnissen.

Ein *zweiter* wesentlicher Unterschied zur Beziehung zwischen menschlichen Individuen ergibt sich auf der Ebene von Staaten. Was die Beziehungen zwischen Menschen anlangt, kann man annehmen, dass alle mehr oder weniger gleich stark und gleich einfallsreich sind und bestehende Unterschiede durch Bündnisse kompensiert werden können. Da auf Grund dessen keiner hoffen darf, sich dauerhaft gegen alle anderen durchzusetzen, ist jeder vernünftigerweise an Kooperationsbeziehungen und der gesellschaftlichen Ingeltungsetzung entsprechender Verhaltensnormen interessiert. Das Gleiche lässt sich allerdings für Staaten nicht sagen. Staaten werden gegründet und sind in diesem Sinne zumindest anfangs künstliche Gebilde, zwischen denen unausgleichbare Machtdifferenzen über Jahrhunderte hinweg bestehen können. Das heißt, es kann Staaten geben, für die es rational ist, allein auf das Recht des Stärkeren zu setzen und sich der Unterwerfung unter ein Sanktionen bewehrtes Normensystem zu verweigern. Ob in einer historischen Situation solche Differenzen bestehen, ist freilich eine empirische Frage. Diese Überlegung zeigt aber, dass es Gemeinschaften geben kann, denen keineswegs mit Argumenten zu zeigen ist, dass es in ihrem wohlverstandenen egoistischen Interesse liegt, Pflichten gegenüber anderen Gemeinschaften beziehungsweise deren Mitgliedern anzuerkennen. Und dasselbe würde auch für die Angehörigen dieser starken Gemeinschaften gelten. Trotzdem könnten solche Gemeinschaften natürlich anderen Gemeinschaften gegebenenfalls Hilfe gewähren (so wie die USA nach dem Zweiten Weltkrieg den Marshallplan für Länder Westeuropas auflegte). Allerdings würden sie diese Hilfe im eigenen Interesse leisten und nicht, weil sie eine moralische Pflicht (im üblichen Sinne) akzeptiert hätten. Nun existieren jedoch sowohl die starken und die schwachen Staaten auf demselben Planeten und sind mit denselben Problemen, wenn auch mit zum Teil unterschiedlicher Dringlichkeit, konfrontiert. Auch starke Staaten können ein Interesse an der gemeinsamen Lösung solcher Probleme und daher an der Kooperation mit anderen Staaten haben. Auch sie können also an einer Moral, einem Völkerrecht, interessiert sein – an der allgemeinen Geltung von Normen, die die Beziehungen zu anderen Staaten beziehungsweise zu den Angehörigen anderer Staaten regeln. Insofern halte ich es für vernünftig, davon auszugehen, dass auch starke Staaten grundsätzlich bereit sind, Verhaltensnormen zu akzeptieren, die der Verwirklichung von Interessen anderer Staaten und deren Angehörigen dienen.

Mit einem gewissen Recht können Gemeinschaften also durchaus als Individuen – und zwar als Individuen mit einem Selbstbestimmungsrecht – betrachtet werden. Aus dem Selbstbestimmungsrecht folgt allerdings auch die Pflicht, die Konsequenzen für die eigenen Entscheidungen tragen zu müssen. Ein Staat kann nicht auf seiner Souveränität bestehen und zugleich erwarten, dass andere Staaten ihre Bürger heranziehen, um etwa die Folgen seiner Misswirtschaft zu lindern (vgl. VIII.5). Das Selbstbestimmungsrecht begründet Verantwortlichkeit. Staaten sind lokale Träger partikularer Verantwortung – natürlich nur in dem Maße, in dem es ihnen überhaupt möglich ist, durch richtige Entscheidungen die Befriedigung der Grundbedürfnisse der Mitglieder zu sichern.

3. Ein Recht auf Hilfe zum Überleben

Wenn wir nun fragen, welche Normen im Verhältnis zu Angehörigen anderer Staaten man vernünftigerweise akzeptieren sollte, das heißt welche Normen als rational begründet gelten können, so kommen wir vermutlich einer Antwort näher, indem wir zunächst überlegen, welche nicht zu begründen sind. (Dabei werde ich mich im Folgenden auf Pflichten zur Hilfeleistung gegenüber Nicht-Staatsangehörigen beschränken.)

Als Ausgangspunkt bietet sich folgende Überlegung an: In einer endlichen Welt knapper Lebensbedingungen wären Prinzipien nicht allgemein zustimmungsfähig, die einzelnen Gruppen von Menschen einen exklusiven Anspruch auf Lebensräume und natürliche Ressourcen gewähren, während anderen Gruppen der Zugriff auf die notwendigen natürlichen Voraussetzungen zum Überleben verwehrt ist.

Rationale Akteure treten für die gesellschaftliche Ingeltungsetzung nur solcher Grundsätze ein, deren allgemeine Beachtung der Verwirklichung ihrer Interessen dient. Kein einzelner Mensch und keine Gruppe von Menschen stimmte daher vernünftigerweise einem Grundsatz zu, der es für rechtmäßig erklärte, Menschen, die um ihr nacktes Leben ringen, denen aber keine Hilfe zum Überleben vor Ort gewährt wird, an eine zeitweise oder dauerhafte Niederlassung in fruchtbareren oder nicht von Kriegswirren gezeichneten Weltgegenden zu hindern.

Jeder Einzelne hätte zumindest zwei Gründe, diesem Grundsatz seine Zustimmung zu verweigern. Erstens hätte man sich klarzumachen, dass man selbst ohne eigenes Verschulden in eine Lage geraten kann, auf fremden Lebensraum oder Hilfe zurückgreifen zu müssen, sodass man ein Leidtragender der Geltung dieses Grundsatzes sein könnte. Zweitens ist damit zu rechnen, dass Notleidende, die um ihr Überleben kämpfen, diesen Grundsatz ohnehin missachten würden, sodass eine gesellschaftliche Wirksamkeit nicht erwartet werden kann, und diese Missachtung obendrein auch nicht schuldhaft wäre.

Daraus folgt, dass ein Grundsatz, der die Unterbindung des Zugriffs Bedürftiger auf natürliche in fremdem Besitz befindliche Lebensressourcen selbst in existenziellen Notfällen für rechtmäßig erklärt, und zwar obwohl Hilfe zum Überleben *nicht* bereitgestellt wird, nicht allgemein zustimmungsfähig ist. Das heißt, ein in diesem Sinne Notleidender hätte keinen vernünftigen Grund, diesen Grundsatz anzuerkennen und zu befolgen. Ein Grundsatz aber, der nicht von jedem potenziell Betroffenen und rational Urteilenden als begründet angesehen und akzeptiert werden kann, ist kein Grundsatz, den wir als moralisch verpflichtend betrachten. Moralische Normen erheben den Anspruch auf allgemeine Geltung und allgemeine Zustimmung.[145]

Wenn es aber stimmt, dass der Grundsatz, wonach (in diesem Sinne) Not leidenden Nicht-Staatsangehörigen nicht geholfen werden muss, nicht allgemein zustimmungsfähig ist, dann folgt daraus, dass jeder, der trotz eigener Anstrengungen in seinem Land nicht überleben kann, Anspruch darauf hat, dass ihm entweder Not überbrückende Hilfsmaßnahmen zuteilwerden oder Lebensraum samt der zum Überleben erforderlichen natürlichen Ressourcen zeitweise oder dauerhaft abgetreten wird.

Wie wir noch sehen werden (VIII.4, VIII.6, VIII.7), gilt dieser Anspruch unter der Voraussetzung, dass eine Hilfeleistung überhaupt möglich und darüber hinaus zumutbar ist. Sind diese Voraussetzungen gegeben, dürfte Hilfe vor Ort oder in größtmöglicher Nähe aus pragmatischen Gründen stets die erste Option sein. Sollte jedoch diese Möglichkeit nicht bestehen oder nicht genutzt werden, hätten Territorialstaaten, die, gemessen an ihren natürlichen Gegebenheiten, ihrem Entwicklungsniveau und ihrer aktuellen Bevölkerungsdichte, ihre »Traglast« noch nicht ausgeschöpft haben, die Pflicht, Menschen Niederlassungsmöglichkeiten zu eröffnen, die in ihren Herkunftsländern das Lebensnotwendige nicht erarbeiten können. Die Bevölkerungen solcher Territorialstaaten hätten die Pflicht, eine so motivierte Niederlassung zu dulden und, so wie es schon Hobbes forderte, durch ein dichteres Zusammenwohnen und eine möglichst effektive Nutzung des Landes den benötigten Lebensraum bereitzustellen.[146] Ich glaube, dass wir ein solches Recht – und zwar im wohlverstandenen langfristigen eigenen Interesse – dem Grundsatz nach anerkennen sollten.

Dies ist ein moralisches Anspruchsrecht auf die notwendigen Voraussetzungen zum Weiterleben, über dessen genauere Ausgestaltung im Einzelnen zu diskutieren wäre. Da wir Menschen sind, nämlich Vertreter einer Gattung eines biologischen Klassifikationssystems, kann es immer nur um ein Überleben *als Wesen* dieser bestimmten Gattungszugehörigkeit – und nicht als Angehörige einer Kultur oder eines sozialen Standes – gehen. Unsere Existenz und Weiter-Existenz ist dann gesichert, wenn im Lebensvollzug die Bedingungen der Möglichkeit des mit sich selbst identischen persönlichen Weiterlebens reproduziert werden, das heißt der Einzelne seine transzendentalen Bedürfnisse befriedigen kann und damit zugleich seine fundamentalen Menschenrechte gewahrt sind.[147]

Wichtig ist jedoch zu erkennen, dass das Kriterium des Weiterleben-Könnens ein kulturneutrales absolutes Maß darstellt. Ob ein Mensch als Mensch weiterlebt, ob er de facto überlebt oder stirbt, hängt weder von kulturell oder ideologisch überformten Deutungen noch davon ab, wie gut es anderen geht. Die Feststellung der Grenze zwischen Leben und Tod bedarf – abgesehen von hier nicht interessierenden Unschärfen im Sterbeprozess – keines Rechtfertigungsverfahrens, auf das man sich allererst einigen müsste. Hilfe zum Überleben ist die – prima facie einforderbare – minimale Hilfspflicht, auf die sich vermutlich rationale Akteure einigen können. Ob darüber hinaus gehende Ansprüche und die sich daraus ergebenden Pflichten allgemeine Zustimmung finden, ist eine Tatsachenfrage.

Aus dem Anspruchsrecht auf Weiterleben-Können ergeben sich Duldungs- beziehungsweise Solidaritätspflichten gegenüber allen Menschen auf der Welt – sofern sich diese in absoluter Not, das heißt in einem physischen Überlebenskampf befinden, der ohne fremde Hilfe nicht bestanden werden kann. Gleichzeitig impliziert die allgemeine Anerkennung einer wechselseitigen Pflicht zur Hilfe in Notsituationen die Pflicht, begründete Ansprüche auf exklusive Nutzung von Lebensräumen, Naturressourcen und Arbeitsergebnissen zu akzeptieren und zu beachten. Ein

Notleidender hat einen Anspruch auf Hilfe zum Überleben. Mit der Hilfe, die ihm tatsächlich zuteil wird, realisiert sich für ihn die Verpflichtung, Eigentumsrechte zu achten.

Wer Hilfspflichten anerkennt, muss auch anerkennen, dass es unerheblich ist, ob andere ihren Hilfspflichten nachkommen oder nicht. Entscheidend ist allein, dass es Hilfsbedürftige mit einem legitimen Anspruch auf Hilfe gibt. Grundsätzlich jedoch liegt es im Ermessen des Verpflichteten, wie er seiner Pflicht nachkommt. Der Helfer entscheidet, wie er hilft. Voraussetzung ist die Wirksamkeit der Hilfe. Ist es ihm jedoch nicht möglich, Hilfe im Herkunftsland zu organisieren, kann er, wie gesagt, gefordert sein, Flüchtlinge zu beherbergen und zu versorgen oder deren Niederlassung zu ermöglichen.

Zum einen ist dieses Niederlassungsrecht doppelt konditioniert: Es ist erstens gekoppelt an die Voraussetzung einer absoluten Notsituation, die ohne fremde Hilfe nicht bewältigt werden kann und auch mit fremder Hilfe vor Ort faktisch nicht bewältigt wird. Es ist zweitens gekoppelt an die Voraussetzung, dass »überschüssiger« Lebensraum in anderen Territorialstaaten verfügbar ist. Wann ein Lebensraum als »überschüssig« beziehungsweise die »Traglast« eines Lebensraumes als noch nicht ausgeschöpft gelten kann, sind wiederum Fragen, über die gesondert zu diskutieren wäre.

Eine Schwierigkeit ergibt sich aus Folgendem: Unstrittig dürfte sein, dass Staaten nicht dazu verpflichtet sein können, eine Niederlassung Fremder in einem Umfange zu dulden, der sie selbst in einen Zustand absoluter Not geraten ließe. Heißt dies aber, dass ihre Hilfspflicht erst unmittelbar vor Überschreitung der Schwelle zur absoluten Not erlischt? Ich glaube, dass eine solche Hilfspflicht nicht begründbar ist. Bei der Fixierung der Grenzen dessen, wozu ein Hilfeleistender verpflichtet ist, kann nicht der Begriff der absoluten Not in Anschlag gebracht werden, der bei der Feststellung der Hilfsbedürftigkeit Anwendung findet (vgl. VIII.7). Hilfeleistende – Einzelne oder Gesellschaften – geraten nach üblichem Selbstverständnis bereits dann in Not, wenn ihre Hilfeleistung, beispielsweise die Duldung der Niederlassung Fremder, sie auch nur zwänge, ihr Lebensmodell aufzugeben oder auf die Realisierung von Zielen zu verzichten, die in ihrer Kultur fundamental sind, und damit das zerstörte, was sie und ihr Leben ausmacht.[148] Das Recht auf Selbstbehauptung umfasst den Schutz der eigenen Identität und der eigenen Art zu leben.

Eine Anerkennung dieser Asymmetrie hebt die Schwelle, ab der wir zu helfen verpflichtet sind, deutlich über die Schwelle eigener absoluter Not hinaus. Danach ist Harry G. Frankfurts »Suffizienzprinzip«, wonach der Weltzustand zu präferieren sei, in dem möglichst viele genug haben, nicht mehr in vollständiger Allgemeinheit zu verteidigen. Wenn wir es für gerechtfertigt und wohlbegründet halten, unser Lebensmodell und unsere Kultur zu bewahren, obwohl andere Not leiden, akzeptieren wir jedenfalls nicht Frankfurts Grundsatz, der lautet: »Es ist zweifellos grundsätzlich vernünftig, der Verbesserung der Lage jener, die Not leiden, höhere Priorität einzuräumen als der Verbesserung der Lage jener, die keine Not leiden.«[149]

Den Frankfurt'schen Grundsatz anzuerkennen fordert der moralische Universalismus. Wenn es ohne Bedeutung ist, wer Not leidet, ist es in der Tat zwingend, der Notbeseitigung grundsätzlich Priorität vor der Verbesserung der Lage oder der Bewahrung einer Lebensform einzuräumen. Indem wir den moralischen Universalismus aber ablehnen, folgt daraus, dass wir nicht verpflichtet sind, unsere Hilfsbereitschaft bis kurz vor Erreichung jenes

Stadiums aufrechtzuerhalten, in dem Not und Chaos in unserem eigenen Land ein Ausmaß erreicht haben, dass es für Migranten keinen Sinn mehr ergibt, zu kommen.

Eine Gemeinschaft, die ihre Hilfspflicht ausschließlich durch das Kriterium der Vermeidung eigener Not beschränkt sähe, veränderte im Ernstfall substanziell ihre Lebensgrundlagen und zerstörte ihre Identität. Eine solche Hilfspflicht verlangte nicht nur ein Verhalten, zu dem die meisten – und zwar aus guten Gründen – nicht bereit wären, es tauchte auch unser gesamtes Leben in ein anderes Licht. Sobald unser eigenes Überleben gesichert wäre, wären wir aufgefordert, unsere ganze Kraft in das Überleben anderer Menschen zu investieren (sofern wir ihnen dabei helfen könnten). Wir müssten uns als verpflichtet betrachten, unsere Lebensform und unser Wohlbefinden, ja unser Glück – und in der Konsequenz einen Teil unserer Lebensspanne aufzuopfern. Aber jeder hat nur ein, nur sein Leben. Der Bereitschaft, dieses zugunsten anderer in wesentlicher Hinsicht anders zu leben oder gar zu verkürzen, sind enge Grenzen gesetzt.[150]

Aber selbst die Möglichkeit, den drohenden Tod eines anderen abwenden zu können, begründet noch keine Pflicht, von dieser Möglichkeit Gebrauch zu machen. Anderenfalls müsste eine Gesellschaft beispielsweise die Teilnahme an einer Nierenspendenlotterie als moralisch verpflichtend betrachten. Danach hätte ein gesunder Mensch, den das Los trifft, einem Fremden freiwillig eine seiner Nieren zu spenden, damit dieser überleben kann. Umgekehrt hätte er im Krankheitsfall einen Anspruch auf eine Spenderniere. Eine solche Gesellschaft hat es bisher nicht gegeben und wird es wohl auch nicht geben – und zwar obwohl dieses Verfahren die durchschnittliche Lebenserwartung in der Gesellschaft vermutlich steigern würde.

Unser moralisches Denken orientiert sich auch, aber nicht ausschließlich an dem Wunsch, möglichst lange weiterzuleben – weder in Bezug auf unser eigenes Leben noch das Leben Fremder. Trotzdem ist zu vermuten, dass sich manche Menschen an einer solchen Lotterie beteiligen würden; ja es soll sogar Einzelne geben, die freiwillig eine ihrer Nieren für Fremde spenden, ohne damit einen Anspruch zu erwerben, dass ihnen im Bedarfsfall in ähnlicher Weise geholfen wird.[151] Zu einer solchen (supererogatorischen) Hilfe kann allerdings niemand verpflichtet sein.

Zum anderen ist dieses Niederlassungsrecht prima facie ein zeitlich befristetes Aufenthaltsrecht, dessen Befristung sich am Fortbestand der absoluten Notsituation bemisst. Es kann unter Hinzuziehung weiterer Gesichtspunkte in ein unbefristetes Bleiberecht umgewandelt werden.

Ein solches Niederlassungsrecht sollte nur unter strikter Einhaltung eng bemessener Voraussetzungen gewährt werden. Denn ein solches Recht zu gewähren bedeutete anzuerkennen, dass die zu einem bestimmten Zeitpunkt bestehende Aufteilung der Erdoberfläche unter Nationalstaaten nicht sakrosankt sein kann. Wer auf dieser Erde keinen Platz zum Leben findet – und sei es ein ganzes Volk –, hätte danach Anspruch auf einen geeigneten Lebensraum. Die Problematik eines solchen Rechtes dürfte auf der Hand liegen. Die Geschichte ist auch eine Geschichte des Kampfes um Lebensraum. Für die Regulierung eines solchen moralischen Anspruchsrechtes sind das derzeitige Asylrecht und die Genfer Flüchtlingskonvention unzureichend.

Absolute Not entsteht aber nicht nur durch Mangel an geeignetem Lebensraum. Auch durch – faktisch stattfindende oder konkret absehbare – staatliche Verfolgung inklusive Folter oder durch Bürgerkrieg können Menschen in einer ganz ähnlichen Weise hilfsbedürftig werden. Und auch in diesen Fällen dürfte die Ablehnung von Hilfe dem Grundsatz nach nicht allgemein zustimmungsfähig sein. Deshalb gilt: Menschen, denen die Verhältnisse in ihrem Staat keinen anderen Ausweg lassen, als zu fliehen, sollten als Hilfsbedürftige anerkannt werden.

Diesen Grundsatz anzuerkennen hätte auch jeder gute Gründe. Erstens kann niemand ausschließen, selbst einmal in eine solche Lage zu geraten, sodass er bei Abwägung der Vor- und Nachteile für ihn selbst und seine Nächsten zu der Auffassung gelangt, von der Ingeltungsetzung dieser Norm eher zu profitieren. Und zweitens können von Menschen Gefahren ausgehen, die nichts zu verlieren haben und deshalb zu allem bereit sind.

4. Konkretisierungen

Normen müssen auf konkrete Fälle angewendet werden. Zunächst sollte man sich klarmachen, dass moralische Normen grundsätzlich *prima facie*, also nur im Normalfall gelten und außerhalb des Normalfalls konkretisiert werden müssen. Die Pflicht, eine bestimmte Handlung auszuführen oder zu unterlassen, kann unter bestimmten Voraussetzungen aufgehoben sein – etwa dann, wenn der Hilfsbedürftige seinerseits Pflichten verletzt hat oder der zur Hilfeleistung Verpflichtete sich dazu außerstande sieht oder ihm die sich daraus ergebenden Nachteile nicht zuzumuten sind. Als unzumutbar dürfte allgemein jene Hilfe gelten, die die Lebensmöglichkeiten oder die Lebenserwartung des Helfenden merklich einschränkte.

Des Weiteren ist zu bedenken: Eine Pflicht zu helfen besteht für den Fall der Hilfsbedürftigkeit, also in aller Regel zeitlich beschränkt. Sobald die Hilfe nicht mehr benötigt wird, entfällt auch die moralische Pflicht zur weiteren Unterstützung. Unterstützungsmaßnahmen, gleich welcher Art, können dann entzogen werden. Dies gilt auch für die Niederlassungs- und Arbeitserlaubnis. Ob Erlaubnisse dieser Art im konkreten Fall tatsächlich eingezogen werden, ist eine ganz andere Frage. Jawohl, der Fremde, der den Boden eines anderen betritt, hat einen Anspruch auf menschenwürdige Behandlung; ein Bleiberecht kann ihm aber vorenthalten werden, wenn es, wie Kant formulierte, »ohne seinen Untergang geschehen kann«[152]. Aus dem Anspruch auf Hilfe folgt kein moralisches Niederlassungsrecht. Klar dürfte allerdings auch sein, dass in Fällen, in denen Lebensraum, also Territorien, abgetreten wurden, anderes gilt. Wer ein Stück Land selbständig bearbeitet, Häuser baut und eine Infrastruktur anlegt, hat Anspruch darauf, die Ergebnisse seiner Arbeit zu nutzen.

Zudem bedeuten weder ein Niederlassungsrecht noch ein Recht auf Hilfeleistung automatisch, dass der aufnehmende oder Hilfe leistende Staat verpflichtet wäre, den Neusiedlern oder den Hilfsbedürftigen Unterstützung auf dem gleichen Niveau zu gewähren wie Staatsbürgern. Keinesfalls jedoch können diese Rechte bedeuten, dass jeder Mensch berechtigt wäre, sich in jedem beliebigen Teil der Erde und in jedem Staat seiner Wahl niederzulassen, um an dem dort geschaffenen Reichtum zu partizipieren oder von dem dort existierenden Wohlfahrtssystem zu profitieren. Selbst der Hilfsbedürftige, etwa der politisch Verfolgte, muss nicht arm sein. Und auch wer arm ist, muss deshalb nicht Not leiden.

Die Verpflichtung zur Hilfeleistung in Notsituationen ist eine Kompensation dafür, dass Fremde die territorialen Besitzansprüche von Staaten sowie sonstige Eigentumsansprüche akzeptieren. Wohlgemerkt: Diese Kompensation muss nicht aus moralischen Gründen geschaffen werden. Wenn wir über Fragen der Begründung moralischer Normen sprechen, unterstellen wir einen Zustand, in dem kein moralisches Normensystem anerkannt, also keine Moral gesellschaftlich in Geltung ist. Die Kompensation ist vonnöten, damit Notleidende einen rationalen Grund haben, Besitz- und Eigentumsansprüche der anderen zu akzeptieren. Denn, wer in Lebensgefahr schwebt, wird sich notfalls auch mit Gewalt nehmen, was er zum puren Überleben braucht. Ihm entgegenzukommen, sofern man kann, ist rational. Dieses Verhalten sollte deshalb als moralische Pflicht begriffen, und dies heißt, die Forderung, uns so zu verhalten, sollte in unseren »Seelenhaushalt« in Gestalt eines systematischen Wollens überführt werden. Entscheidend aber ist: Das Maß der Hilfeleistung, zu der wir uns verpflichtet fühlen sollten, wird vor allem bestimmt durch den von rationalen Akteuren allgemein als notwendig betrachteten Umfang der Kompensation für die Respektierung von Besitz- und Eigentumsansprüchen. Es ist dieses die unterschiedlichen Interessen ausgleichende Maß, die eine Pflicht zur Hilfeleistung allgemein zustimmungsfähig macht. Die Entscheidung, das eigene Verhalten an allgemein zustimmungsfähige Normen zu binden, ergibt sich dabei aus dem Interesse an der Befriedigung der eigenen Bedürfnisse, insbesondere auch – nämlich dann, wenn es um Fragen der Einwanderung geht – der Durchsetzung der eigenen Besitz- und Eigentumsansprüche.

Die Pflicht zur Hilfeleistung generiert auf Seiten des Notleidenden einen entsprechenden Anspruch. Gegen die Nichterfüllung dieses Anspruchs kann sich der Notleidende gegebenenfalls zur Wehr setzen. Insofern ist ein Notrecht gegen unterlassene Hilfeleistung anzuerkennen.

Darüber hinaus gehende Verpflichtungen lassen sich hingegen nicht verbindlich vorschreiben.

Auch zu diesem Ergebnis wird man gelangen, indem man sich im Rahmen eines Gedankenexperiments fragt, welche Grundsätze, die die Beziehungen zu Nicht-Staatsangehörigen regeln, rationale Akteure in Geltung setzen würden. Würden rationale Akteure, die sich über Normen der zwischenstaatlichen Beziehungen Gedanken machen, dem Grundsatz zustimmen, dass sämtliche Ungleichheiten zwischen Staaten im Hinblick auf Freiheit, Wohlstand und Sicherheit auszugleichen seien, es sei denn der Fortbestand dieser Ungleichheiten kommt vor allem den benachteiligten Menschen zugute?

Eine solche Differenzierungsklausel – allerdings bezogen lediglich auf innerstaatliche Verhältnisse – liegt dem Rawls'schen Unterschiedsprinzip zugrunde.[153] Die Idee findet sich bereits in der Erklärung der Rechte des Menschen und des Bürgers, die die französische Nationalversammlung am 26. August 1789 verkündet hat und in der es im Art. 1 heißt: »Die sozialen Unterschiede können sich nur auf das gemeine Wohl gründen.«[154] Wer durchdenkt, zu welchen Handlungen dieser Grundsatz in einer historisch gewachsenen realen Welt anderen Staaten und Nicht-Staatsangehörigen gegenüber verpflichtet, wird ihn für nicht allgemein zustimmungsfähig halten. Zum Zwecke des sozialen Ausgleichs könnte man genötigt sein, drastische Einbußen der eigenen – in der Regel hart erarbeiteten – ökonomischen Wohlfahrt hinzunehmen. Vermutlich wird er zu diesem ablehnenden Ergebnis gelangen ganz gleich, ob er dieses Gedankenexperiment unter John Rawls »Schleier des Nichtwissens«, also unter Ausblendung allen Wissens um die individuelle Beschaffenheit und Stellung der eigenen Person, oder unter Berücksichtigung des Wissens einer konkreten Person durchführt, die weiß, in welchem und in was für einem Land sie lebt.[155] Dabei haben wir die praktischen Probleme einer Aufteilung und Neuverteilung erworbener Güter noch nicht einmal thematisiert. Schon im Verhältnis privater Einzelner untereinander gilt: Das »Brett des Karneades«[156] lässt sich nicht gleichmäßig verteilen. Es kann per definitionem nur einen tragen und die Nicht-Gleichverteilung lässt sich auch nicht dadurch rechtfertigen, dass sie dem Schlechtergestellten nützt. Sowohl die Forderung nach unbedingter Gleichverteilung als auch das Unterschiedsprinzip reflektieren nur ungenügend die Tatsache, dass wir als verletzliche und vom Tode bedrohte Wesen in einer Welt der Knappheit leben – in einer Welt, die Situationen bereit hält, in denen nicht alle zusammen überleben, geschweige denn gleich gut leben können.

Ebenso werden Ungleichheiten, die aus dem Zufall der genetischen Ausstattung oder der Geburtsfamilie resultieren, selbst innerhalb einer staatlichen Gemeinschaft nicht oder nur unvollkommen ausgeglichen. Warum sollten dann aber vergleichbare Unterschiede zwischen den Staaten ausgeglichen werden? Einen Ausgleich zu schaffen über die Hilfe in Notsituationen hinaus kann nur Sache von Vereinbarungen oder der Selbstverpflichtung sein. Auch das Recht auf Einwanderung und die Pflicht, Einwanderung zu dulden, finden hier ihre Grenze. Ein Einreise- und Bleiberecht für alle lassen sich als universale Menschenrechte genauso wenig begründen wie eine völkerrechtliche Umverteilungspflicht zwischen Staaten. Selbst die Europäische Menschenrechtskonvention »begründet kein Menschenrecht auf ungehinderte Einreise in einen Konventionsstaat« und sieht auch »keine unbegrenzte Pflicht zur Aufnahme von Vertriebenen oder heimatlos gewordenen Menschen vor«.[157] Zudem wäre die Menschheit als Ganzes auch nicht in der Lage, wohlfahrtsstaatliche Prinzipien der distributiven Gerechtigkeit auf globaler Ebene zur Anwendung zu bringen. Noch existiert die Menschheit nicht als ein handlungsfähiges Kollektiv, das transnational geltende Entscheidungen verbindlich treffen und durchsetzen könnte.[158]

Freilich: Wo genau die Grenzen zwischen Not überbrückender Hilfe und Umverteilung zu ziehen sind, ist damit noch nicht klar. Was heißt es, dass Menschen um ihre nackte Existenz fürchten? In welchem Zustand muss sich jemand befinden, damit wir sagen, er kämpfe um sein Überleben? Wie bedürftig muss einer sein, damit er als ein Bedürftiger anzuerkennen ist? Auf diese Fragen gibt es keine einfachen und ein für alle Mal gültige Antworten. Es müssen Grenzen gezogen werden, und diesen Grenzziehungen liegen Entscheidungen zugrunde, die nicht allein Sache des philosophischen Denkens sein können. Nur sollte man nicht so treuherzig sein und glauben, »zur Dokumentation« der »Hilfsbedürftigkeit reicht in der Regel die bloße Tatsache der Flucht aus«[159].

Schließlich ist zu fragen: Geht es tatsächlich nur um das nackte Überleben oder auch um die Freiheit oder die Beseitigung von Unterdrückung? Die Genfer Flüchtlingskonvention verbietet im Art. 33 Abs. 1 die Ausweisung und Zurückweisung eines Flüchtlings in Gebiete, »in denen sein Leben oder seine Freiheit wegen seiner Rasse, Religion, Staatsangehörigkeit, seiner Zugehörigkeit zu einer bestimmten sozialen Gruppe oder wegen seiner politischen Überzeugung bedroht sein würde«. Zunächst ist zwar zu berücksichtigen, dass es sich hier um gesatztes (Völker-)Recht handelt, während wir an dieser Stelle darüber nachdenken, welche moralischen Minimalpflichten wir angesichts allgemein geteilter fundamentaler menschlicher Interessen aus Gründen zu akzeptieren rational gezwungen sind. Gleichwohl stellt sich die Frage, ob man dem Gedanken, dass die Freiheit als ein gleichermaßen schützenswertes Gut anzusehen ist wie das Leben, nicht näher treten sollte. Rechtlich sind wir ohnehin dazu verpflichtet. Unter moralischem Gesichtspunkt möchte ich diese Frage jedoch offen lassen. Denn auch hier gilt: Die Antworten auf solche Fragen lassen sich allein durch philosophisches Nachdenken nicht dekretieren. Es sind die sich auf Regeln des Zusammenlebens verständigenden Menschen, die darüber zu entscheiden haben. Letztlich aber verlangen diese Fragen immer auch politische Antworten.

Bei dem Nachdenken über diese Fragen sollte man sich von vornherein klarmachen, dass sich der Begriff der Not weit ausdehnen lässt. Sobald man sich entschlossen hat, nicht nur Notlagen, in denen die physische Existenz unmittelbar auf dem Spiel steht, sondern auch Unterdrückungen und Freiheitsbeschneidungen oder generell Lebenslagen, die mit unserem Begriff der Menschenwürde nicht in Übereinstimmung stehen, als Fluchtgrund anzuerkennen, ist eine nahezu uferlose Ausweitung der Fluchtursachen kaum noch aufzuhalten.[160] Zum Schluss wird man auch soziale Perspektivlosigkeit, drakonische Rechtssysteme und nicht-demokratische Staatsverhältnisse als Fluchtgründe akzeptieren und damit die eigenen Schutzpflichten ins Unermessliche erweitern. Wahrscheinlich hat Konrad Ott mit seiner Vermutung Recht, dass bei einem nur weit genug gefassten Begriff der Not weitaus mehr als die Hälfte der Menschheit in Not lebt und der Unterschied zwischen Flüchtlingen und Migranten sich immer mehr auflöst.[161]

Dass ein Einzelner oder auch Gruppen das Gefühl haben, aus ihrem Land fliehen zu müssen, reicht nicht aus,

Hilfspflichten zu begründen. Zunächst muss das Gefühl der Not, des Bedroht- oder Verfolgtseins für einen verständigen und empatischen Beobachter objektivierbar sein. Sodann ist jede Gemeinschaft verpflichtet, den eigenen Mitgliedern selbst zu helfen. Tatsächlich Hilfsbedürftigen muss daher innerhalb der betreffenden Staaten geholfen werden.[162] Wer sich an seinem Heimatort nicht mehr ernähren kann oder vor Terrororganisationen auf der Flucht ist, muss zunächst nach einer Ansiedlungsmöglichkeit in einem anderen Landesteil Ausschau halten.

Allgemein zustimmungsfähig dürfte folgender Grundsatz sein: Unsere Verpflichtungen anderen Menschen gegenüber sind umso geringer, je ferner sie uns stehen, und umso stärker, je größer ihre Not ist. Unsere Hilfspflichten sind also in doppelter Hinsicht abgestuft. Wir sind nicht verpflichtet, tätig zu werden, um Menschen, die uns (hinreichend) fernstehen, ein besseres Leben zu bereiten. Wir sind jedoch verpflichtet, Einbußen hinzunehmen oder auch tätig zu werden, um selbst den fernststehenden Menschen zu helfen, die um ihr pures Überleben kämpfen.

5. Solidargemeinschaften als Schicksalsgemeinschaften

Solidargemeinschaften sind Schicksalsgemeinschaften. So wie man in ein bestimmtes Zeitalter, eine geschichtliche Epoche hineingeboren wird, ist man qua Geburt auch Mitglied in menschlichen Gemeinschaften und ihren Beziehungsgeflechten. Man wird mit der Geburt in bestimmte Lebensverhältnisse versetzt. Die jeweils herrschenden Umstände prägen fortan, im Guten wie im Bösen, das eigene Leben. Man partizipiert an den

Errungenschaften der eigenen Gemeinschaft und leidet unter ihren Misslichkeiten.

So wie man als Individuum eine bestimmte genetische Ausstattung erbt, die einen unabänderlichen Bestandteil der eigenen Identität ausmacht, wird man auch durch das konkrete Leben in konkreten Gemeinschaften identitätsstiftend geprägt. Man wird einst derjenige sein, der man unter den unverfügbaren Lebensbedingungen geworden ist. Dies nennt man *Schicksal*. Und dieses Schicksal muss zunächst einmal angenommen werden. Ja, selbst die Geburt ist bereits Schicksal, und auch sie kann man nur frag- und klaglos hinnehmen. Denn weder gegen die Geburt noch gegen die eigene personale Ausstattung noch gegen das Hineingeborenwerden in bestimmte Lebensumstände kann sich der Einzelne wehren. Gegen die geburtsbedingte Zugehörigkeit zu einer Solidargemeinschaft, so Otto Depenheuer, gibt es kein Rechtsmittel.[163] Vor keinem Gericht der Welt kann man gegen das eigene Schicksal klagen. Auch lebenspraktisch ist es zweckmäßig, das eigene Schicksal anzunehmen und es als die Basis zu begreifen, von der ausgehend das eigene Leben zu gestalten ist.

Natürlich ist die schicksalhafte Ungleichverteilung von Lebenschancen nicht gerecht. »Schicksal« aber heißt gerade, es muss nicht gezeigt werden, dass diese Art von zufälliger Ungleichverteilung moralisch relevant ist und deshalb akzeptiert werden soll. Vielmehr sollte sie – abgesehen von sozialstaatlichen Korrekturen – schon deshalb akzeptiert werden, weil alle Versuche, schicksalhafte Einflüsse mehr oder weniger vollständig zu eliminieren, in einen totalitären Staat zu münden drohen.

Dass Nachgeborene von den Leistungen ihrer genetischen oder ethnischen Vorfahren profitieren, mag man in einer bestimmten Hinsicht als ungerecht betrachten.

Diese Ungerechtigkeit kann aber nicht ohne emotionale Verstörungen, ohne eine Aufweichung oder Bedeutungsverlagerung sozialer Bindungen und ohne ökonomische Verluste aufgehoben, sondern nur durch Erbschafts- oder Nutzungssteuern abgemildert werden. Dies zu betonen entspringt nicht dem Egoismus der vom Schicksal Begünstigten, sondern der erfahrungsgestützten Einsicht, dass totale Umgestaltungen fundamentaler sozialer Zusammenhänge und Institutionen im Fiasko zu enden pflegen. Diese menschliche Grunderfahrung zu berücksichtigen mündet in eine Haltung der Vorsicht und Behutsamkeit, die man »konservativ« nennt. Statt für revolutionäre Erneuerungen plädiert der Konservative für evolutionäre Korrekturen.

Korrekturen dieser Art vorzunehmen und für mehr Gerechtigkeit zu sorgen ist die Aufgabe des Staates. Dies gilt sowohl im Inneren als auch nach außen. Der Staat ist – neben der Familie – die wichtigste Institution zur Realisierung von Brüderlichkeit.[164] Vor allem in Gestalt von Entwicklungs- und Katastrophenhilfe übt er menschheitsumspannende Solidarität – ohne deshalb die Bevorzugung der eigenen Bevölkerung aufzugeben.

Nach individualistischer Grundauffassung konstituiert sich das Recht in der wechselseitigen Einschränkung der Willkürfreiheit der Einzelnen nach allgemeinen Regeln.[165] Daraus ergibt sich, dass die Grundpflicht des Einzelnen nicht darin besteht, für das Wohl seines Nebenmenschen zu sorgen, sondern dessen Freiheit, einschließlich ihrer Voraussetzungen, zu achten – und zwar genau in dem Maße, wie auch jener die Freiheit des anderen zu achten hat. Deshalb sind Grundrechte im liberalen Staat primär als Abwehr- und nicht als Anspruchsrechte konzipiert (III.1). Auch innerhalb der rechtlich verfassten Solidargemeinschaft sind daher die Pflichten zur gegenseitigen Hilfe begrenzt. Indem Grundrechte als Abwehrrechte gegenüber dem Staat gelten, ist nicht der Gebrauch der Freiheit rechtfertigungspflichtig, sondern es müssen staatliche Eingriffe in Grundrechte gerechtfertigt werden.

Rechtliche Ansprüche gegenüber dem Staat hat der Einzelne in Notlagen. Der Staat hilft Staatsbürgern und anderen Anspruchsberechtigten, etwa Asylbewerbern oder Flüchtlingen, Notsituationen zu bewältigen. Unter anderem deshalb erhebt er Steuern. Der Staat ist jedoch nicht berechtigt, Steuereinnahmen in beliebiger Höhe zu erheben und damit sein Volk zu enteignen. Auch wenn das Grundgesetz keine ausdrückliche Bestimmung über das Maß und Ziel der Besteuerung enthält, fordert es den Staat auf, »eine Überlastung der Steuerpflichtigen« zu vermeiden (Art. 106 Abs. 3 S. 4 Nr. 2 GG). Der Staat ist auch nicht berechtigt, Steuereinnahmen nach seinem Gusto beliebig zu verteilen. Das Eintreiben von Steuern ist ein Eingriff in das Privateigentum der Mitglieder der Gemeinschaft und eine Beschränkung der Handlungsfreiheit des Bürgers.[166] Jede Einschränkung der individuellen Freiheit muss sich aber rechtfertigen lassen. Zudem kann der demokratische Rechtsstaat grundsätzlich nur subsidiär handeln, weshalb er »sich nicht nur für den Eingriff, sondern auch für die Leistung zu rechtfertigen hat«.[167] So wie er die private Initiative nicht grundlos einschränken darf, kann er die Bürger auch nicht zu solidarischem Verhalten zwingen. Dies darf er nur dann, wenn der Zwang der Realisierung von Verfassungszielen dient und im Blick auf diese Ziele »zweckdienlich, erforderlich und grundrechtsangemessen« ist.[168]

Überhaupt verbirgt sich hinter der undifferenzierten Hochschätzung solidarischen Handelns ein Trugschluss. Die nicht vorgesehene Zusammenarbeit von Prüflingen in

Klausuren, Absprachen von Bietern bei der Vergabe von Aufträgen oder Preiskartelle sind Formen solidarischen Handelns, aber aus guten Gründen verboten.[169] Solidarität mit Unbedürftigen ist unsozial, wenn dadurch Bedürftige leer ausgehen. Solidarität kann falsche Anreize setzen: Indem sie den Verschwender und Hasardeur belohnt, bestraft sie indirekt den Vorsorglichen und Sparsamen. Solidarisches Handeln kann sowohl gegen geltendes Recht verstoßen als auch ungerecht sein.

Ein deutscher Amtsträger ist prima facie nur dem deutschen Volk verpflichtet. Gleichwohl ist es damit vereinbar, dass er im Rahmen des Asylrechts oder internationaler Verpflichtungen zugunsten von Nicht-Staatsangehörigen handelt, die deutsches Territorium erreicht haben oder Einlass erbeten.

6. Grenzen von Hilfspflichten

Wir haben die moralische Pflicht, Menschen in Not zu helfen. Diese Pflicht stellt sich umso drängender, wenn wir die Notlage selbst verschuldet oder mitverschuldet haben. Es besteht dann eine Wiedergutmachungspflicht. Sie dient der Herstellung oder Wiederherstellung eines Gleichgewichts und ist eine Form ausgleichender Gerechtigkeit. Ist ein solcher Fall gegeben, könnten wir nicht nur zu Not lindernden Maßnahmen verpflichtet, sondern darüber hinaus gefordert sein, alles uns Mögliche zu tun, um die Notlage zu beseitigen, oder ersatzweise die Einwanderung in unsere Gemeinschaft zu eröffnen. Menschen, die durch die Politik unserer Gemeinschaft in Not geraten sind, haben einen umfangreicheren und vordringlicheren Anspruch auf unsere Hilfe.[170]

Natürlich kann an dieser Stelle nicht erörtert werden, inwieweit Deutschland oder der Westen für die Entstehung der weltweiten Flüchtlingsströme verantwortlich ist. Eine solche Verantwortung darf allerdings nicht nur in einer vagen Form plausibel gemacht, sondern muss auf Tatsachen gestützt und für jedermann nachvollziehbar aufgezeigt werden. Es reicht jedenfalls nicht aus, tatsächliche oder vermeintliche »Verfehlungen« aufzuzählen (europäischer Kolonialismus, Versklavung von Afrikanern, Gewalt gegen antikolonialen Widerstand, Schaffung »künstlicher« Staaten nach dem Ersten Weltkrieg, Ausbeutung der Dritten Welt, Defizite der Entwicklungshilfe, rücksichtslose Interessenverfolgung internationaler Konzerne, militärischer Interventionismus), um eine unbeschränkte Pflicht zur Aufnahme aller Einwanderungswilligen begründen zu können. Die Ursachen des massenhaften Immigrationsbegehrens dürften derart komplex sein, dass sich klare Verantwortungszuschreibungen nur schwer begründen lassen.[171] Generell gilt: Verantwortlichkeit setzt Zuständigkeit voraus. Der Westen ist zum Beispiel nicht für die Vermeidung sämtlicher Missstände zuständig, auch wenn er in der Vergangenheit Bedingungen geschaffen hat, die ihre Nichtvermeidung durch die gegenwärtig Zuständigen begünstigen.

Eine erhöhte Pflicht zur Hilfeleistung verspüren viele auch gegenüber Menschen und Völkern, die uns in irgendeiner Weise besonders nahe stehen – mit denen wir näher verwandt sind, die die gleiche oder eine verwandte Sprache sprechen, dieselbe Hautfarbe haben oder wesentliche Überzeugungen teilen. Ob eine bevorzugte Behandlung dieser Nahestehenden auch moralisch zu fordern ist, ist eine andere Frage. In gewisser Weise erübrigt es sich jedoch, diese Frage zu beantworten, da die allermeisten

MORALISCHE PFLICHTEN

zu (manchen) Bevorzugungen dieser Art ohnehin neigen. In den Fällen, in denen wir in den Beziehungen zu den hilfsbedürftigen Nahestehenden eine Garantenstellung einnehmen, sollten wir sie positiv beantworten.

Wir haben auch die Pflicht zu helfen, wenn ganze Völker in Not sind. Haben wir auch die Pflicht, Völkern zu helfen, wenn diese ihre Not selbst verschuldet haben? Sind wir verpflichtet, ihnen unbefristet zu helfen, wenn sie ihre Notlagen – etwa durch ein ungezügeltes Bevölkerungswachstum – fortwährend reproduzieren, uns selbst aber eine Steuerung dieser Prozesse nicht möglich ist? Sind wir auch dann fortwährend zur Hilfe verpflichtet, wenn unsere Hilfe dazu beiträgt, dass sich die Verhältnisse in den notleidenden Ländern nicht ändern, weil sie sich, dank unserer Hilfe, nicht ändern müssen? Diese und ähnliche Fragen bedürfen einer gründlicheren Untersuchung. Zur ersten Frage sei lediglich angemerkt: Barmherzigkeit fragt nicht nach Schuld. Ein Anspruch auf Hilfe in Not erlischt nicht deshalb, weil der Hilfsbedürftige seine aktuelle Notsituation selbst verschuldet hat. Zugleich jedoch – und hier liegt ein Konflikt zwischen zwei Gerechtigkeitsintuitionen vor[172] – lehnten wir die Forderung ab, unser Leben der Bekämpfung des Unglücks anderer zu widmen, das wir nicht verschuldet haben. Anders wird man die zweite und dritte Frage beantworten. In beiden Fallkonstellationen ist davon auszugehen, dass das grundsätzlich beschränkte Vermögen zur Hilfeleistung anderweitig besser genutzt werden kann.

Mit der Anerkennung von Grundsätzen ist es aber nicht getan. Prinzipien beziehungsweise Regeln oder Grundnormen müssen interpretiert und in konkreten Handlungssituationen angewendet werden. So ist beispielsweise zu fragen, unter welchen Voraussetzungen wir berechtigt sind, von einer »unterlassenen Hilfeleistung« zu sprechen.

Peter Singer etwa akzeptiert folgenden Grundsatz: »Wenn es in unserer Macht steht, etwas Schlimmes zu verhindern, ohne ein annähernd so bedeutendes Opfer bringen zu müssen, dann ist es verwerflich, dies nicht zu tun.«[173] Aus diesem Grundsatz ergibt sich aber Folgendes: Wenn eine Unterlassung dieser Art verwerflich ist, dann ist es unter anderem auch verwerflich, spendenfähiges »überflüssiges« Geld nicht zu verdienen, obwohl man es verdienen könnte. Denn: Wer sich eine Verdienstmöglichkeit entgehen lässt, unterlässt es, sich in eine Lage zu versetzen, etwas Schlimmes zu verhindern. Wenn er diese Verdienstmöglichkeit hätte nutzen können, ohne dadurch ein annähernd gleichwertiges Opfer bringen zu müssen, ist seine Unterlassung verwerflich. Damit ergibt sich aus Singers Grundsatz eine moralische Verpflichtung, sich für andere anzustrengen, für sie auf Arbeit zu gehen und womöglich Sonderschichten zu fahren – es sei denn, man hätte in dieser Zeit etwas Dringlicheres vor. Was aber könnte Dringlicher sein als Leben retten? Vergegenwärtigt man sich, zu welcher Art von Lebensführung uns Singers Grundsatz verpflichtet, schwindet die Plausibilität, die er auf den ersten Blick haben mag. Nicht nur, dass Singer ein Unterlassen unabhängig von den näheren Umständen mit einem Handeln moralisch gleichsetzt – auch die bedingungslose Formulierung seines Grundsatzes, die von der primären Selbstverantwortlichkeit des Hilfsbedürftigen vollständig abstrahiert, erscheint inakzeptabel.

Bei der Festlegung von Grenzen spielen sowohl Tatsachenfragen als auch Bewertungen eine Rolle. »Armut« ist sowohl ein absoluter als auch ein relativer Begriff. Relative Armut ist abhängig vom Reichtum der Referenzgesellschaft. Absolute Armut misst sich an der Verfügbarkeit der zum Überleben notwendigen Güter. Aber auch dem

Begriff des Überlebens wohnt angesichts der Unausweichlichkeit des Todes ein Moment der Relativität inne. Jedes Leben ist endlich und daher von relativer Dauer. Hilfe für das Weiterleben von Bedürftigen reduziert die verfügbaren Ressourcen und kann das eigene Leben verkürzen. Mit welchen Argumenten will man uns überzeugen, auf eigene Lebenszeit zu verzichten, damit andere Menschen länger leben können? Schließlich gilt: Die genaue Grenzziehung ist auch eine Frage unserer moralischen Einstellungen: Wie viel an eigenem Wohlstand sind wir bereit, Bedürftigen abzugeben? In welchem Maße sind wir bereit, früher zu sterben, damit Fremde länger leben können?

Allgemein zustimmungsfähig, so haben wir argumentiert, ist eine Pflicht zur Hilfe zum Überleben – sei es, dass das physische Weiterleben durch einen Mangel an Mitteln zur Reproduktion des Daseins oder durch staatliche Verfolgung inklusive Bürgerkrieg bedroht ist. Für jeden ist es rational, sich durch Anerkennung entsprechender Normen (und der damit verbundenen Hoffnung auf allgemeine Beachtung) gegen Fälle »abzusichern«, in denen er selbst in eine Situation gerät, in der er seine absolut-notwendigen Bedürfnisse nicht mehr befriedigen kann. Die Grenzen von Hilfspflichten zu bestimmen heißt also, die Grenzen absoluter Bedürftigkeit zu bestimmen.

Jenseits dieser Bedürftigkeitsgrenze ist die Frage, ob man sich für oder gegen Einwanderung ausspricht, eine Frage von Wertvorstellungen sowie der verfolgten Ziele und damit der Zweckmäßigkeit. Diese Fragen kann im Detail nur die Einwanderungsgesellschaft selbst beantworten. Denn: »Einreise- und Zuwanderungsbeschränkungen haben den Zweck, Freiheit und Wohlfahrt sowie Politik und Kultur einer Gruppe von Menschen zu bewahren, die sich einander und einem gemeinsamen Leben verpflichtet fühlen.«[174] Hinzuzufügen ist: Kommt ein Staat seinen Pflichten zur Hilfe nach, haben Einwanderungsinteressierte diesen moralischen Rechtsanspruch ihrerseits zu akzeptieren. Territorialstaaten kann mit keiner zwingenden Argumentation das Recht abgesprochen werden, Einwanderung nach selbst gesetzten Kriterien zu steuern.

Vertreter universalistischer Moraltheorien gelangen freilich zum gegenteiligen Ergebnis. Die »universale Moral der gleichen Achtung und das Gleichverteilungsprinzip«, so schreibt Stefan Gosepath, fordern, »jede Person als mit prima facie gleichem Anspruch auf die Güter anzusehen, außer, es können Gründe für eine Ungleichverteilung angeführt werden«.[175] In der Konsequenz bedeutet dies, dass es »prima facie [...] keinen Grund [gibt], Menschen, z. B. anderer Länder, von vornherein vom Verteilungs- und Begründungsprozess auszuschließen«.[176] Ebenso unbegründet ist die Forderung von Jürgen Habermas, Immigrationsregeln müssten »im gleichmäßigen Interesse von Mitgliedern wie Anwärtern« der Rechtsgemeinschaft liegen.[177] Dieser Forderung zu folgen wäre der direkte Weg ist die schrittweise Selbstaufgabe. Denn Immigrationswillige würden auf der Öffnung der Grenzen bestehen. Wenn man sich überhaupt je einigen können sollte, welche Regelung ein Gleichmaß der Interessendurchsetzung auch nur annähernd gewährleistet, wird man doch in jedem Falle diesem Willen ein stückweit entgegenkommen müssen – und dies hieße, die Einwanderungsgesellschaft hätte ihre Interessen partiell aufzugeben. Daher kann bei der Entscheidung über die Aufnahme von Fremden über die allgemeine Hilfspflicht hinaus keine gleichberechtigte Mitwirkung der Immigrationswilligen vorgeschrieben sein. Diese Entscheidung kann vielmehr nur im Inneren der Gemeinschaft getroffen werden, denn es ist eine Entscheidung über deren Identitätswahrung und Fortbestand. Eine Gemeinschaft, die dieses Recht aufgegeben hätte, hätte sich selbst aufgegeben. Die Preisgabe dieses Rechts ist daher nicht allgemein zustimmungsfähig; allgemein zustimmungsfähig (beispielsweise vor einem Gremium unabhängiger Nationen) dürfte jedoch der Grundsatz sein, dass jede Gemeinschaft, jeder Staat über sein Einwanderungsrecht – so wie überhaupt über sein Recht – selbst entscheidet.[178]

Daher gilt: Gemeinschaften bestimmen selbst, mit welcher Art von Menschen sie zusammenleben wollen. Dies entspricht nicht nur der geübten Praxis; diesen Grundsatz anzuerkennen hat jedes Staatsvolk ausreichend Gründe. Gemeinschaften wählen aus und das heißt, sie diskriminieren. Diskriminierungen dieser Art müssen gegenüber den Betroffenen nicht begründet oder gerechtfertigt werden. Diese Form der Diskriminierung ist unaufhebbar – es sei denn, man ließe jeden kommen, der kommen will. Wer in diesem Auswahlprozess zu restriktiveren Lösungen neigt, sollte nicht allein deshalb als »Ausländerfeind« oder »Rassist« denunziert werden. Denn dieser Vorwurf träfe dann alle, die überhaupt Grenzen ziehen wollen.

Zu unterscheiden ist zwischen einer zeitweiligen und einer dauerhaften Hilfeleistung. Eine lang andauernde Hilfeleistung kann zu einer dauerhaften Senkung der eigenen Lebensqualität und zur Veränderung des ganzen Landes führen. Jede Forderung, deren Befolgung zu einer signifikanten Selbstschädigung oder zur Auflösung der Identität des Hilfeleistenden führt, ist unbegründbar. Ein unbegrenzter Humanitarismus verlangt Unmenschliches. Er fordert vom Einzelnen sich zugunsten anderer aufzuopfern, ohne auf Gegenleistungen überhaupt nur hoffen zu können.

Trotzdem ist es jedem unbenommen, Hilfe über das Maß hinaus zu leisten, zu dem er moralisch verpflichtet ist. Diese Hilfsbereitschaft wirft allerdings neue Fragen auf: Einwanderer sind nicht notwendigerweise diejenigen, die unserer Hilfe am dringendsten bedürfen. Migranten müssen nämlich in der Lage sein, die Migrationskosten, zunächst einmal die Reise- oder Fluchtkosten, zu tragen. Damit stellt sich die Frage, ob wir unsere Hilfe jenen angedeihen lassen sollten, denen es möglich ist, an unsere Tür zu klopfen oder gar mit bezahlten Schleusern die Grenze illegal zu überschreiten, oder nicht vielmehr jenen, denen die dazu erforderlichen Mittel und Möglichkeiten nicht zur Verfügung stehen. Sollten wir, wenn unsere Hilfe grundsätzlich beschränkt ist, nicht vorzugsweise den Bedürftigsten helfen? Und wäre es dann nicht klug und sogar moralisch geboten, alles zu vermeiden, was unsere Kapazitäten zur Hilfeleistung überfordert? Ja, ist die Selbstüberforderung nicht sogar verantwortungslos, weil sie unsere Hilfe falsch dosiert und unsere Hilfeleistungsfähigkeit untergräbt? Ist es also nicht geradezu eine politische Notwendigkeit und ein Gebot der Vernunft, eine ungesteuerte Masseneinwanderung zu unterbinden?

Im Auge zu behalten ist zudem Folgendes: Die grundsätzliche Beschränktheit der Hilfeleistungsfähigkeit wird auch vom Bundesverfassungsgericht anerkannt. Obwohl die Menschenwürdegarantie des Grundgesetzes *jedem* Menschen einen Anspruch auf das materielle Existenzminimum gegen die Bundesrepublik Deutschland gewährt, hat doch ein hungernder Ausländer im Ausland keinen Rechtsanspruch auf Nahrung. Zur Begründung dieser Beschränkung wird – neben dem Hinweis auf die völkerrechtliche Unzuständigkeit der Bundesrepublik – auch auf die faktische Unmöglichkeit verwiesen, allen Hungernden in der Welt zu helfen.[179] Das Grundgesetz garantiert eben nicht den Schutz aller Menschen weltweit.[180] Der universelle Geltungsanspruch des Menschenwürdeprinzips und seine Verwirklichung durch partikulare Gemeinschaften in Gestalt souveräner Staaten befinden sich in einem unaufhebbaren Widerspruch.[181] Die Idee der universellen Menschenwürde ist allerdings, so die Deutung Hasso Hofmanns, nicht nur als ein moralisches Motiv aufzufassen; sie liegt auch dem im Staatsgründungsakt wechselseitig gegebenen Versprechen der Mitglieder der nationalen Solidargemeinschaft zugrunde, sich als Personen in gleicher Weise anzuerkennen.[182] Die Verpflichtung des Staates, die Würde des Menschen zu achten und zu schützen (Art. 1 Abs. 1 S. 2 GG) entspringt dem Versprechen, das sich die partikulare Gemeinschaft im Staatsgründungsvertrag gegeben hat, und ist deshalb von vornherein auf das Staatsgebiet beschränkt. Deshalb kann sich zwar auch jeder Nicht-Deutsche im Sinne des Staatsangehörigkeitsrechts, der sich in Deutschland aufhält, auf Art. 1 des Grundgesetzes berufen; nicht jeder auf der Welt hat aber damit den Anspruch, in die Solidargemeinschaft der Bundesrepublik Deutschland aufgenommen zu werden. Die aus der Würde des Menschen resultierenden Ansprüche könnte nur die politisch geeinte Menschengemeinschaft garantieren, die jeden, wie auch immer begründeten, politischen Partikularismus überwunden hat.[183]

Die grundsätzliche Beschränktheit des Vermögens und des Willens, anderen zu helfen, hat moralische Implikationen. Sie verpflichtet uns dazu, keine unbeschränkte Hilfsbereitschaft zu signalisieren. Eine verantwortliche Politik muss sich zu den bestehenden Grenzen bekennen. Wer als Politiker missverständliche Signale aussendet, unerfüllbare Hoffnungen weckt und damit bestimmte Reaktionen bei Hilfesuchenden oder auch Glücksrittern auslöst, die diesen letztlich zum Schaden gereichen, ist für diese Schäden mitverantwortlich.

7. Sollen impliziert Können

Peter Singer hält sich für ethisch unvollkommen, weil er nur 30 Prozent seines Einkommens für caritative Zwecke spendet. Unvollkommen ist aber seine Philosophie. Sein Prinzip der gleichen Interessenabwägung (II.2) hängt begründungstheoretisch in der Luft und läuft auf Forderungen hinaus, denen zu entsprechen nachgerade eine veränderte menschliche Natur voraussetzt. Singer hat Letzteres auch indirekt zugegeben, wenn er von sich selbst sagt, er verhalte sich trotz widersprechender philosophischer Einsicht ethisch unvollkommen. Aber warum wohl, so wird man fragen, folgt er nicht seiner philosophischen Einsicht. Ein Großspender wie er leidet doch nicht an Willensschwäche. Wenn er trotzdem ein Verhalten an den Tag legt, das zu beklagen er Anlass hat, dann doch wohl deshalb, weil seine Philosophie Dinge zu tun verlangt, die selbst seiner Natur widersprechen.

Wir wissen spätestens seit David Hume, dass sich aus einem Sein kein Sollen ableiten lässt. Eine solche Ableitung ist ein Fehlschluss. Nur weil etwas so ist, wie es ist, folgt daraus nicht, dass etwas Anderes sein soll – dass man sich zum Beispiel in einer bestimmten Weise verhalten soll. Deshalb lässt sich aus unseren natürlichen Neigungen auch keine Moral ableiten. Wenn es uns also schwerfällt, an uns Unbekannte etwas abzugeben, folgt daraus nicht, dass wir es nicht tun sollen oder dass wir uns nicht einmal darum bemühen sollten, es zu tun.

Als Vernunftwesen handeln wir aus Gründen. Zwar können wir auch gezielt Gründe suchen, um jenes Tun zu rechtfertigen, wozu uns unser biologisches Wesen treibt – man spricht dann von *Rationalisierung* –, aber selbst in einem solchen Fall erheben wir zumindest den Anspruch, aus Gründen zu handeln. Als Wesen, die in der Lage sind, selbst drängenden Trieben oder spontanen Eingebungen nicht zu folgen und stattdessen ihr Verhalten auf der Basis von Überlegungen zu steuern, empfinden wir uns als frei.

Dies aber heißt nicht, dass unser Verhalten als vollständig indeterminiert zu gelten hätte. Auch wenn wir unser Handeln unterbrechen, überlegen und Handlungsoptionen abwägen können, heißt dies nicht, dass wir zu beliebigem Verhalten fähig wären. Abgesehen von naturgesetzlichen Restriktionen, bleiben wir immer abhängig von unserem biologischen Erbe. Unsere Verhaltensdispositionen, eine in uns genetisch verankerte Neigungsstruktur, werden unser Wünschen und Handeln immer mitbestimmen. Menschliches Verhalten ist daher nie nur Handeln; es ist nie ganz rational. Ein vollständig rationales Verhalten setzt vollständige Freiheit voraus – ein vollständiges Freisein von unverfügbaren Determinationen, die unserer biologischen Natur und ihrem stammesgeschichtlichen Erbe entspringen. Vollständig rationales Verhalten ist ein unerreichbares Ideal, woraus übrigens auch folgt, dass wir nie voll verantwortlich sind für das, was wir tun.

Trotzdem ist es eine Selbstverständlichkeit, dass die moralischen Forderungen, zu denen wir uns verpflichten, unsere Neigungen übersteigen. Moral fordert von uns, Dinge zu tun, die unseren Neigungen, jedenfalls manchmal, widersprechen. Das Tötungs- oder das Lügeverbot wären überflüssig, wenn nicht wenigstens manchmal wenigstens einige von uns das Bedürfnis hätten, zu töten oder zu lügen. Unsere Natur ist – wie übrigens auch unsere Emotionen – ein starker Determinationsfaktor; als zur Reflexion fähige Wesen können wir sie aber – so jedenfalls unsere Selbstwahrnehmung in der Innenperspektive – übersteigen, indem wir Gründe als neuartige und zusätzliche determinierende Faktoren kreieren.

Aber auch wenn es gleichsam zum Wesen der Moral gehört, von uns ein Verhalten zu fordern, das wir freiwillig, nämlich ohne den sanften Druck, der unserer Einsicht entspringt, nicht erbringen würden, können moralische Normen kein beliebiges Verhalten fordern – wenn sie denn unser Verhalten wirksam steuern sollen. Die menschliche Natur ist eben nur in Grenzen übersteigbar.

Deshalb gilt das – metaethische – Prinzip »Sollen impliziert Können«. Es besagt, dass moralische Forderungen selbst bestimmten Maßstäben zu Genügen haben, um als Verpflichtungen allgemein anerkannt und gesellschaftlich in Geltung gesetzt werden zu können. Ein solcher Maßstab ist das Vermögen, die Fähigkeit, den moralischen Geboten überhaupt nachkommen zu können. Das normativ Geforderte muss einem möglich sein zu tun.

Darüber hinaus sind Hilfspflichten an Zumutbarkeitsbedingungen gebunden. Es ist ein allgemein anerkannter moralischer Grundsatz, dass man nur dann zur Hilfeleistung verpflichtet ist, wenn einem dies persönlich zumutbar ist. »Zumutbarkeit« ist jedoch kein objektiver Tatbestand. Über Fragen der Zumutbarkeit müssen sich die von den Regeln potenziell Betroffenen ein vernünftiges, ein rational vertretbares, Urteil bilden. Dies gilt jedoch nur für die allgemeinen Maßstäbe. Im Konkreten entscheiden muss letztlich die Aufnahmegesellschaft.

Auch der Grundsatz, wonach jeder Notleidende einen moralischen Anspruch darauf hat, dass ihm überflüssiger Lebensraum und nicht benötigte natürliche Ressourcen überlassen werden oder anderweitig Hilfe zuteil wird, muss durch Zumutbarkeitskriterien konkretisiert werden. Vieles hängt davon ab, welche Begriffe von »überflüssig«

oder »nicht benötigt« man in Anschlag bringt. Den Kindern einer unkontrolliert wachsenden Familie gewähren wir weder einen rechtlichen noch einen moralischen Anspruch, das Haus der Nachbarfamilie mitzubevölkern, die eine verantwortungsvolle Familienpolitik in dem Bewusstsein betreibt, dass man die Folgen innerhalb der Familie selbst zu tragen hat. Und obwohl gilt, dass ihre eigene Geburt weder die Kinder der einen noch der anderen Familie zu verantworten haben, zögern wir nicht, diese Familien als Schicksalsgemeinschaften zu betrachten – auch wenn damit gerade nicht jedem Kind dieselben Mittel und Möglichkeiten der Lebensgestaltung zur Verfügung stehen. Das heißt aber: Wir betrachten es als unzumutbar, zur Kompensation der Defizite herangezogen zu werden, die in der anderen Familie durch Versäumnisse und Fehlentwicklungen oder auch nur durch unzeitgemäße Traditionen oder unglückliche Verwicklungen entstandenen sind. Dies gilt jedenfalls für eine Inanspruchnahme auf direktem Wege – etwa einer erzwungenen Einquartierung in unser Haus. Auf indirektem Wege, nämlich durch die Mitfinanzierung des Sozialstaats, werden sehr wohl alle anderen mit herangezogen, und dies tolerieren wir oder befürworten es sogar, indem wir den Sozialstaat akzeptieren.

Diese Zweistufigkeit der möglichen Inanspruchnahme – auf der privaten und der staatlichen Ebene – entfällt allerdings, wenn es um die Beziehungen zwischen einzelnen Staaten oder supranationalen Zusammenschlüssen von Staaten geht. Dann nämlich betrachten wir Staaten oder jene supranationalen Gebilde als Individuen (VIII.2), die sich im Verhältnis zueinander ausschließlich als Individuen begegnen – ohne einer übergeordneten Gesamtheit anzugehören, die auf indirektem Wege zur Vermittlung von Hilfe fähig wäre. Staaten oder Völker oder auch supranationale Gebilde können untereinander nur direkte Hilfe leisten, weil sie nicht Teil einer übergeordneten Gemeinschaft sind, die die zu erbringenden Hilfeleistungen auf viele Schultern verteilen könnte.[184] Da die Zumutbarkeitskriterien im Falle indirekter Hilfe weicher und im Falle direkter Hilfe schärfer sind, betrachten wir Hilfsansprüche, die »von außen« kommen, schon dann als unzumutbar, wenn wir denselben Anspruch innerhalb der Eigengruppe noch auf indirektem Wege bedienen.

Nun sind allerdings Staaten keine menschlichen Individuen, sodass sie nur mit Einschränkungen als Individuen zu betrachten sind. Dies nimmt den Überlegungen zum Unterschied zwischen einer direkten und einer indirekten Inanspruchnahme zur Hilfe Einiges an »Durchschlagskraft«. Aber wie viel? Schließlich ist die Inanspruchnahme eines Staates immer die Inanspruchnahme der Bürger dieses Staates – aber nicht einzelner, konkreter Bürger, sondern aller Bürger gemeinsam. Und dies entspricht auf der privaten Ebene dem Modus der indirekten Inanspruchnahme. Trotzdem sind beide Formen der Inanspruchnahme, die auf der privaten Ebene mit einer übergeordneten Gemeinschaft und die auf Ebenen ohne eine übergeordnete Gemeinschaft, nicht dasselbe. Im Falle von Inanspruchnahmen, die von außerhalb der Gemeinschaft kommen, identifizieren wir uns mit der Gemeinschaft und fühlen uns direkt in Anspruch genommen.

Alle diese Fragen verdienten genauere Untersuchungen. Dies zu leisten kann nicht die Aufgabe des vorliegenden Essays sein. Festzuhalten bleibt jedoch: Sowohl dem menschenrechtlichen Universalismus als auch dem christlichen Liebesgebot müssen Grenzen gesetzt werden. Schon Augustinus wusste dies. Er anerkannte die universale Pflicht zur Hilfeleistung, reduzierte sie aber angesichts der Unmöglichkeit ihrer praktischen Realisierung auf das menschenmögliche Maß.[185] Nur solche moralischen Forderungen haben eine Chance auf gesellschaftliche Akzeptanz und Befolgung, die zu erfüllen menschenmöglich ist. Und deshalb gilt, dass über das Können hinaus niemand verpflichtet wird.

Moralische Forderungen sind hypertroph geworden, wenn sie die dem Menschen dispositionell gesetzten oder auch die nur kulturell verfestigten Grenzen in unrealistischer Weise überschreiten. Auf ein solches Überschreiten verweist der Begriff der Hypermoral.

8. Kritik des Missbrauchs

Es stimmt: Auch die Suche nach einem besseren Leben ist ein verständliches und ein ehrenwertes Motiv. Daraus folgt aber nicht, dass es akzeptabel wäre, die Hilfsbereitschaft eines Helfers, geschweige denn eines bereits überforderten Helfers, auszunutzen, obwohl man selbst keine wirkliche Not leidet und nicht hilfsbedürftig ist. Wirkliche Not im Sinne der Hilfsbedürftigkeit leidet, wer ohne fremde Hilfe sein Dasein nicht bewältigen kann, wer ohne, dass ihm andere Menschen zu essen geben, einen warmen Mantel abtreten oder vorübergehend einen Platz zum Schlafen und ein Dach über dem Kopf zur Verfügung stellen, nicht weiterleben könnte. Wer hingegen tausende Euro für seine illegale Schleusung bezahlen kann, auch wenn der Betrag von einer ganzen Familie zusammengelegt wurde, ist kein Notleidender dieser Art. Wer sich auf der Suche nach einem besseren Leben in einen Strom akut bedrohter Kriegs- und Bürgerkriegsflüchtlinge einreiht und damit die Leistungsfähigkeit des Helfers überstrapaziert, verdient nicht jenes Mitgefühl, das wir einem Notleidenden entgegenbringen, sondern Zurechtweisung.

Man kann zustimmen, wenn gesagt wird, niemand wolle »am Rande eines Abgrunds«[186] leben. Aber »am Rande eines Abgrunds leben« ist ein sehr dehnbarer Begriff, der durch den Zusatz, es ginge darum, dass jedermann »genug« habe[187], nur unwesentlich an Schärfe gewinnt. Auch wer in Unsicherheit lebt, ob er seinen Status wird halten können oder gar in eine Notsituation gerät, ist eben noch kein Notleidender. Ein Notleidender ist *akut* und nicht nur eventuell hilfsbedürftig. Selbst eine Person, die in Umständen lebt, unter denen sie jederzeit zu einem Hilfsbedürftigen werden könnte, ist kein Hilfsbedürftiger (so wie auch ohne konkreten Anfangsverdacht niemand einen Anspruch auf eine kostenintensive medizinische Untersuchung hat).

Bereits die Didache, eine Kirchenordnung an der Wende vom 1. zum 2. Jahrhundert, versuchte der Tatsache der Beschränktheit aller Hilfsmöglichkeiten gerecht zu werden. Man hielt zwar an der uneingeschränkten Geltung der Hilfsverpflichtung fest, glaubte aber, auf die missbräuchliche Ausnutzung der christlichen Gebefreudigkeit reagieren zu müssen: «Wer aber nicht in Not ist, wird Rechenschaft ablegen müssen, warum er genommen hat und wozu. Ins Gefängnis geworfen, wird er verhört werden zu dem, was er getan hat, und er wird nicht eher von dort herauskommen, bis er den letzten Pfennig bezahlt hat.«[188] Die Gutmütigkeit des Spenders auszunutzen galt weder als verständlich noch als hinzunehmen. Missbrauch sollte bestraft und der durch ungerechtfertigte Inanspruchnahme von Leistungen entstandene Schaden ersetzt werden.

Uns begegnet in diesem frühchristlichen Dokument der Versuch, eine gesellschaftlich anerkannte moralische

Norm ihrem Geist entsprechend unter Berücksichtigung der konkreten Situation anzuwenden. Darüber hinaus wurden Regelungen getroffen, die verhindern sollten, dass Hilfe und Wohltätigkeit beim Empfänger zu Müßiggang und zur Erlahmung der Eigeninitiative führen.[189] Ob jedoch der freiwillige Verzicht auf missbräuchliche Inanspruchnahme von Hilfe in jedem Falle ausreicht, um die Hilfsverpflichtung uneingeschränkt aufrechterhalten zu können, darf angesichts der gegenwärtigen Flüchtlingsströme bezweifelt werden.

Zudem wurde auch der Geber ermahnt, nicht ungeprüft zu geben. Da es aber, wie schon Gregor von Nazianz lehrte, besser ist, irrtümlich einem Unwürdigen zu geben, als in der Furcht, einem Unwürdigen geben zu können, einem Würdigen nicht zu geben,[190] bleiben die Pflichten, eine Überforderung des Helfers möglichst zu vermeiden, ungleich verteilt: der Helfer selbst hat die Pflicht, seiner Selbstüberforderung vorzubeugen; vor allem aber hat der Unbedürftige die Pflicht, jedes Hilfeersuchen zu unterlassen, um zur Überlastung des Hilfeleistenden nicht beizutragen. Wer sich in dem Bewusstsein, kein Notleidender zu sein, in den Strom der Hilfsuchenden einreiht, handelt moralisch falsch. Er trägt für die Überlastung eine größere Verantwortung, als der Helfer, der in Ermangelung ausreichender Informationen Nichtbedürftigen hilft. Die weitaus größte Verantwortung für eine Überstrapazierung der Hilfsbereitschaft und der Leistungsfähigkeit von Hilfsbereiten tragen jedoch diejenigen, die durch Verlautbarungen, durch politisches Handeln oder durch Unterlassungen Nichtbedürftige ermuntern, Hilfe einzufordern, obwohl sie keine Not leiden, die sie zur Beanspruchung von Hilfe berechtigte.

IX.
Grenzen des moralischen Universalismus

1. Innere Schrankenlosigkeit und die Notwendigkeit von Grenzziehungen

Als moralische Forderung findet der Universalismus keine *logische* Grenze. Wir haben ihn diskutiert als die Idee, die *Interessen* jedes Menschen so zu berücksichtigen, als wären es die eigenen, als die Idee, für eine Gleichgestelltheit *jedes Menschen auf der Erde* zu sorgen – und zwar nicht nur im Sinne gleicher Abwehrrechte oder gleicher Chancen, sondern im Sinne einer gleichen Befriedigung der materiellen Bedürfnisse.

Diese Interpretation ist jedoch nicht die einzig mögliche. Denn der Universalismus fußt auf der Idee, alle Wesen beziehungsweise Entitäten einer Grundgesamtheit gleich zu behandeln. Damit ist aber noch nichts über die Grundgesamtheit selbst ausgemacht; es ist noch nichts darüber ausgesagt, welche Wesen beziehungsweise Entitäten sie umfasst.

Warum, so könnte man fragen, sollten nur die Interessen von *derzeit existierenden* Menschen geschützt werden, und warum überhaupt nur Interessen von *Menschen*? Und warum eigentlich sollte es nur um den Schutz von *Interessen* gehen? Ist nicht auch die bloße Existenz von beliebigen Entitäten in ihrem (möglichen oder zugeschriebenen) Eigenwert schützenswert? Und warum, so könnte man in Bezug auf jedes System von gesellschaftlich anerkannten Interessen fragen, sollten nur diese und nicht auch andere Interessen als *berechtigte* Interessen anerkannt werden?

In der Tat: Die Reichweite des Universalismus ist ohne weiteres erweiterbar – zum Beispiel auf Tiere oder auf biologische Wesen generell.[191] In seiner Begrenzung auf Menschen ist der moralische Universalismus ein »Humanitarismus«. Erweitert auf biologische Wesen forderte er, die Interessen jedes biologischen Wesens so zu berücksichtigen, als wären es die eigenen. Er ist ebenso erweiterbar auf zukünftige Wesen und forderte dann, die Interessen jedes zukünftig lebenden Menschen/jedes zukünftig lebenden biologischen Wesens so zu berücksichtigen, als wären es die eigenen. Und tatsächlich: Man kann diskutieren, ob die Eigenschaft, Interessen zu haben, eine notwendige Voraussetzung darstellt, um menschliche Pflichten begründen zu können, oder ob Menschen – im Rahmen einer physiozentrischen Ethik – nicht auch verpflichtet sind oder sich für verpflichtet halten sollten, Naturvorkommnisse, etwa Gebirge, Seen, Landschaften, oder unbelebte Dinge um ihrer selbst willen zu schützen, ob Menschen nicht »dem Wohl des Ganzen der Natur dienen« sollten[192].

Der moralische Universalismus wird häufig stillschweigend in der Form des Humanitarismus vertreten. Doch diese Grenzziehung ist willkürlich. Mitunter betrachtet man als natürliche Grundgesamtheit auch die Angehörigen des eigenen Staates oder der eigenen Nation. Auch diese Grenzziehung ergibt sich nicht aus der Idee des moralischen Universalismus. Ihrer inneren Schrankenlosigkeit entsprechend, ist sie auf Überschreitung aller faktischen Grenzziehungen angelegt. In ihr lassen sich jedenfalls keine Gründe finden, die gegen denkbare Grenzüberschreitungen anzuführen wären.

Die innere Schrankenlosigkeit des Universalismus macht es erforderlich, dieser moralischen Idee Grenzen zu setzen.[193] Da aber, wie Arnold Gehlen formulierte, »seit Jahrzehnten, ja seit zwei Jahrhunderten hinter jeder fortschrittlichen Position eine noch radikalere auftaucht«, verfallen gerade »die haltgebenden Kräfte« der sozialen Ächtung.[194] Zugleich findet die Gerechtigkeitsdebatte kein Ende.[195] Immer neue Diskriminierungen, ungerechtfertigte Privilegierungen und Gleichstellungsdefizite werden entdeckt. Immer mehr benachteiligte und ausgegrenzte Minderheiten stellen ihre Forderungen. Eine »Gleichstellungsbürokratie« ist im Entstehen, die sich der Identifikation von Gerechtigkeitslücken und deren Beseitigung widmet.[196]

Damit aber nicht genug: Moralische Universalisten erstreben letztlich eine Gesellschaft, deren Fortentwicklung auf der bewussten Überwindung der natürlichen Prinzipien der Evolution beruht. Wir sind die Nachfahren von Wesen, die sich in einer Welt knapper Ressourcen und unter Bedingungen des Existenzkampfes als angepasst, fit und egoistisch genug erwiesen, um zu überleben und Nachkommen zu hinterlassen. Moralische Universalisten sehen einen Wert darin, die Orientierung an den eigenen, partikularen Interessen aufzugeben. Für sie ist die Welt eine bessere – eine glücklichere oder weniger leidvolle oder auch wertvollere – geworden, wenn die Menschen ihre Handlungsentscheidungen von einem neutralen, einem unparteilichen Standpunkt, einem »Standpunkt des Universums« (Henry Sidgwick), aus treffen. Indem nun der Einzelne seine eigenen Interessen, einschließlich seines

Interesses am eigenen Überleben und der eigenen Fortpflanzung, nicht wichtiger nehmen soll als die Interessen aller anderen, ist er aufgefordert, generell für die Verwirklichung von Interessen einzutreten – unabhängig davon, um wessen Interessen es sich handelt. Von einem neutralen Standpunkt aus kann er nicht nur seinen persönlichen Egoismus, sondern auch die Bevorzugung seiner Gemeinschaft oder seiner Gattung überwinden – und damit zu der unparteiischen moralischen Überzeugung gelangen: »Unparteiisch gesehen, muss es keine Katastrophe darstellen, wenn eine andere Form bewussten intelligenten Lebens die menschliche Spezies ersetzt.«[197]

2. Grenzen des Humanitarismus

Die Interessen anderer zu berücksichtigen oder Werte um deren selbst willen zu achten ist mit Kosten (im weitesten Sinne) verbunden. Wer beispielsweise Anspruchsrechte anderer Menschen akzeptiert, akzeptiert damit die Pflicht, seinerseits etwas Bestimmtes zu tun, zum Beispiel eine bestimmte Zeit lang zu arbeiten, um diese Ansprüche erfüllen zu können. Derartige Pflichten lassen sich aber nur unter Bezugnahme auf die individuellen Interessen derer begründen, die diese Pflichten als vernünftige Wesen akzeptieren sollen. Unter diesem Gesichtspunkt ist es – nach dem bisher Gesagten – rational geboten, zumindest sechs sachlich begründete Grenzen des moralischen Universalismus (in seiner humanitaristischen Version) anzuerkennen.

Erstens sollten *anthropologische* Grenzen zur Kenntnis genommen und bei der Begründung von moralischen Forderungen berücksichtigt werden: Im Zentrum des menschlichen Lebens steht die Bewältigung des individuellen Daseins. Man kämpft um das eigene Überleben und bevorzugt das Eigene. Wer dies nicht täte, verkürzte seine Lebenserwartung und reduzierte seine Chance auf Nachkommen. Selbst für jene, die das empirische Dasein als ein Durchgangsstadium und ein Bewährungsfeld zur Erreichung einer transempirischen Existenz betrachten, gilt, dass sie um die Realisierung ihrer eigenen Interessen kämpfen. Sich bevorzugt um das eigene Wohl zu kümmern heißt jedoch nicht, die Interessen anderer komplett zu missachten. Die primäre Sorge um sich selbst wird eingeschränkt durch moralische Rechtsansprüche auf Hilfe sowie durch die Sorge um die Nächsten.

Zweitens stehen der universalistischen Forderung *lebenspraktische* Grenzen entgegen: Zum einen dürfte es für alle das Beste sein, wenn sich zunächst einmal jeder um sich selbst kümmert. Jeder weiß im Normalfall am besten, was er braucht und gut für ihn ist. Und jeder strengt sich dann am meisten an, wenn die Anstrengung ihm zugutekommt. Das jedenfalls zeigt die Erfahrung. Zum anderen bleibt es immer fraglich, ob Gegenseitigkeit wirklich hergestellt wird oder ob Einzelne oder einzelne Gruppen versuchen, durch die Nichterbringung von Kooperationsleistungen einseitig Nutzen zu ziehen. Angesichts von »Trittbrettfahrern« ist es lebenspraktisch nicht zweckmäßig, unbegrenzt in Vorleistung zu gehen. Rationale Akteure begrenzen ihre einseitigen Vorleistungen und machen ihr weiteres Verhalten davon abhängig, ob und inwieweit ihre Kooperationsangebote erwidert werden.

Drittens kollidiert der Gedanke des Universalismus mit *staatspolitischen* Grenzen: Menschen leben derzeit in Staaten, und Staaten sind an Territorien gebunden, deren Grenzen kontrolliert werden. Würden die Interessen der

Einheimischen und der Fremden gleich zählen, wäre der Zugang für jeden in jedes Land offen. Es existierte ein Recht auf freie Niederlassung weltweit. Damit wäre nicht nur die staatliche Souveränität aufgehoben, sondern die Staatlichkeit als solche in Frage gestellt. Würden sämtliche Grenzen in den funktionierenden und reichen Ländern des Westens niedergerissen, würden die materiellen Ressourcen überstrapaziert, die für das Funktionieren eines Rechtsstaates und die Gewährung von Grundrechten unabdingbar sind. Völlige Freizügigkeit bedeutete Abbau des Sozialstaates. Der Sozialstaatsgedanke lässt sich am wirksamsten in einem Nationalstaat verwirklichen.

Viertens scheitert eine Umsetzung der universalistischen Idee an *politisch-gesellschaftlichen* Grenzen: Ein gelebter Universalismus verändert das Verhalten und das Anspruchsdenken derjenigen, die bislang als Fremde galten. Ihnen wird gewahr, dass auch ihre Interessen zählen und gleichberechtigt berücksichtigt werden. Viele von ihnen werden zu potenziell Hilfsbedürftigen oder Anspruchsberechtigten. Und viele von ihnen werden sich als solche selbst definieren. Dies erzeugt politische Reaktionen in den Geber- oder Einwanderungsländern. Ein gelebter Universalismus kann an Kapazitäts- und Leistungsgrenzen stoßen, die deutlich machen, dass sich Gesellschaften nicht allein unter moralischen Prinzipien steuern lassen. Moralische Prinzipien müssen unter den konkreten Bedingungen angewendet werden.

Fünftens unterliegt die Möglichkeit, die universalistische Idee gesellschaftlich zur Wirksamkeit zu bringen, *kulturellen Grenzen*: Historisch gewachsene Gesellschaften leben in ihren Traditionen, Wertordnungen und Sprachen. Ethnisch homogene Gesellschaften pflegen zudem ihre Sitten und Bräuche. Keine Gesellschaft kann ein beliebiges

Ausmaß von Überfremdung und kultureller Fragmentierung tolerieren. Parallelgesellschaften erhöhen das Konfliktpotenzial, untergraben die Voraussetzungen für die Aufrechterhaltung des rechtsstaatlich gebotenen einheitlichen Rechtsraums und führen letztlich zu gesellschaftlichen Funktionsstörungen und staatlichen Instabilitäten.

Sechstens stößt die moralische Forderung des Universalismus selbst auf eine *moralische* Grenze: Menschen sind, wie andere Lebewesen auch, auf Überleben programmiert. Die biogenetischen Dispositionen, die sich in Jahrmillionen der Evolution unserer Gattung entwickelt haben, schlagen sich in bestimmten Verhaltensorientierungen nieder. Die Institutionen einer Gesellschaft stellen die zivilisatorischen Rahmenbedingungen dar, unter denen der Einzelne um die Reproduktion seines empirischen Daseins ringt. Speziell die Institutionen der westlichen Gesellschaften, das Privateigentum, der Wettbewerb und das Leistungsprinzip, scheinen den menschlichen Verhaltensdispositionen, der »Triebstruktur« des Menschen, ein adäquates »Betätigungsfeld« zu bieten. Diese Passung ist eines der Fundamente der technischen und wirtschaftlichen Überlegenheit des Westens. Die moralischen Forderungen des Universalismus allerdings stehen dazu in Widerspruch. Auf diesen Widerspruch reagiert unser moralisches Denken mit der Formulierung von Zumutbarkeitsgrenzen. Werden solche überschritten, gilt ein prima facie gebotenes Verhalten als unzumutbar. Zumutbarkeitsklauseln reflektieren das Eigeninteresse des Normadressaten, wobei regelmäßig unterstellt wird, dass jener die Interessen der anderen gerade nicht genauso zu berücksichtigen gedenkt wie seine eigenen. Moralische Grenzen der Moral anzuerkennen ist Bestandteil unseres moralischen Denkens. Es ist der Versuch, Realitäten zur Kenntnis zu nehmen – anthropologische Dispositionen und gesellschaftliche Tatsachen. Die Idee, moralischen Forderungen unter vollständiger Missachtung eigener Interessen nachzukommen, kann dann löblich sein, wenn man die Folgen ausschließlich selbst zu tragen hat. Wenn aber eine Elite durch ihr hypermoralisches Denken und Handeln dem Volk Lasten auflädt, die ein relevanter Teil als selbstschädigend und unzumutbar betrachtet, wird Moral moralisch verwerflich.

Die Grenzen des jeweils gelebten Partikularismus sind nicht definitiv gegeben; sie sind nicht starr und unüberwindbar. Sie sind, wie die Geschichte der Menschheit gezeigt hat, sehr wohl veränderbar und in Richtung auf ein gelebtes Weltethos erweiterbar. Nur lässt sich der moralische Universalismus nicht durch einen großen Sprung realisieren, sondern nur durch eine allmähliche Erweiterung partikularer Begrenzungen, durch ein Verschieben der Grenzen unserer kulturell eingeübten Bevorzugungen. Wir werden aber immer Partikularisten bleiben – auch wenn wir eines Tages glauben sollten, uns vor dem Verzehr einer Pflanze entschuldigen zu müssen. Solange wir essen, vernichten wir anderes Leben – zugunsten unseres eigenen Weiterlebens. Allerdings hat die Geschichte auch gezeigt: Die jeweilige, historisch-konkret gelebte Begrenzung des Universalismus ist – betrachtet man das durchschnittliche Verhalten einer gegebenen Population – durchaus relativ starr und nicht beliebig verschiebbar. Eine Politik, die sich am Möglichen zu orientieren beabsichtigt, hat diese Grenzen zur Kenntnis zu nehmen.

Politiker und Gesetzgeber sind daher gut beraten, die aus unserem biologischen Erbe stammenden Verhaltensdispositionen und Neigungen zur Kenntnis zu nehmen. Die allermeisten Menschen werden letztlich nicht willens und nicht fähig sein, ihre biologische Natur zu übersteigen oder gar zu überwinden. Selbst auf einem universalistischen Standpunkt stehend, wird man sagen müssen, dass die Menschheit als Ganze besser fährt, wenn sie sich einer menschenmöglichen Ethik verschreibt. Die Alternative ist nämlich, dass das Volk gegen seinen Willen von einer herrschenden Elite in ein Projekt verstrickt wird, das nicht das ihre ist. Dabei aber, und auch dies haben die Totalitarismen des 20. Jahrhunderts gezeigt, wird immer auch das Volk in Haftung genommen.

3. Gefährliche Illusionen und unangenehme Einsichten

Der Glaube, es sei möglich und moralisch geboten, die jeweils faktischen Grenzen des Universalismus, die sich in der historisch-konkreten Reichweite des moralischen Denkens geltend machen, durch politisches Handeln zu sprengen, wurzelt in einer gefährlichen Ideologie. Es ist jene Illusion, in der die kommunistische Ideologie derzeit fortlebt. Gefährlich ist diese Ideologie deshalb, weil sie droht, auf den Widerstand von Menschen zu stoßen, die nicht bereit oder subjektiv in der Lage sind, ihre Präferenzen für das Eigene aufzugeben. Gefahren für die Stabilität von Gemeinwesen entstehen, wenn politisch geschaffene Institutionen und Regelungen in Widerspruch treten zu den Bedürfnissen und manifesten Einstellungen hinreichend vieler Menschen und die daraus resultierenden Spannungen nicht mehr ausgehalten werden.

Unsere moderne westliche Zivilisation beruht auf dem Individualismus, dem Streben nach individuellem Glück. Individuelles Glück stellt sich aber gerade nicht (jedenfalls nicht nur, auch nicht in der Regel und nicht einmal primär) im Streben nach dem maximalen Glück der größten Zahl ein. Man mag sagen, diese Zivilisation beruht auf dem Egoismus. Aber dies ist eine missverständliche und zudem einseitige Formulierung. Sie ist zum einen missverständlich, denn: Die moderne westliche Welt beruht zwar auf der bevorzugten Befriedigung der je eigenen Bedürfnisse. Kaum ein Mensch jedoch hat nur egoistische Bedürfnisse. Die allermeisten sind ebenso Altruisten. Dieser Altruismus allerdings bezieht sich vor allem auf den Nahbereich – auf die eigenen Eltern, Kinder, Enkelkinder und andere Verwandte. Er umfasst Freunde und Bekannte; er ist herkunfts- und gruppenzentriert. Zum anderen ist sie einseitig, denn: Kaum eine andere der großen Kulturen ist derart universalistisch eingestellt, so solidarisch über die eigenen Grenzen hinaus, wie die westliche. Der Westen hat nicht nur die Welt geographisch entdeckt und erobert, sondern, trotz geistiger Verirrungen und trotz des Auslebens aller menschlichen Abgründe, die Gattung »Mensch« als eine moralische Einheit konstituiert – eine Leistung, die ihren Ausdruck in der Zubilligung von Rechten für jeden Menschen, nämlich von »Menschenrechten«, findet.

Der Individualismus (respektive Egoismus), das freie Unternehmertum, das Privateigentum und der Rechtsstaat konstituieren die Anreizstruktur sowie die erforderlichen Rahmenbedingungen für das selbstbestimmte Handeln autonomer und nach persönlichem Glück strebender Individuen, die in einer langen geschichtlichen Entwicklung die heutige westliche Zivilisation geschaffen haben. Der Universalismus ist eine Idee, welche in ihrer Entgrenzung die Grundlagen dieser zivilisatorischen Entwicklung moralisch infrage stellt und diese Zivilisation zerstören würde. Er will unsere in vielerlei Hinsicht unvollkommene Welt nicht nur evolutionär verbessern, sondern durch eine revolutionäre Umorientierung der menschlichen Verhaltensantriebe vollkommener, wenn nicht gar vollkommen machen. Letztlich beruht der Universalismus auf dem Anspruch, die Natur des Menschen verändern und einen »neuen Menschen« schaffen zu können. Unbeeindruckt von der Tatsache, dass Verhaltensdispositionen genetisch verankert sind, formuliert er moralische Forderungen, die uns zur Aufgabe gerade jener fundamentalen Verhaltensorientierung zwingen, die eine der wesentlichsten Triebkräfte im menschlichen Verhalten entfaltet: nämlich, bevorzugt unsere eigenen Interessen zu verfolgen.

Natürlich ist nichts gegen eine Welt einzuwenden, in der alle gleich und gleich glücklich wären. Nur, wer eine solche Welt politisch herzustellen versuchte, wäre zu Eingriffen genötigt, deren nicht gewollte Nebenwirkungen nicht übersehbar sind – zu Eingriffen, die ihre Ziele verfehlten und die letztlich niemand will. Die notwendige Voraussetzung einer totalen Erneuerung, der »Neue Mensch«, konnte noch nie geschaffen werden. Widerstand der Betroffenen und Gewaltanwendung seitens der Herrschenden waren die regelmäßigen Folgen revolutionärer Projekte. Zuletzt ist der Kommunismus an seinen Illusionen gescheitert.

Der Versuch, alle Menschen gleich zu behandeln, bedeutete die Auflösung sämtlicher Grenzen und damit den Verzicht auf jene Sichtweise, die man als »politisch« bezeichnet. Der Kern der politischen Haltung ist die Anerkennung von Interessenkonflikten und die bevorzugte Bedienung der gruppenbezogenen Eigeninteressen. Dort, wo es um die Durchsetzung von Interessen geht, stellen sich immer auch Machtfragen. Das Ethos des Universalismus ist unverträglich mit dem partikularistischen Ethos des Patriotismus.[198] Vor allem aber: Die universalistische

Einstellung macht wehrunfähig und zerstört die Bedingungen der Möglichkeit staatlicher Selbstbehauptung.

Der Glaube, die praktische Durchsetzung der Idee des moralischen Universalismus, sei eine Frage des politischen Willens, entspringt dem Wahn einer totalen Machbarkeit. Diese Wahnvorstellung scheitert letztlich an zwei unaufhebbaren Tatsachen des Lebens: dem Streben nach Selbsterhaltung und der Knappheit von Ressourcen. Im Prozess seines Scheiterns wird der moralische Universalismus als Ideologie entlarvt.

4. Partikulare nationale Interessen und die Idee universaler Menschenrechte

Staatliche Selbstbehauptung ist gebunden an ein prinzipiell abschließbares Staatsgebiet. Jeder Staat, der die Bedingungen der Möglichkeit seiner Existenz kontrollieren will, muss über die Fähigkeit verfügen, die länderübergreifenden Ströme an Waren, Kapital und vor allem Menschen zu kontrollieren. Er muss die Regeln des Erlaubten definieren und ihre Einhaltung garantieren. Ohne eine glaubhafte Androhung von Sanktionen im Falle von Zuwiderhandlungen ist dies nicht möglich. Ein Staat muss letztlich zur Gewaltanwendung bereit sein, um seine Institutionen und seine Rechtsordnung im Interesse seiner Bürger zu schützen. In diesem Sinne sind die Interessen jedes Staates partikularistisch. Und diese jedem Staat immanente Partikularität befindet sich in einem unaufhebbaren Widerspruch zur Universalität der Menschenrechte.[199] Auch die demokratischen Verfassungsstaaten des Westens, die sich zur Achtung und zum Schutz der Menschenrechte bekennen, müssen zwischen Staatsbürgern und

Nicht-Staatsbürgern unterscheiden und können insofern nicht jeden Menschen gleich behandeln. Das Recht jedes Staates, unter Beachtung der sich aus Völkervertrags- und Völkergewohnheitsrecht ergebenden Grenzen die Voraussetzungen der Verleihung und des Verlustes seiner Staatsangehörigkeit nach eigenem Ermessen zu regeln,[200] ist seit dem Haager Abkommen über gewisse Fragen der Kollision von Staatsangehörigkeitsgesetzen vom 12. April 1930 der völkerrechtliche Kern staatlicher Souveränität.

Das aber heißt: Nicht alle Interessen von Nicht-Staatsbürgern zählen gleich viel wie die von Staatsbürgern. Auch Nicht-Staatsbürger sind aber Menschen wie wir – mit denselben Nöten, denselben Ängsten, denselben Hoffnungen. Wer als Politiker den Widerspruch zwischen unseren idealen Ansprüchen und der nicht-idealen Welt – ein Widerspruch, der sowohl der Knappheit an Ressourcen als auch den ungleichen nationalen Entwicklungsniveaus entspringt – nicht ertragen kann, ist als Repräsentant des Staates und seiner Bürger fehl am Platze. Man sollte sich der unangenehmen Einsicht nicht verschließen: Gemessen an dem hehren Anspruch universeller Menschenrechte kommen Politiker nicht umhin, sich die Hände schmutzig zu machen. Sie sind auf das Wohl ihrer Gemeinschaft verpflichtet und können sich nicht mit einem Hinweis auf die Prima-facie-Geltung allgemeiner moralischer Normen aus der Verantwortung für ihre Staatsbürger stehlen.

Deshalb auch ist das Flüchtlings- und Einwanderungsproblem – und zwar aufgrund seiner existenziellen Bedeutung für den Staat als Ganzen sowie jeden einzelnen Bürger – letzten Endes ein politisches Problem und kein Problem, das ausschließlich unter Heranziehung der gerade geltenden verfassungsrechtlichen Regelungen zu lösen wäre. Denn wenn die Verfassung uns vorschriebe, die Grenzen zu öffnen und jedem Einlassbegehren zu genügen, hätte sie jeden Anspruch auf Respektierung verloren. Wer auf der Welt sollte einem Volk verbieten, um seine Selbsterhaltung zu kämpfen und sich notfalls eine neue Verfassung zu geben? Mit welchem (rational haltbaren) Argument sollte man es zu überzeugen versuchen, dass es moralisch unzulässig ist, eine Verfassung nicht zu respektieren, die die Hinnahme seines Untergangs fordert?

5. Grenzen der Machbarkeit und Zumutbarkeit

Wir sollten erkennen, dass unser moralisches Wollen Machbarkeits- und Zumutbarkeitsgrenzen unterliegt. Die Rechtsordnung erkennt solche Grenzen ausdrücklich oder auch nicht ausdrücklich an.

Grenzen der Machbarkeit sind Fähigkeitsgrenzen – Grenzen, bestimmte Arten von Handlungen oder auch einzelne Handlungen ausführen zu können (VIII.7). Grenzen der Zumutbarkeit sind letztlich Grenzen des Altruismus.

Im privaten, zwischenmenschlichen Bereich gilt, dass eine unterlassene Hilfeleistung nach § 323c StGB nur dann bestraft werden kann, wenn die Hilfeleistung »den Umständen nach zuzumuten, insbesondere ohne erhebliche eigene Gefahr und ohne Verletzung anderer wichtiger Pflichten möglich« war. Dieser Strafrechtsnorm zufolge kann die Unterlassung einer möglichen Hilfeleistung rechtmäßig sein – und zwar auch dann, wenn das dadurch geschützte eigene Interesse niederen Ranges ist als das durch die Hilfe zu schützende Interesse eines anderen.

Gemäß § 35 StGB (Entschuldigender Notstand) kann eine rechtswidrige Tat unter Umständen entschuldigt sein, wenn die Tat »in einer gegenwärtigen, nicht anders abwendbaren Gefahr für Leben, Leib oder Freiheit« begangen wurde, »um die Gefahr von sich, einem Angehörigen oder einer anderen ihm nahestehenden Person abzuwenden«. Danach ist der Einzelne gerade nicht verpflichtet, den Interessen anderer dieselbe Bedeutung beizumessen wie den seinen. Ja, es gilt noch nicht einmal als zumutbar, dass er die Interessen von Angehörigen und anderen ihm nahestehenden Personen nicht höher bewertet als die von allen anderen.

Dass unser moralisches Wollen an Machbarkeits- und Zumutbarkeitsgrenzen stößt, gilt ebenso für selbst auferlegte Verpflichtungen – auch für solche mit Verfassungsrang. Es ist richtig, dass das verfassungsmäßig statuierte Recht auf Asyl keine Obergrenze hat, die im Grundgesetz formuliert wäre. Gleichwohl ist die Hilfspflicht, die das deutsche Volk mit dem Artikel 16a des Grundgesetzes anerkannt hat, nicht grenzenlos. Grundgesetzkommentare jedenfalls erkennen eine durch die Kapazitätsgrenzen des deutschen Staates und seiner Bürger gegebene »immanente Schranke« des Asylgrundrechts an.[201] Dass auch das Asylrecht, wie jedes Leistungsrecht, unter einem Schrankenvorbehalt steht, folgt zudem aus der ständigen Rechtsprechung des Bundesverfassungsgerichts. Insofern ist der Satz, das Asylrecht kennte keine Grenze nach oben nicht nur politisch, sondern auch rechtlich falsch und unhaltbar.[202] Verfassungsrechtliche Grenzen ergeben sich aus der finanziellen Leistungsfähigkeit des Staates, aus den sicherheitspolitischen Bedürfnissen von Staat und Bevölkerung sowie der sozialpsychologischen Belastbarkeit letzterer.[203]

Obergrenzen, ob definiert und quantitativ fixierbar oder nicht, zieht das Leben selbst. Jede Pflicht zu helfen stößt an Grenzen der Machbar- und Zumutbarkeit. Grenzen der

GRENZEN DES MORALISCHEN UNIVERSALISMUS

Machbarkeit sind zumindest zum Teil objektive Grenzen. Grenzen der Zumutbarkeit sind subjektive Grenzen – Reaktionen von Menschen auf objektive Sachverhalte. Objektive Grenzen, etwa Beschränkungen von verfügbaren Mitteln oder Kapazitäten, sind absolute Obergrenzen. Unterhalb von absoluten Grenzen können Grenzen des Zumutbaren, des mental Erträglichen angesiedelt sein.

Es ist richtig, dass man das Erreichen einer Obergrenze nicht messen und deshalb im Vorhinein nicht bestimmen kann. Man misst aber auch nicht, ob man satt ist, man »weiß« einfach, dass man genug hat. Natürlich: Wenn man Nahrung in einer Menge von 100g zu sich genommen hat, kann man auch ein weiteres Gramm zu sich nehmen, und wenn man eine Menge von 101g gegessen hat, schafft man auch 102g. Wer jedoch aus dem Umstand, dass sich eine Obergrenze nicht objektiv bestimmen lässt, schlussfolgerte, man könne beliebig viel essen, würde sich lächerlich machen.[204] Das praktische Leben versetzt uns immer wieder in Situationen, in denen wir mit Vagheit umgehen müssen. Obergrenzen »existieren«, auch wenn sie nicht objektivierbar sind. Die übereinstimmende Auskunft von Menschen, dass man nicht mehr kann, dass es reicht oder auch, dass man nicht mehr will, signalisiert das Erreichen der Obergrenze für diese Menschen.

Im Falle von Hilfeleistungen, die sich auf Nicht-Staatsbürger beziehen, müssen solche Grenzen in öffentlichen Diskussionen festgelegt werden.[205] Da es um die Zurückweisung von Menschen geht, können die getroffenen Entscheidungen nur dann als legitim gelten, wenn sie entsprechenden Rationalitätsstandards genügten – wenn also die subjektiven Signale hinsichtlich des Erreichens von Grenzen nochmals durch einen »Filter« gegangen sind. Solche Festlegungen müssen nicht in der Nennung fixer

Zahlen bestehen. Andere Modi, etwa Rückmeldungen aus den Gemeinden, sind denkbar. Zuvor müssen jedoch Kriterien definiert werden – und zwar unter Berücksichtigung des Volkswillens. Auf welchen Wegen und mit welchen Mitteln Begrenzungen der Einwanderung erreicht werden können, sind zudem technische beziehungsweise organisatorische Fragen.[206]

An öffentliche Diskussionen sowie die Bedingungen, unter denen sie stattfinden, sind bestimmte Anforderungen zu stellen. Es handelt sich dabei um Anforderungen, ohne deren Erfüllung die Ausübung von Herrschaft nicht legitim sein kann. Eine dieser Anforderungen ist die Gewährleistung der Meinungs- und Wissenschaftsfreiheit. Diese Freiheiten werden umso mehr eingeschränkt, je größer die Menge von Anschauungen wird, die als unanständig gelten und durch die man sich gesellschaftlich ins Abseits manövrieren kann.

Durch die Stigmatisierung bestimmter Meinungen wird die unverzichtbare Diskussion über Zumutbarkeitsgrenzen zum Teil verhindert oder im Keim erstickt, und es werden in der Regel nicht mehrheitsfähige Positionen einer kleinen Intellektuellen- und Meinungselite, die über einen privilegierten Zugang zu Massenmedien verfügt, gesellschaftlich dominant. Wenn aber die Meinungen und Befindlichkeiten des normalen Bürgers in den von den Grundrechten geschützten Bereichen der persönlichen und sozialen Sicherheit sowie in Fragen, die die ethnische und kulturelle Identität seines Landes betreffen, nicht mehr angemessen repräsentiert werden, wird der für die Legitimation demokratischer Herrschaftssysteme zentrale Gedanke der Volksherrschaft der Lächerlichkeit preisgegeben. Es ist das in einem demokratisch verfassten Gemeinwesen unaufgebbare Recht des Volkes, über die Bevölkerungszusammensetzung und damit über das Staatsangehörigkeitsrecht zu entscheiden.

Man wird Gunnar Heinsohn zustimmen wenn er meint, es müsse möglich sein, dass eine Nation demokratisch entscheidet, ob sie in der ökonomischen Weltspitzengruppe bleiben oder in der Weltspitzengruppe sein will, die »humanitär vorne ist«.[207] Nur muss eine solche Entscheidung, die das Schicksal einer Nation bestimmt, auch tatsächlich vom Volk getroffen werden. Das deutsche Volk jedenfalls hat eine solche Entscheidung bisher nicht gefällt. Und ob eine Entscheidung »für die Humanität« in jedem Falle ein Friedensprojekt wäre, ist mehr als zweifelhaft. Die Politik jedenfalls kann sich zwar in Fällen des rechtfertigenden Notstands humanitär großzügig zeigen, aber nicht eine unkontrollierte Einwanderung dulden oder gar anreizen, die rechts- oder sozialstaatlich nicht mehr beherrschbar und durch den Souverän nicht legitimiert ist.

Die Anerkennung von Machbar- und Zumutbarkeitsgrenzen bedeutet übrigens nicht, dass wir damit unsere Hilfspflichten leugneten oder unsere Rechtsordnung aufgäben. Sie ist vielmehr Ausdruck der Einsicht, dass alle von uns anerkannten Normen an Anwendungsvoraussetzungen gebunden sind, unter denen allein sie ihre Funktion der gewünschten Verhaltensregulierung erfüllen können.

X.
Die kommunistische Gleichheitsidee

1. Fortleben der kommunistischen Ideologie

Ungeachtet der negativen Erfahrungen, die hunderte Millionen von Menschen mit kommunistischen Experimenten machen mussten, scheint die urkommunistische Idee in den westlichen Ländern, wenigstens in manchen gesellschaftlichen Milieus, auf dem Vormarsch zu sein. Unter anderem findet sie der Tendenz nach ihren Ausdruck in der Konzeption eines Grundeinkommens, das allen Bürgern unabhängig von ihrem eigenen Beitrag zukommen soll. Die breite Zustimmung zu dieser Konzeption ist verwunderlich, ist doch der Grundsatz, nicht arbeiten gehen zu müssen und trotzdem Anspruch auf ein Grundeinkommen zu haben, das durch Arbeit erwirtschaftet werden muss, nicht universalisierbar.

Die urkommunistische Idee findet ebenso Ausdruck in der idealistischen Vorstellung, nationale Interessen ließen sich trotz des Fortbestehens von Nationen durch Verhandlungen und Verträge marginalisieren, sodass Staatengemeinschaften auf die Durchsetzung ihrer partikularen Interessen verzichten und in einem übergeordneten Interesse gemeinsam an einem Strang ziehen.

Die kommunistische Gleichheitsidee speist zudem die Vision und den Willen, die Vorteile des marktwirtschaftlichen und sozialstaatlichen Modells des Westens jedem Menschen auf der Welt gleichsam bedingungslos, nämlich qua seines Menschseins, zugänglich zu machen.[208] Es ist dies das Projekt einer gleichen Bedürfnisbefriedigung (wobei die Bedürfnisse als annähernd gleich unterstellt werden) und der Herstellung eines gleichen Glücksniveaus aller Menschen – zunächst unserer eigenen Gesellschaften und langfristig aller Gesellschaften in der ganzen Welt. Die urkommunistische Idee lebt in der illusionären Vorstellung weiter, die »Einheit der Menschheit« sei bereits eine im Prozess der Globalisierung entstandene Realität und der von der Französischen Revolution erträumte Zustand, in dem alle Menschen Brüder sind, sei von den progressiven Bürgern der westlichen Länder, die die richtigen Lehren aus der Geschichte, insbesondere dem Holocaust, gezogen haben, nunmehr endgültig herzustellen. In seinem Kern folgt der moralische Impuls der kommunistischen Bewegung der Idee einer allgemeinen Verbrüderung und Menschheitserlösung. Die kommunistische Ideologie mit ihrem moralischen Universalismus ist eine der möglichen Grundorientierungen des politisch-sozialen Denkens. Insofern wäre es falsch, die kommunistische Bewegung nur dort zu verorten, wo politische Parteien oder Aktivisten unter ihrer Fahne segeln.

Während es in den bürgerlichen Revolutionen noch um das Niederreißen von Standesschranken und rechtliche Gleichheit ging, zielte die kommunistische Idee auf die Herstellung vollständiger Egalität. Dies erfordert eine Gleichverteilung des materiellen Reichtums der Gesellschaft – und zwar unabhängig davon, welchen Beitrag der Einzelne zur Erwirtschaftung dieses Reichtums geleistet hat. Darüber hinaus ist das kommunistische Gleichheitsdenken auf Grenzenlosigkeit angelegt. Es kennt weder familiäre Grenzen – deshalb forderte schon Babeuf[209], aber auch das *Kommunistische Manifest* die Abschaffung des Erbrechts[210] – noch nationale. Sein Zielpunkt ist die allmähliche Auflösung und Verschmelzung der Nationen[211] sowie die Herstellung einer Weltgesellschaft.

Dieses Gleichheitsdenken ist eine Kampfansage gegen die anthropologische Invariante unseres Verhaltens, sich zunächst einmal um sich selbst und das Wohl der eigenen Gruppe zu kümmern; es erhebt die Forderung, die allgemein-menschliche Präferenz, das Eigene zu bevorzugen, aufzugeben und in eine gleichsam grenzenlose Umverteilung des geschaffenen Reichtums und der daraus entspringenden Lebenschancen einzuwilligen. »Diese soziale Moral«, so begeisterte sich Babeuf im Jahre 1795, »müssen wir zur Bewunderung der Völker an den Tag legen, indem wir ihnen bedingungslos von unserem Überfluß abgeben […].«[212]

Mitunter werden auch Anspruchsrechte formuliert, die sowohl uneinlösbar als auch inakzeptabel sind. Dies dürfte beispielsweise für die Behauptung gelten: »Jeder Mensch hat das Recht, auf der Erde das zu finden, was er nötig hat.«[213] Menschen haben vieles nötig – Lebensmittel, eine Behausung, soziale Kontakte, medizinische Versorgung, vielleicht ein neues Organ –, und nicht alles steht in ausreichender Menge und Qualität jederzeit für alle zur Verfügung. Ein solches Recht zu postulieren heißt, einem frommen Wunsch Ausdruck zu geben – dessen Erfüllung nur allzu häufig an nicht aufhebbaren Knappheiten, an unterentwickelten Fähigkeiten, ja an puren Unmöglichkeiten scheitern wird. Hinzu kommt aber noch: Das Leben muss erarbeitet werden; es kann keinen Anspruch geben, das zum Leben Nötige einfach vorzufinden – denn das hieße doch, andere für sich arbeiten zu lassen. Es mag sein, dass Friedhelm Hengsbach dies nicht gemeint hat, und an einem Streit um Worte ist mir nichts gelegen. Festzuhalten ist jedoch: Wohl hat man einen Anspruch, auf einen Platz zum Leben, einschließlich der von der Natur »bereitgestellten« Ressourcen, aber selbst dieser Anspruch könnte unter Umständen extremer Knappheit moralisch nicht einklagbar sein.

Das Projekt des Kommunismus ist ein Gleichstellungs- und Globalisierungsprojekt. Implementiert werden seine geistigen Grundlagen heute durch eine Ausweitung der Anspruchsrechte innerhalb des Kanons der Menschenrechte sowie durch eine Ausweitung der Anspruchsberechtigten. Es wird aber ebenso durch die Meinung vertreten, die Nächstenliebe, verstanden als Gebot der Hilfeleistung, finde keine Obergrenze oder die Behauptung, Staatsgrenzen ließen sich nicht schützen. Auch die Entgrenzung des Gebots der Nächstenliebe entfaltet sich in beide Richtungen. Zum einen sollen immer mehr und schließlich alle Menschen der Welt in den Genuss unserer Hilfe gelangen. Zum anderen finden der Umfang oder die Intensität unserer Hilfe eine Grenze erst dann, wenn die Hilfsbedürftigen uns gleichgestellt, also nicht mehr der Hilfe bedürftig sind.

In der Tat heben sich, wie schon Hegel[214] wusste, allgemeine, unbegrenzte moralische Maximen, etwa Hilfsbedürftigen zu helfen oder Arme zu unterstützen, selbst auf – nämlich dann, wenn durch die Befolgung der Maxime niemand mehr hilfsbedürftig oder arm ist oder alle hilfsbedürftig oder arm sind.[215] Auch dies lässt erkennen, dass ein unbeschränkter Universalismus, hypothetisch als realisierbar gedacht, in eine qualitativ andere Gesellschaft führte – in eine Gesellschaft, in der soziale Grundrechte ihren Sinn verloren hätten und das Sozialstaatsgebot leer liefe: in eine Gesellschaft der Gleichen. Marx hatte zweifellos Recht, wenn er die Menschenrechte für eine Idee hielt, die ausschließlich der Klassengesellschaft, in dem Falle der bürgerlichen Gesellschaft, angehören kann, weil die durch sie fixierten Ansprüche des Individuums in der imaginierten klassenlosen Zukunftsgesellschaft gegenstandslos sein werden.[216] Nur innerhalb einer Gesellschaft des Privateigentums – einer Gesellschaft, in der der isolierte Einzelne in Konkurrenz zu anderen isolierten Einzelnen steht und sich Machtdifferenzen herausbilden – können Menschenrechte ihre Schutzfunktion für das Individuum erfüllen. In den Menschenrechten erkennt der bürgerliche Staat lediglich die sozialen Grundlagen an, auf denen er beruht. Menschenrechte, so die kommunistische Überzeugung, haben Sinn und Bedeutung nur in Klassengesellschaften. Man könnte hinzufügen, dass dasselbe für den Sozialstaat gilt. Ihn kann es nur dort geben, wo Gleichheit nicht schon im Prozess des gemeinschaftlichen Lebens systematisch erzeugt wird.

Was wir in der Flüchtlingsdebatte in Gestalt einer – zumindest zeitweiligen – Politik der offenen Grenze erleben mussten und vielleicht auch noch erleben werden, ist ein abermaliger Versuch, eine Praxis der allumfassenden Menschenliebe gesellschaftlich zu etablieren. Nur: Den Denkern des Kommunismus war bewusst, dass sich eine allgemeine, über den Klassen stehende Menschenliebe in Klassengesellschaften nicht durchsetzen kann, sondern dies die Aufgabe der klassenlosen Gesellschaft ist. Die Kommunisten des 19. und 20. Jahrhunderts waren in diesem Punkt realistischer als die moralischen Universalisten der Gegenwart – wenngleich auf der Basis eines falschen Arguments. Denn auch in der klassenlosen Gesellschaft, so sie denn herstellbar wäre, würde die allgemeine Menschenliebe nicht Wirklichkeit. Die Klassengesellschaft ist nicht der ausschlaggebende Grund für die lebenspraktische Unmöglichkeit der gleichen Liebe unter allen.

Auch dieser neuerliche Versuch, das säkularisierte kommunistische Heilsversprechen endlich einzulösen, wird scheitern. Nur könnte er diesmal die Selbstzerstörung Europas bedeuten. Es ist eine Aufgabe von Sozialwissenschaftlern vorauszudenken und sich vorzustellen, was passierte, wenn etwa im Laufe weniger Jahrzehnte Abermillionen von Afrikanern den europäischen Kontinent fluteten, weil sich aus moralischen Erwägungen keine Politiker bereit finden, dies zu verhindern. Kulturfremde in einer solchen Größenordnung zu integrieren ist aussichtslos, darauf zu hoffen, dass sie nicht kommen werden, illusorisch, den Eindruck zu erwecken, wir seien in der Lage, durch Konfliktmanagement und Entwicklungshilfe die Probleme in ihren Ländern zu lösen, die sie zum Weggang treiben, Dummenfang.[217] Berufsmäßige Schleuser, die Gerüchte über angeblich paradiesische Zustände in Europa streuen, tun ihr Übriges. Jeder Versuch, diesen politischen Herausforderungen mit einer Verhaltensstrategie der allgemeinen Menschenliebe Herr zu werden, muss im Fiasko enden.

2. Untergrabung des Leistungsprinzips

Der moralische Universalismus stellt die Grundlagen unserer Kultur und überhaupt des menschlichen Zusammenlebens in einer Privatwirtschaft in Frage. Mit dem kommunistischen Verteilungsprinzip wird *zum einen* das Leistungsprinzip aufgegeben – das heißt das Prinzip, dass das, was jedem zusteht, von seiner erbrachten Leistung und damit von seiner Leistungsfähigkeit und Leistungsbereitschaft abhängt. Bestehen bleibt lediglich (und das auch nur bestenfalls) eine allgemeine Pflicht, sich an der Erwirtschaftung des gemeinsamen Reichtums zu beteiligen – so gut man eben kann oder selbst glaubt, es zu können. In der Konsequenz wird aber *zum anderen* auch der Grundsatz aufgegeben, dass sich jeder und jede Gruppe zunächst einmal um sich selbst zu kümmern haben und – ungeachtet eines Anspruchs auf Hilfe in Not – ein Anspruch auf einen gleichen Anteil an den Reichtümern der Welt nicht besteht.

Natürlich wissen wir: Reichtum, Macht, Ansehen werden auch in der sogenannten Leistungsgesellschaft nicht ausschließlich nach individueller Befähigung und Leistung verteilt. Auf dem Markt jedenfalls entscheiden Angebot und Nachfrage. Deshalb benötigt das Funktionieren der Leistungsgesellschaft Korrektive jenseits der Leistung. Wir wissen, dass Leistung nicht mit individueller Anstrengung gleichzusetzen ist; wir wissen, dass Leistung nicht nur erbringt, wer marktförmig nachgefragte Güter bereitstellt; wir wissen, dass individuelle Leistungsbeiträge in einer arbeitsteiligen Wirtschaft nicht eindeutig zurechenbar sind. Und trotzdem wissen wir auch, dass eine Verteilung der erstrebenswerten Güter unabhängig von der Leistung Leistungsanreize kappt und in den Schlendrian führt, den Faulen und den Hallodri protegiert und den Leistungswilligen demoralisiert. Von einer »Friede-Freude-Eierkuchen«-Gesellschaft mögen anfangs mehr Leute profitieren, längerfristig aber verbreiten sich Lethargie und Frust, Unverantwortlichkeit und Behäbigkeit; es drohen Wachstums- und Effizienzverluste. Geht der existenzielle Ernst verloren, stellt sich zunächst Selbstzufriedenheit ein, danach Dekadenz. Was einem Menschen am meisten schadet: Keine Haftung übernehmen zu müssen für sein Tun und Lassen.

DIE KOMMUNISTISCHE GLEICHHEITSIDEE

Sowohl das Leistungsprinzip als auch das Prinzip der Verantwortung sind unverzichtbare Eckpfeiler unserer Kultur. Eine überzogene oder gar schrankenlose Umverteilung zerstört das Leistungsprinzip. Mit wachsender Umverteilung werden Leistungsanreize untergraben. Jede Zwangsumverteilung von Einkommen oder Vermögen von Leistungsträgern zu Leistungsempfängern reduziert den Anreiz, ein Leistungsträger zu sein, und vergrößert den Anreiz, selbst Leistungen zu empfangen.[218] Dies ist eine zu erwartende Folge unserer genetisch verankerten Verhaltensdispositionen.

Aus dem Ideal der Gleichheit ergibt sich die Forderung, niemand solle weniger haben als andere. Danach sind unterschiedliche Konsumniveaus ein Ausdruck bestehender Ungerechtigkeiten und durch politisches Handeln auszugleichen. In dem Maße aber, in dem der Zugang zu den Glücksmöglichkeiten moderner Gesellschaften von der Bedingung der Leistungsfähigkeit und Leistungsbereitschaft entkoppelt wird, wird das Leistungsprinzip ausgehebelt und werden Leistungsanreize beseitigt. Individuelle Wohlfahrt wird möglich ohne Leistungserbringung. Mit den Leistungsanreizen verändert sich auch das Verhalten der Menschen. Verhaltensänderungen können neue Abhängigkeiten begründen. Wer sich sicher sein kann, dass ihm ohnehin geholfen wird, kann es schleifen lassen, und wer es schleifen lässt, bedarf über kurz oder lang tatsächlich der Hilfe. So schafft der Sozialstaat Hilfsbedürftige. Leider hat Kenneth Minogue Recht, wenn er feststellt, dass die westlichen Demokratien immer mehr zu Vereinigungen hilfsbedürftiger Menschen geworden sind, für deren Lebensunterhalt der Staat sorgt und deren Notlagen und Leiden durch den Staat kuriert werden.[219]

3. Voraussetzungen und Implikationen des Gleichheitsdenkens

Es scheint dringend geboten, sich die geistigen Voraussetzungen sowie die Implikationen des kommunistischen Gleichheitsdenkens klarzumachen.

Erstens: Tatsächlich ist der Marxismus – und zwar in seiner reifen Phase – ein Illusionismus; er ist nicht die Überwindung des utopischen Sozialismus, sondern seine Fortsetzung. Die klassenlose Gesellschaft des Kommunismus sollte eine Entwicklung der Produktivkräfte freisetzen – sowohl der materiellen als auch der produktiven Kräfte des Menschen –, die letztlich die Tatsache der Knappheit von Lebensressourcen und damit die materielle Grundlage für die Entstehung von Interessenkonflikten überwindet, eine Entwicklung, die mögliche Begrenzungen, die aus der Endlichkeit der empirischen Welt oder der Unvollständigkeit von Informationen entspringen, jedenfalls nicht mehr wirksam werden lässt. Der Kommunismus ist nicht nur die Überwindung von Grenzen in unserem moralischen Verhalten; die Möglichkeit der Überwindung von empirisch gegebenen Begrenzungen ist auch eine seiner Voraussetzungen. Ein auf Kooperation statt auf Konkurrenz beruhender Gesellschaftszusammenhang, der der Vermittlung durch den Markt nicht mehr bedarf, der vielmehr von den Menschen gemeinsam und bewusst hergestellt wird, soll den Weg freimachen zu harmonischen Sozialbeziehungen. Mit dem Klassenantagonismus soll die Selbstsucht, mit dem Geld die Bereicherungssucht beseitigt werden. Da der Mensch von den Umständen gebildet wird, besteht die Aufgabe darin, die Umstände menschlich zu bilden.[220] Der Kommunismus beruht auf der Vorstellung, sowohl materielle als auch anthropologische Grenzen durch einen Umbau der Gesellschaft sprengen, verflüssigen, schließlich überwinden und den Menschen in Bedingungen versetzen zu können, die seiner allseitigen Entwicklung als Individuum keinerlei andere Schranken mehr auferlegen als die, die er sich als ein vernünftiges Wesen selbst auferlegt.

Zweitens: Hintergrund des kommunistisch inspirierten Gleichheits- und Gerechtigkeitsdenkens ist die Überlegung, dass die Leistung des Einzelnen von Bedingungen abhängt, für die er selbst nichts kann, sodass die von ihm erbrachte Leistung nie vollständig als sein persönliches Verdienst zu betrachten ist. Zu diesen Bedingungen gehören seine Erbanlagen, die Lebensumstände in seiner Familie, insbesondere die dort genossene Erziehung. Was einer zu leisten in der Lage sein kann, hängt zudem vom Entwicklungsniveau seiner Herkunftsgesellschaft, der konkreten Situation in seinem Land, also davon ab, wo er geboren wurde. Alles dies sind aber kontingente Faktoren, über die der Einzelne nicht verfügen kann. Und hängt nicht selbst die Selbststeuerungsfähigkeit des Einzelnen, seine Motiviertheit, die ihm gegebenen Fähigkeiten unter den ihm zur Verfügung stehenden Bedingungen zu nutzen, von individuellen Voraussetzungen ab – etwa seinem Charakter, seiner Energie, Agilität und Kreativität –, für die er ebenfalls nichts kann? Damit aber hat der Einzelne scheinbar auf nichts mehr Einfluss – auch nicht auf seine Fähigkeit, sich anzustrengen.[221] Für all das, was ihm zufällig zustößt, ist er in der Tat nicht verantwortlich. Aber auch dafür, wie er sich entscheidet, ob er sich aufrafft und was er alles unterlässt, trägt er keine Verantwortung – und zwar deshalb, weil er, so jedenfalls hätte ein konsequenter Verfechter des kommunistischen Verteilungsprinzips zu argumentieren, nicht frei ist, anders zu handeln. Als ein autonomes Individuum hat er sich gleichsam verflüchtigt.

Drittens: Das kommunistische Verteilungsprinzip ist darauf angelegt, die aus den unterschiedlichen Leistungsmöglichkeiten resultierenden Ungleichheiten auszugleichen. Ungleiche Menschen mit ungleichen Möglichkeiten, ihre Bedürfnisse zu befriedigen, sollen nicht an dem gleichen Maßstab gemessen werden. Alles, was einer über den gesellschaftlichen Durchschnitt hinaus leistet, soll nicht ihm zugute kommen, sondern unter den Minderleistern – zunächst der eigenen Gesellschaft, tendenziell jedoch weltweit – verteilt werden. Ihre immanente Schranke findet die Umverteilung allein in der Gleichheit der Bedürfnisbefriedigung (was auch immer »Gleichheit« in Bezug auf die Befriedigung von Bedürfnissen genau heißen mag). Sobald und solange es aber Abweichungen vom Durchschnitt gibt, gilt Babeufs »großer Leitsatz«: »Haben die einen zuviel, dann haben die anderen zuwenig.«[222]

Viertens: Das kommunistische Verteilungsprinzip ignoriert das angeborene Streben nach Selbstbehauptung und führt in eine dauerhafte Umverteilung. Eine in dem doppelten Sinne grenzenlose Umverteilung – nämlich über die Grenzen des eigenen Gemeinwesens sowie über die Grenzen einer Hilfe in Not hinaus – zerstört langfristig die Leistungsbereitschaft, denn mit wachsender Umverteilung werden Leistungsanreize untergraben. Wer sich (als Individuum oder Gruppe) nicht anstrengen muss, um zu bekommen, was alle bekommen, strengt sich weniger an – genauso wie jener, der ohnehin nur das bekommt, was alle bekommen, auch wenn er sich mehr anstrengt. Dies jedenfalls sind zu erwartende Folgen unserer genetisch verankerten Anlagen. Wenn man aber ohnehin bekommt, was alle bekommen, wird das eigene Verhalten folgenlos. Ohne den Stachel des Scheitern-Könnens ist man weniger fleißig, weniger sparsam, weniger darauf bedacht, das Richtige zu tun. Natürlich: Nicht jede Fähigkeit ist überhaupt gefragt und nicht jede Leistung wird nachgefragt. Hier spielen Besonderheiten der jeweiligen Gesellschaft und Zufälligkeiten eine Rolle. Auch ist nicht jede Entlohnung unter allen Gesichtspunkten leistungsgerecht. Die Aufkündigung des Leistungsprinzips jedoch untergräbt die Notwendigkeit, persönlich oder als Gruppe Verantwortung für das eigene Verhalten zu übernehmen. Sowohl das Leistungsprinzip als auch das Prinzip der Verantwortung sind Eckpfeiler unserer Kultur und des zivilisierten Umgangs miteinander – sowie Barrieren gegen individuelle Verwahrlosung. Der Versuch jedoch, Ungerechtigkeit aus der Welt in toto zu verbannen, gebiert Ungerechtigkeit.

Fünftens: Das kommunistische Verteilungsprinzip bedeutet nicht nur schlechthin die Aufkündigung des Leistungsprinzips. Das Leistungsprinzip und die daraus folgende Ungleichverteilung materieller Güter sind notwendige Elemente des Funktionierens jeder Marktwirtschaft und entscheidende Triebkräfte des zivilisatorischen Fortschritts. Wer als Unternehmer sein Handeln am Glück jedes anderen ausrichtete, würde im Ringen um Marktanteile unterliegen und hörte schnell auf, Unternehmer zu sein. Wer im Kampf um knappe gesellschaftliche Positionen das gleiche Interesse seiner Mitkonkurrenten zu schützen suchte, könnte sich gar nicht erst bewerben. Wer sich nicht herausheben möchte, dürfte nichts erfinden und nichts veröffentlichen oder müsste seine Urheberschaft zumindest geheim halten. Eine Gesellschaft, in der es nicht erlaubt wäre, den eigenen Vorteil zu suchen, in der es nicht möglich wäre, sich auszuzeichnen und sich damit hervor- und von anderen abzuheben, hätte produktive Verhaltensanreize gekappt und entscheidende Anpassungs- und Entwicklungspotenziale verschenkt.

Sechstens: Aus normativen Überzeugungen entspringen nicht nur moralische Verpflichtungen für das eigene Verhalten, sondern auch normative Forderungen hinsichtlich der Gestaltung der Gesellschaft. Wenn jeder verpflichtet ist, das Wohlergehen jedes anderen Menschen für genauso wichtig zu halten wie das eigene Wohlergehen, dann hat ein jeder vernünftige und anständige Mensch auch entsprechende Forderungen an die Regierung seines Landes und deren politisches Handeln zu stellen. Denn wer die moralische Verpflichtung akzeptiert, zu einem möglichst gleichmäßigen Wohlergehen aller Menschen beizutragen, muss auch wollen, dass seine Gesellschaft und sein Staat sich diesem Ziel verpflichtet wissen.

Siebentens: Aus dem kommunistischen Gleichheitsdenken folgt zunächst einmal Umverteilung innerhalb der eigenen Gesellschaft. Darüber hinaus aber, so ist zu fordern, sollten jedem Menschen auf der Welt nicht nur formal dieselben Menschenrechte, sondern auch jene Bürgerrechte zugebilligt werden, die man selbst als Bürger seines Landes hat. Dies heißt, jedem wird das Recht eingeräumt, sich in einem Land seiner Wahl niederzulassen, die jeweiligen staatlichen Leistungen zu nutzen und von dem dort geschaffenen Reichtum zu profitieren. Nur durch dieses Anspruchsrecht – weder durch Hilfe in Notsituationen noch durch Entwicklungshilfe – können Ungleichheiten, die aus dem ungleichen Entwicklungsstand der verschiedenen Herkunftsgesellschaften resultieren, vollständig ausgeglichen werden.

4. Der moralische Universalismus als Vehikel des Kommunismus

Der moralische Universalismus impliziert die kommunistische Gleichheits- und Gerechtigkeitsidee. Er mündet in eine Politik der offenen Grenzen und der Auflösung des Unterschieds zwischen Bürger- und Menschenrechten. Die Folgen dieses Gleichheitsdenkens können bereits heute ansatzweise besichtigt werden.

Mit dem Ende des europäischen Kommunismus 1989/91 schien auch die kommunistische Ideologie endgültig gestorben zu sein. Es waren nicht nur die politisch-gesellschaftlichen Systeme des einst real gewesenen Sozialismus untergegangen, auch die Protagonisten des Marxismus und seiner verschiedenen Erscheinungsformen hatten mit atemberaubender Geschwindigkeit ihre einstigen Überzeugungen abgelegt. Eine Weltphilosophie, die wie kaum eine andere Hoffnungen und Sehnsüchte von Millionen Menschen entfachte, hatte nicht nur ihre innere Unwahrheit in der Praxis unter Beweis gestellt, sie war vor allem als »Legitimationswissenschaft« zur Rechtfertigung unsäglicher Verbrechen desavouiert. Doch die Annahme, dass auch der Kern der kommunistischen Ideologie, ihr universalistisches Gleichheitsdenken, dieses Desaster nicht überleben könne, trog. Der Kommunismus schien nur kurze Zeit tot. In Wirklichkeit treibt er in den Hirnen von Utopisten weiterhin sein Unwesen.

Aber einmal angenommen, das kommunistische Verteilungsprinzip wäre gesellschaftlich etabliert und die kommunistische Gleichheit hergestellt: Für einen moralischen Universalisten gäbe es auch dann keinen Grund, warum er sich nicht für verpflichtet halten sollte, weiterhin einen großen Teil seines »überschüssigen« Einkommens zu spenden – etwa für das Wohlergehen von Tieren oder den Schutz von Pflanzen um deren selbst willen (siehe aber auch XIII.2). Die Beschränkung der moralischen Perspektive auf Menschen ist in der Tat willkürlich (IX.1).

Die universalistische Gleichheitsidee, eine der Kernideen des Kommunismus, ist zugleich ein Postulat der modernen Ethik, das von der Mehrheit der gegenwärtigen Moralphilosophen akzeptiert werden dürfte. Wird dieses moralphilosophische Postulat missverstanden und als unmittelbar lebenspraktisch realisierungsfähig gedacht, mündet es in die Gewährung eines Rechts auf unbeschränkte Niederlassungsfreiheit und damit in eine Politik der offenen Grenze.

Sofern man sich in der Beurteilung des moralischen Universalismus unsicher ist, empfiehlt es sich, zwei Dinge zu bedenken. *Erstens:* Einen Hauptgegensatz zwischen Kommunismus und Nationalsozialismus bildeten die universalistische Grundorientierung des einen und die antiuniversalistische, partikularistische, Grundorientierung des anderen.[223] Deshalb ist es heute so leicht, jede Kritik des Universalismus als »faschistoid«, »nazistisch«, »rassistisch« etc. abzutun und aufs Schärfste zu bekämpfen. *Zweitens:* Auf Seiten einer kommunistisch orientierten Linken werden die gegenwärtigen Migrationsbewegungen hinein in die Zentren der kapitalistischen Welt unter dem Gesichtspunkt einer erwarteten Konfliktverschärfung begrüßt. Von der massenhaften Einwanderung erhofft man sich eine Verschärfung des Klassenkampfes und das Entstehen einer neuen revolutionären Situation. Migranten gelten aus dieser Sicht als potenzielle Kämpfer gegen den globalen Kapitalismus;[224] und das Phänomen der »Willkommenskultur« betrachtet man als »ein bürgerliches Spektakel nützlicher Idioten, das sich strategisch nutzen lässt«[225].

XI.
Kollektive Daseinsbewältigung

1. Gemeinschaften als Überlebenskollektive

Menschen sind soziale Wesen. Sie leben in der Gemeinschaft mit anderen Menschen. Was ihre physische Reproduktion, ihre sprachliche und geistige Entwicklung sowie ihre psychische Gesundheit anlangt, sind sie auf funktionierende soziale Beziehungen angewiesen. In einer Gemeinschaft zu leben und als ein anerkanntes Mitglied zu einer Gemeinschaft dazuzugehören ist für jeden ein Ziel und Wert.

Menschen reproduzieren ihr Dasein in menschlichen Gemeinschaften, in »Kollektivwesen«. Diese Kollektivwesen (Familien, Völker, Nationen, Rassen, Kulturen, Religionsgemeinschaften, Unternehmen, Sportvereine etc.) konstituieren sich durch reale Beziehungen zwischen ihren Mitgliedern, wobei die Eigenheiten und die Intensität dieser Beziehungen im Vergleich zu den Beziehungen mit Gruppenfremden ein »Wir-Gefühl«, ein Gefühl der Zusammengehörigkeit und wechselseitigen Verbundenheit, innerhalb der Gruppen entstehen lässt.

Die Tatsache der realen Beziehungen begründet zum einen eine gemeinsame Herkunft und ein gemeinsames geschichtliches Erbe. Zum anderen ergeben sich aus diesen

Beziehungen gemeinsame Interessen und damit ein gemeinsames Schicksal auch in der Zukunft. Gemeinschaften schaffen jene Bedingungen, unter denen der Einzelne wesentliche Aspekte seiner persönlichen Identität ausbildet, unter denen er wird, was er über seine bloße Gattungszugehörigkeit hinaus ist. Dies gilt für sämtliche Arten von kollektiven Entitäten. Was die Besonderheiten der realen Beziehungen, was ihre besondere Qualität ausmacht, ist dagegen von spezifischer Art. Hierfür kommen Abstammung, Sprache, Glaubensüberzeugungen, Wertvorstellungen, gemeinsame Ziele in Betracht.

Kollektive Entitäten sind keine unwandelbaren Wesenheiten. Sie unterliegen der Selbstveränderung und stehen im Austausch mit anderen Entitäten derselben Art. Deshalb auch ist Identität nichts Statisches. Wenn wir von »Identität« sprechen, geht es um Identifizierung – darum, dass sich Einzelne mit bestimmten, von Kollektiven repräsentierten, Merkmalen oder Eigenschaften identifizieren. Es geht um ein psychologisches Phänomen. In Konfliktsituationen allerdings sind Kollektive gezwungen ihre Identität zu betonen und sich strikt von anderen abzugrenzen.

Warum ist das so? In Konfliktsituationen geht es um die Sicherstellung von Existenzvoraussetzungen im weitesten Sinne – möglicherweise auch um Räume und Ressourcen für die Reproduktion des Lebens der Gemeinschaftsmitglieder. Gemeinschaften oder Gesellschaften sind Überlebenskollektive. In Konflikten haben diejenigen Kollektiventitäten die größeren Selbstbehauptungs- und Überlebensaussichten, denen es besser gelingt, Triebkräfte zu mobilisieren und Opferbereitschaft freizusetzen.

Als Individuen haben Menschen Interessen, die auf die Reproduktion ihres eigenen Lebens gerichtet sind. Als soziale Wesen, die sie immer auch sind, sind ihre Interessen zugleich auf die Reproduktion dieser Gemeinschaften gerichtet. Menschliches Interesse und Streben hat damit notwendigerweise eine »Doppelnatur«: Es ist auf sich selbst und zugleich auf die eigene Gemeinschaft fixiert.

Wird der moralische Universalismus nicht nur innerhalb der nationalstaatlichen Einheit, sondern transnational, letztlich global, gedacht, verliert der Staat seine Bedeutung als Einheit der kollektiven Daseinsbewältigung. Eine Bestandssicherung des Eigenen hat in einer transnationalen Weltgesellschaft keinerlei Vorzugswürdigkeit. In der Tat wäre dann jeder Mensch jedem anderen in dem Sinne gleichgestellt, dass jeder denselben Anspruch auf Berücksichtigung seiner (allgemein anerkannten) Interessen hätte. Damit aber hätte zugleich auch jeder die Pflicht, diesen gleichen Anspruch eines jeden zu respektieren und zu bedienen.

Die faktische Bereitschaft, das Eigene – die eigene Identität, die eigene Kultur, die eigene Lebensform, die eigene Existenzsicherheit – notfalls aufzuopfern, findet sich in der Redeweise, dass »die Menschen, die zu uns kommen«, doch gute Gründe dafür haben, ihre Heimat zu verlassen und sogar ihr Leben und das ihrer Kinder aufs Spiel zu setzen. Dies mag sein – und wir wissen in vielen Fällen, dass es so ist. Die universalistische Grundeinstellung ist schrankenlos geworden, sobald dieser (humanitaristische) Gesichtspunkt als der für unser Handeln allein ausschlaggebende anerkannt wird.

Wer Fragen der Einwanderung unter universalistischem Gesichtspunkt zu behandeln suchte, hätte jedem die Einwanderung zu gewähren, dessen Bedürfnisbefriedigungsniveau das der einheimischen Bevölkerung – bezogen auf dieselben anerkannten Bedürfnisse – unterschreitet.

Denn wenn alle Menschen dasselbe Interesse an denselben Gütern haben und keine Rechtfertigungsgründe für eine Ungleichbehandlung existieren, zählen die Präferenzen aller gleich viel.[226]

2. Schutzwürdigkeit kollektiver Identitäten

Die übereinstimmenden Interessen einer relevanten Anzahl von Menschen bildet die intersubjektive Basis für die Formulierung und gesellschaftliche Ingeltungsetzung von Normen des zwischenmenschlichen Verhaltens. Das Interesse, die Identität des eigenen Überlebenskollektivs zu wahren – worauf auch immer diese Identität beruht –, scheint ein solches weithin geteiltes Interesse zu sein.

Während man jedoch den Wunsch eines weitgehend isoliert auf steinzeitlichem Niveau lebenden Naturvolkes, sich in seiner genetisch bestimmten biologischen Substanz und kulturellen Identität zu erhalten, als achtenswert ansieht, ist man in einer »sich globalisierenden« Welt geneigt, dasselbe Ansinnen eines »modernen« Volkes als zumindest unrealistisch, vielleicht als suspekt, wenn nicht gar, betrachtet man insbesondere die dazu erforderlichen Maßnahmen der Abschottung und Ausgrenzung, als verwerflich einzustufen. Denn in der Tat ist jede Auswahl ein Akt der Diskriminierung. Vor allem aber kann in einer Zeit, in der »Fremdenfeindlichkeit« oder »Rassismus« längst zu inhaltsleeren politischen Kampfbegriffen verkommen sind, eine Regulierung der Einwanderung unter dem Gesichtspunkt der Identitätswahrung als »rassistisch« oder als Ausdruck einer bestimmten feindlichen Einstellung Fremden gegenüber missdeutet werden. Doch lohnt in diesem Falle ein zweiter Blick.

KOLLEKTIVE DASEINSBEWÄLTIGUNG

Auch in unserer Zeit wird nämlich das Bestreben von Gruppen, ihre Integrität und Identität zu bewahren, von vielen als legitim anerkannt. Solche Gruppen können sich durch ganz unterschiedliche Arten von Merkmalen definieren (etwa durch biologische, politische, soziale, kulturelle, religiöse Merkmale) und dementsprechend ganz unterschiedliche Gruppengrößen aufweisen. Einige Beispiele seien angeführt: Dem Volk der Tibetaner wird im Westen selbstverständlich das Recht zugebilligt, seine Kultur erhalten zu wollen, und gleichzeitig erwartet man von China, dass es seine Politik einer Ansiedlung von autochthonen Chinesen in Tibet mit dem Ziel einer ethnisches oder kulturellen Überfremdung aufgibt. Vertreter der Gruppe der Kleinwüchsigen lehnen Maßnahmen ab, die verhindern sollen, dass geborene Menschen kleinwüchsig bleiben, weil es dadurch Menschen wie sie in Zukunft nicht mehr geben würde. Repräsentanten der von Geburt an Gehörlosen lehnen medizinische Technik zur Verbesserung des Hörvermögens als eine Form kultureller Unterdrückung ab.[227] Unter dem Stichwort »Politik der Differenz« diskutiert man in Kanada darüber, Angehörigen autochthoner Stämme Rechte und Vollmachten einzuräumen, die anderen Kanadiern nicht zustehen – wobei die Maßnahmen, die zum Schutz kollektiver Interessen ergriffen werden dürfen, bestimmte Individualrechte einschränken können.[228]

Neuerdings wird unter dem Begriff »Gattungsethik« erörtert, inwieweit Eingriffe in die Integrität und Identität der Gattung »Mensch« als zulässig gelten können und welche normativen Schranken für technische Selbstmodifikationen der Gattung existieren beziehungsweise anerkannt werden sollten.[229] Bereits heute enthalten die Rechtsvorschriften vieler Länder ein Verbot der Herstellung von Inter-Spezies-Hybriden, wobei dieses Verbot in der Regel nicht mit den inakzeptablen Folgen, die das potenzielle Hybridwesen zu tragen hätte, begründet wird, sondern mit der Verletzung der Würde der Menschengattung als Ganzer.[230]

Mit einer solchen Begründung wird der Gattung in ihrer natürlichen biologischen Verfasstheit ein Eigenwert zugesprochen – und das heißt, dass man sie in ihrer konkreten, evolutionär entstandenen Beschaffenheit, also auch unabhängig von ihrer Unzulänglichkeit und Unvollkommenheit, als unbedingt schützenswert erklärt. Fraglich ist dabei der Status dieses »Eigenwerts«. Sollte damit ein Wert gemeint sein, der ganz unabhängig von menschlichen Wertungen existiert und dessen Existenz von Menschen lediglich zu konstatieren und zu berücksichtigen ist, so fußte diese Vorstellung auf einer *metaphysischen* Hintergrundüberzeugung, zu der man mit Mitteln der rationalen Argumentation nicht verpflichtet werden kann. Aber auch dann, wenn der Eigenwert als abhängig von einer menschlichen Wertsetzung gedacht würde, bliebe sein Status doch unklar, wenn er nicht zugleich als etwas verstanden wird, was nur deshalb als ein »Wert« gilt, weil es letztlich einzelnen Menschen zugute kommt – als ein Etwas, das eine Bedeutung nicht unabhängig von menschlichen Bedürfnissen oder Interessen haben kann. Ist aber dies einmal anerkannt, nämlich dass die Integrität und Identität der Gattung nicht um ihrer selbst willen, sondern nur im Interesse der ihr angehörenden Individuen zu schützen sein kann, dann ist ihre *unbedingte* Schutzwürdigkeit nicht mehr begründbar.

3. Herkunft und Lebensform

Ähnliche Denk- und Argumentationsfiguren, die die besondere Schutzwürdigkeit kollektiver Identitäten betonen, finden wir in der Lehre vom äußersten Notfall.

Nach dieser Lehre kann in extremen existenziellen Ausnahmesituationen einer politischen Gemeinschaft moralisch erlaubt sein, was einem Einzelnen unter keinen Umständen erlaubt ist – nämlich zur Verteidigung notfalls auch Unschuldige zu töten. Einen solchen Notfall betrachtet Michael Walzer dann als gegeben, wenn die Auslöschung oder Versklavung einer ganzen Gemeinschaft droht.[231] Auf die Frage, warum eine Gemeinschaft, deren Fortbestand bedroht ist, tun darf, »was immer zur Abwehr der Gefahr nötig«[232] ist, antwortet Walzer: »Wir sehen dann nicht nur der moralischen und physischen Zerstörung entgegen, sondern auch dem Ende einer Lebensform und der Vernichtung einer bestimmten Gruppe von Menschen, von Leuten wie uns. Und das mag uns zwingen, jene moralischen Schranken zu durchbrechen, die Leute wie wir normalerweise beachten und respektieren.«[233] Man kann fragen, ob mit diesen Überlegungen der Erhaltung einer Gemeinschaft und ihrer gruppenspezifischen Daseins- und Lebensweise nicht ein eigenständiger Wert beigemessen wird, der zum Wert des Lebens der Individuen hinzutritt und begründen soll, warum die Menge der Individuen als ein sich selbsterhaltendes Kollektiv tun darf, was dem Einzelnen zur Erhaltung seiner individuellen Existenz verboten ist. Auf jeden Fall aber wird anerkannt, dass die Bewahrung der Identität der Gemeinschaft als einer »Quelle unserer Identität und unseres Selbstbildes«[234] ein legitimes Interesse ist.

Diese Überlegungen reflektieren eine Facette des Menschseins, die gewöhnlich unterschätzt oder gar nicht gesehen wird: Viele Menschen betrachten ihre Selbsterhaltung nicht nur als eine Frage der Fortsetzung ihrer physischen Existenz; sie möchten auch bleiben, wer sie sind. Dieser Wunsch und Wille mag im Einzelnen unklar, diffus und begrifflich nur schwer fassbar sein; in ihm kommt jedoch eine Dimension des menschlichen Strebens zum Ausdruck, die von lebenspraktischer Relevanz ist und damit politisch beachtet werden muss. Das Interesse vieler Menschen, ihre Lebensweise, die Identität ihrer Gemeinschaft, die Kontinuität ihrer Kultur zu bewahren,[235] ist ein legitimes Interesse – das zwar (siehe VIII.3) durch moralische Hilfspflichten eingeschränkt wird, das Interesse Fremder an Einwanderung aber aus dem Feld schlägt.

Der Idee des Universalismus setzt Grenzen, wer sich in seinen Traditionen heimisch fühlt, wer es vorzieht, in einer ethnisch oder rassisch homogenen Gesellschaft zu leben, wer die Eigenheiten einer Kultur erhalten wissen möchte. Von Menschen zu verlangen, sie mögen ihre Herkunft verleugnen und sich nicht mehr verbunden fühlen mit der historisch gewachsenen Schicksalsgemeinschaft, der sie entstammen, ist unmenschlich.

Dies gilt freilich für jeden Menschen, somit auch für den Zugewanderten. Nur sind die Positionen beider Gruppen nicht symmetrisch. Wer freiwillig Lebenschancen eröffnet, Hilfe leistet, Ressourcen abtritt, Arbeitsmöglichkeiten anbietet, Vermögen teilt, womöglich einzelne Facetten seiner Identität aufgibt, und das alles tut die autochthone Bevölkerung des aufnehmenden Landes, hat das Vorrecht, die Regeln des Zusammenlebens vorzugeben (VIII.6). Der Einwandernde hat, solange er nicht Staatsbürger geworden ist, die Wahl, diese Regeln anzuerkennen und sich in die bestehende Gemeinschaft zu integrieren – oder es zu lassen und in seine Heimat zurückzukehren.

Wer aus einer universalistischen Sicht nicht bereit ist, diese Asymmetrie anzuerkennen, sollte sich die Konsequenzen seiner Position verdeutlichen. Eine Pflicht zur wechselseitigen Anpassung von Einheimischen und Zugewanderten hieße zum Beispiel, dass so wie der zugewanderte Türke aufgefordert ist, Deutsch zu lernen, die Deutschen Türkisch zu lernen hätten. Nun sind allerdings nicht nur Türken eingewandert. Damit führt sich die Forderung nach wechselseitiger Anpassung selbst – und zwar selbst aus einer universalistischen Sicht – ad absurdum. Die zugewanderten Kulturen können der angestammten Kultur nicht gleichgestellt sein. Im Konfliktfall kann nur die Kultur des Aufnahmelandes maßstabsetzend sein.

4. Legitime Bevorzugungen

Die Bevorzugung des Eigenen unter die Begriffe des Fremdenhasses, der Ausländerfeindlichkeit, des Rassismus oder des Kulturchauvinismus zu subsumieren beruht auf gedanklicher Unklarheit. Mit solchen Bevorzugungen ist keine Herabwürdigung von Fremden, von Ausländern, Angehörigen anderer Rassen oder anderer Kulturen verbunden. Es handelt sich um eine subjektive Wertschätzung, mit der weder eine selbstgefällige Überheblichkeit noch eine Geringschätzung des Eigenwertes des Anderen verbunden sein muss. Indem sie Einzelnes hervorheben und damit anderes nicht hervorheben, bestimmte Sachverhalte als erwünscht und andere als nicht erwünscht ausweisen, sind subjektive Wertschätzungen notwendigerweise »diskriminierend«. Wertschätzungen beruhen auf Unterscheidungen, und Unterscheidungen benennen Partikulares. Menschen, wie übrigens alle Lebewesen, differenzieren und wählen aus. Sie verhalten sich zu den für ihr Überleben relevanten Sachverhalten selektiv. Ohne Gefahr zu laufen, selbst Schaden zu nehmen, können biologische Wesen nicht aufhören auszuwählen und zu bevorzugen. Die Schwangere, die hofft, ein gesundes Kind zur Welt zu bringen, ist deshalb nicht behindertenfeindlich. Einer Mutter ist es nicht egal, ob sie ein Kind mit oder ohne Großhirn hat. Diese Einstellung bedeutet nicht, einem behinderten Kind weniger Rechte zuzubilligen. Auf wertende Stellungnahmen zu verzichten ist lebenspraktisch unmöglich. Es ist unmöglich, keine Grenzen zu ziehen, nicht zu unterscheiden und nicht zu bevorzugen.

Wer Diskriminierungen grundsätzlich für illegitim hielte, weil sie mit einer *Ab*wertung des nicht Bevorzugten, des nicht Ausgewählten, verbunden seien, hätte lediglich seine Begriffe so gewählt, dass sich das gewünschte Argumentationsergebnis, nämlich die Kritik jeder subjektiven Bevorzugung, als ein analytisches Urteil einstellt. Natürlich steht es jedem frei, eine auf Wertungen beruhende Auswahl als eine (aus seiner Sicht nicht zu tolerierende) Abwertung des Nicht-Ausgewählten zu begreifen, nur hat er eben dann seine sprachlichen Mittel so konfiguriert, dass subjektive Bevorzugungen generell, also ganz unabhängig von ihrer konkreten Form und den jeweiligen Gründen, abzulehnen sind. Ein solches Vorgehen ist aber willkürlich und unzweckmäßig. Nichts zwingt, derartige Sprachregelungen zu übernehmen.

Niemand kann einer staatlich organisierten Gemeinschaft das Recht streitig machen, über die Regeln der Zugehörigkeit – von zwingenden Notfällen, die zur Aufnahme verpflichten, abgesehen – selbst zu befinden.

Dieses Recht ist ein essenzieller Bestandteil des Selbstbestimmungsrechtes von Gemeinschaften. Deshalb kann auch jeder Staat Einwanderung nach seinen Vorstellungen gestalten. Er ist berechtigt, die Kriterien festzulegen, die potenzielle Einwanderer zu erfüllen haben. Gemeinschaften können zwar das Recht zur Regelsetzung an übergeordnete Gemeinschaften delegieren; keine Gemeinschaft wird aber auf die Regelsetzungs- oder Regeldelegierungskompetenz freiwillig verzichten und damit die Einwanderung komplett den Gemeinschaftsfremden überlassen.

Dieses Recht der Auswahl greift auch dann, wenn die Zahl der Notleidenden, die auf Hilfe oder Schutz einen moralischen Anspruch haben, die Grenzen dessen übersteigt, wozu eine Gemeinschaft fähig oder was ihr zuzumuten ist. Ist die Leistungs- und Aufnahmefähigkeit ausgeschöpft und die Zumutbarkeitsgrenze überschritten, sodass nicht allen Notleidenden geholfen werden kann, muss nach irgendeinem Verfahren entschieden werden, wem geholfen werden soll und wem Hilfe zu verweigern ist. Sowohl die Feststellung, dass die Leistungs- und Zumutbarkeitsgrenzen erreicht sind, als auch die prinzipielle Struktur des Auswahlverfahrens müssen gegenüber den Notleidenden rational vertretbar sein – und zwar deshalb, weil und insofern diese auf Hilfe einen moralischen Anspruch haben. Hingegen kann die Gemeinschaft eigenmächtig festlegen, nach welchen Kriterien sie unter gleichermaßen Hilfsbedürftigen eine Auswahl trifft. In einer solchen Situation ist es gerechtfertigt, die eigenen Interessen, insbesondere das Interesse an der Funktionsfähigkeit der eigenen Gesellschaft, zu vertreten. Es wäre daher nicht zu beanstanden, wenn man beispielsweise Menschen bevorzugt, mit denen es eine größere Schnittmenge an Gemeinsamkeiten gibt – eine engere Verwandtschaft, eine ähnliche Lebensweise, die gleiche Religion oder übereinstimmende politisch-soziale Überzeugungen. Das heißt: Wenn die Zahl der Hilfsbedürftigen die Kapazität der Hilfeleistung übersteigt, sodass unter den Bedürftigen ausgewählt werden muss, wäre es legitim, eher Christen als Muslimen[236] oder eher Europäern als Afrikanern zu helfen.

Eine solche Bevorzugung als eine Form der Missachtung einer anderen Religion oder als Rassismus zu diffamieren ist gänzlich unbegründet. Beide Arten der Bevorzugung beziehen sich weder auf bestimmte Individuen der Fremdgruppe noch ist mit ihnen ein Unwerturteil verbunden. Die bevorzugte Aufnahme von – sagen wir – Europäern statt Afrikanern (oder umgekehrt) bedeutete nicht, dass der Wert, der einem einzelnen Afrikaner kraft seines Personseins zukommt, geringer veranschlagt würde.

Wenn jede Gemeinschaft die Regeln der Zugehörigkeit legitimerweise selbst festlegt, ist auch jeder Staat legitimiert, eigenmächtig darüber zu befinden, ob er Einwanderung überhaupt zulassen möchte. Es ist das gute Recht jeder Gemeinschaft, zu beschließen, ihre ethnische oder kulturelle Homogenität zu bewahren.[237] (Japan beispielsweise scheint einem solchen Kurs zu folgen.)

Natürlich haben die Regeln, nach denen Einwanderung gestaltet wird, nicht nur Konsequenzen für die Bevölkerung der Aufnahmegesellschaften, sondern ebenso für (potenzielle) Einwanderer. Daraus zu schlussfolgern, es sei geboten, die Interessen der Angehörigen beider Gruppen gleichermaßen zu berücksichtigen, wäre jedoch selbst aus der Perspektive des moralischen Universalismus unbegründet. Denn zwischen den beiden Gruppen gibt es einen wesentlichen Unterschied: Die Bevölkerung einer Aufnahmegesellschaft ließe sich im Prinzip namentlich aufzählen, und die Interessen dieser konkreten Menschen ließen sich im Prinzip ermitteln. Welche einwanderungswilligen Personen dereinst von den Einwanderungsregeln betroffen sein werden, liegt hingegen nicht fest oder ist ungewiss. Einwanderungsbeschränkungen richten sich nicht gegen bestimmte, im Vorhinein bekannte Einzelne – auch wenn letztlich immer konkrete Personen betroffen sein werden. Einwanderungsbestimmungen regeln allgemeine Fälle und haben entweder die Funktion, die Entschlussfassung und das zukünftige Verhalten von unbekannten Einzelnen zu beeinflussen, oder deren rechtmäßige Handlungsmöglichkeiten zu beschränken. Die Interessen einer real existierenden Gruppe und einer hypothetisch-potenziellen Gruppe von Menschen können nicht gleichberechtigt berücksichtigt, ja noch nicht einmal gleichermaßen ermittelt werden. Zudem bildet nur die Bevölkerungsgruppe der Aufnahmegesellschaft eine wirkliche Gemeinschaft; die Gruppe der Einwanderer besteht aus untereinander nicht verbundenen Einzelnen, die ihre alte Gemeinschaft verlassen haben und eine neue suchen.

5. *Gemeinschaft und Identität*

Was der einzelne Mensch ist, ist er in einer Gemeinschaft geworden. Aspekte der kollektiven Identität, nicht zuletzt seine Muttersprache, sind Bausteine seiner persönlichen Identität. Insofern ist letztere mit ersterer verwoben, und insoweit umfasst das Recht, die persönliche Identität zu sichern, auch das Recht, für die Bewahrung der die persönliche Identität fundierenden Aspekte der kollektiven Identität einzutreten. Dieses Recht, für den Fortbestand der für seine Identitätsbildung zentralen Lebenszusammenhänge zu kämpfen, sie gegen kulturelle Überlagerung und Auflösung zu verteidigen, ist unabhängig von der Wertschätzung, die Fremde der jeweiligen Kultur entgegenbringen.[238]

Der Universalismus als Lostrennung von jeder partikularen Identität ist nicht nur Befreiung. Eine solche Lostrennung ist zwar Entbindung von jeder partikularen Verpflichtung, aber auch Entkopplung von allem konkreten Hergebrachten, von jeder besonderen Tradition, von jeder verhaltensbestimmenden Erbschaft. Der Universalist als Kosmopolit gehört der Menschheit, hat aber jede konkrete, lebenspraktisch relevante Zugehörigkeit zu einer begrenzten Gruppe verloren; er steht mit buchstäblich allen gemeinsam, aber gerade deshalb als isolierter Einzelner in der Welt. Er ist nur Mensch, nicht mehr Franzose oder Deutscher – und führt unterhalb der Gesamtheit aller Menschen eine identitätslose Existenz. Jeder besonderen Gemeinschaft entzogen, ist er in seiner Identität auf die Zugehörigkeit zur Gattung »Mensch« reduziert. Konservative Kritik der universalistischen Emphase hat diese existenzielle Problematik, die Loslösung des Menschen aus partikularen Verankerungen und seine Reduktion auf reine Gattungszugehörigkeit, seit Edmund Burke und Joseph de Maistre gesehen und kritisiert.[239] Auf das reduziert, was er im biologischen Sinne ist, nämlich Angehöriger der Gattung »Mensch«, geht jene Dimension verloren, die einen Menschen als Glied einer konkreten Gemeinschaft verortet und es den anderen erlaubt, ihn als ihresgleichen zu behandeln.[240] Es mag Menschen geben, die so leben können, die Masse kann es nicht.

Der moralische Universalismus ist die Ideologie der uneingeschränkten Globalisierung. Schon heute finden die Ströme von Gütern, Kapital und Verkehr keine territoriale Grenze mehr. Die Globalisierung wird als Projekt aber erst dann vollendet sein, wenn auch vollständige Freizügigkeit für alle Menschen besteht. Auch dann erst wird eine wichtige Voraussetzung für die Optimierung der Verwertung des Kapitals international operierender Konzerne erfüllt sein. Staaten können unter den Bedingungen der Freizügigkeit vielleicht noch registrieren, wer ein- und ausreist, jedoch nicht mehr darüber befinden. Sie wären dann noch Verwaltungseinheiten, aber nicht mehr souverän. Der Staat würde gleichsam den Rückzug antreten – so als sollte Friedrich Engels mit seiner These vom Überflüssigwerden und Absterben des Staates[241] auf eine merkwürdige und paradoxe Weise doch noch Recht bekommen.[242] Völker lösten sich auf; die Bevölkerung eines Territoriums verlöre mit ihrer gemeinsamen Abstammung und ihrer gemeinsamen Sprache auch ihre Identität. Die einst selbstverständliche Möglichkeit, mit dem Mitbürger in der Landessprache zu kommunizieren, verstünde sich nicht mehr von selbst. Mit den Schwierigkeiten des wechselseitigen Verstehens erhöhten sich die Hürden, sich gegenseitig zu vertrauen. Unsicherheit im Umgang mit anderen, Misstrauen und Vorbehalte sorgten dafür, dass immer mehr Mitbürger als Fremde wahrgenommen würden. Mit der Pluralisierung von Sitten, Bräuchen, Ritualen und Festen »verdünnte« sich das Gefühl zusammenzugehören – während neue emotionale Bindungen nur langsam wachsen.

Wenn jeder Erdenbürger Wohnsitz nehmen kann nach seinem Gutdünken, wäre der Sozialstaat, wie wir ihn kennen, am Ende. Der Rechtsstaat wäre nur dann noch funktionsfähig, wenn die Wohnbevölkerung eines Territoriums (kontingenterweise) ein einheitliches Recht akzeptierte. Die Globalisierung reißt nicht nur Grenzen nieder, sie löst auch Ordnungen auf. Grenzen aber, seien es Grenzen des Staates, des Rechts, der Moral oder des Anstands, haben eine Schutzfunktion. Sie schützen die staatlichen Institutionen, die nationale Wirtschaft, den Fortbestand einer Kultur, die Rechte und Interessen der Bevölkerung. Grenzen ermöglichen eine geordnete Herrschaftsausübung und damit stabile Gemeinwesen, in denen sich Demokratie und Rechtsstaat entwickeln können. Auf diese Weise dienen Grenzen der Freiheitssicherung – und der Gewährung sozialer Leistungsrechte.[243]

Man muss kein Prophet sein, um vorherzusagen, dass die Niederreißung nationaler Grenzen neue »Grenzen«, Grenzen, die über Inklusion und Exklusion entscheiden, entstehen lassen würde.[244] Multiethnische Gesellschaften sind eben ethnisch nicht homogen. Gerade in ihnen definiert sich der Einzelne über die Zugehörigkeit zu seiner Ethnie. Separierte Wohnbezirke, nach ethnischen oder sozialen Merkmalen zusammengesetzt, oder Parallelgesellschaften mit ihren spezifischen Loyalitäten verkörpern solche Grenzziehungen. Separierungen sind das Ergebnis menschlicher Anpassungsreaktionen. Internationale Erfahrungen zeigen, dass ab einem kritischen Einwanderungsanteil die ansässige Bevölkerung beginnt, das Wohngebiet zu räumen. Ob die einheimische Bevölkerung jedoch ganze Regionen oder gar das Land kampflos preisgibt, ist mehr als fraglich.

Wir wissen aus der Geschichte: Nationalstaaten können einen übersteigerten Patriotismus (Nationalismus) erzeugen. Diese Erfahrung allein rechtfertigt jedoch nicht, den Nationalstaat als ein überkommenes Relikt zu bekämpfen, zumal eine transnationale Vereinigung, die sich als ein Bundesstaat gründete, wiederum einen – nur diesmal viel mächtigeren – Nationalismus entfalten könnte.[245] Grundsätzlich zu bedenken ist: Das Überschreiten und Niederreißen von Grenzen hat häufig Nebenfolgen, die weder vorausgesehen noch erwünscht sind. Wer Grenzen niederzureißen gedenkt, sollte sich darüber Gedanken machen, welche neuen Grenzen er schafft.

XII.
Totalitäre Gefährdungen?

1. Denk- und Artikulationsverbote

Die Flüchtlingskrise setzt die deutsche Gesellschaft einer Zerreißprobe aus. In den öffentlichen und medialen Auseinandersetzungen Pro und Contra einer »Willkommenskultur«, Pro und Contra einer unkontrollierten und ungesteuerten Einwanderung nach Deutschland und Europa prallen die beiden moralischen Grundhaltungen (II.3) aufeinander. Allerdings scheint nur die eine, nämlich die universalistische, die Moral auf ihrer Seite zu haben. Die andere, die partikularistische, gilt als dumpf, vorgestrig und widerwärtig. Ihre Vertreter werden stigmatisiert und gesellschaftlich ausgegrenzt; sie gelten als »rechte Antihumanisten«. Nur wer sich unbeschränkt mit den Beladenen und Entrechteten (wenigstens verbal) solidarisiert, nur wer sich einer »Willkommenskultur« ohne Berücksichtigung der Folgen verschreibt, wird als guter Mensch anerkannt. Wer hingegen auf Grenzen der Aufnahmefähigkeit und des Zumutbaren hinweist, wer voraussehbare Konflikte benennt oder gar seiner Präferenz für eine möglichst weitgehende Bewahrung der ethnischen Homogenität der autochthonen Bevölkerung Ausdruck verleiht, läuft Gefahr, sich in der medialen Öffentlichkeit unmöglich zu machen. Dass man ihn »rechts« nennt, ist die noch eher harmlose Variante; vielleicht bezeichnet man ihn auch als »völkisch-national« oder »nazistisch«. So wird verhindert, dass sich eine der beiden gleichermaßen unverzichtbaren moralischen Grundeinstellungen angemessen artikulieren kann. Sie wird schwächer vernehmbar und ist in Parteien kaum noch vertreten; mit einem Makel behaftet, wird ihre Äußerung zum intellektuellen Selbstmord. Als eine unausrottbare Grundhaltung, deren regulative Prinzipien zudem nicht weniger rational sind als die ihres Pendants, sucht sie aber gleichwohl, sich im öffentlichen Raum Gehör zu verschaffen.

Ein Versuch dieser Art ist PEGIDA (Patriotische Europäer gegen die Islamisierung des Abendlandes). Sich über die Formen dieser Artikulation pikiert zu zeigen ist billig, die geäußerten Sorgen zu bagatellisieren dumm, die »Ratgeberfunktion« von Ängsten pauschal zu bestreiten falsch und die Präferenz für Stabilität und Erhalt des Bewährten zu stigmatisieren ungerecht und illegitim. Bürgerbewegungen mögen letztlich mit zu einfachen Lösungsvorschlägen aufwarten, nicht selten jedoch sind sie Seismographen von Fehlentwicklungen und als solche höchst nützlich. Ihr Erfolg widerspiegelt das Versagen des politischen Establishments.[246]

Die dominierende Meinungselite der Bundesrepublik und nahezu die gesamte politische Klasse ist dabei, alle nicht-universalistischen Ideen und Präferenzen in das Reich des Undenk- und Unsagbaren zu verbannen. Jede Voreingenommenheit für das Eigene wird von den linksintellektuellen Anwälten der Political Correctness mit größtem Hass verfolgt.[247] Dabei sorgt die zur Schau getragene gesinnungsethische Einstellung für ein Gefühl moralischer Überlegenheit, hindert aber gleichzeitig nicht, privat ganz anders zu leben und sich den angerichteten Verheerungen zu entziehen.[248] Gleichwohl sind die Protagonisten einer undifferenzierten und unreflektierten »Willkommenskultur« stolz auf ihren moralischen Edelmut, stolz darauf, es mit den Einlass Begehrenden ganz anders zu halten, als der Rest der Welt. Keines der traditionellen Einwanderungsländer nimmt Menschen ohne Einzelfallprüfung auf. Nur in Deutschland glaubt man in politisch einflussreichen Kreisen, dass jede Einwanderungspolitik, die die Tore nicht allen öffnet – unabhängig von ihrer Qualifikation und ihrer ethnischen und religiösen Zugehörigkeit –, falsch und inhuman ist. Zu Recht hat man gefragt, ob sich nicht auch darin eine Selbsterhebung gegenüber den europäischen Nachbarn ausdrückt.[249]

Auch die Political Correctness folgt, wie andere totalitäre Ideologien, einer Reinheitsphantasie. Ihren Protagonisten ist es darum zu tun, das Denken und Sprechen zu reinigen von allem, was als diskriminierend aufgefasst werden könnte oder auch nur im Verdacht steht, Diskriminierungen rechtfertigen zu können. Es geht ihnen nicht um Kritik und Diskussion, sondern um Hygiene und Ausrottung. Abweichler oder Unwillige werden nicht nur als Andersdenkende oder Andersredende behandelt, sie werden verächtlich gemacht und aus der Gemeinschaft ausgestoßen. Die Vertreter des richtigen Denkens und Sprechens legen es nicht auf Verständigung an; sie diktieren und sanktionieren. Diese Praxis des Gleichschaltens, Anklagens und Verächtlichmachens ist nichts anderes als ein totalitärer Furor, der die öffentliche Kommunikation vergiftet und ins Irrationale treibt. Denn dort, wo nur noch diktiert, aber nicht ungeschützt diskutiert wird, ist der Meinungsaustausch erschwert, und bestimmte Anschauungen können nicht mehr risikofrei geäußert werden. Es ist dann auch nicht mehr ratsam, sich gegen einschlägige Anklagen zu verteidigen. Jede Verteidigung bestätigt nur die Anklage. Anklagen sind bereits das Urteil.

Es heißt, rassistische Meinungsäußerungen und rechtsextremistische Hetze könnten nicht geduldet werden. Diese Auffassung verkennt, dass es nicht selten höchst umstritten ist, welche Äußerungen derart zu klassifizieren sind. Zwar ist jeder frei, seinen Sprachgebrauch selbst zu konzipieren, aber gerade deshalb hat niemand die Kompetenz, Begriffsinhalte verbindlich vorzuschreiben. Es ist jedoch eine beliebte Herrschaftstechnik, Begriffsinhalte in Übereinstimmung mit den eigenen Überzeugungen oder Interessen festzulegen und gleichzeitig den Eindruck zu erwecken, es bestünde darüber Konsens. Die sich daraus ergebenden Kategorisierungen von Menschen als »Rassisten« oder »Rechtsextremisten« erscheinen dann als unwidersprechlich.

Bleiben wir beim »Rassismus«: Paul Collier zufolge ist Rassismus »der Glaube daran, dass es genetische Unterschiede zwischen den Rassen gibt«.[250] Ob es solche Unterschiede gibt, ist jedoch eine empirische – bis heute kontrovers diskutierte – Frage, und deshalb kann der Glaube an solche Unterschiede nicht der moralischen Bewertung unterliegen. Von genetischen Unterschieden zwischen den Rassen würde man übrigens schon dann sprechen, wenn bestimmte (polymorphe) Gene in der einen Rasse signifikant häufiger aufträten als in der anderen.[251] Die Zurückweisung der »Vorstellung rassisch begründeter Verhaltensunterschiede« kann daher auch nicht, wie Collier glaubt, »ein Zeichen menschlichen Anstands« sein.[252] Denn selbst wenn jedes konkrete Verhalten auch sozio-kulturell geprägt ist, schließt dies genetisch fixierte Verhaltensdispositionen nicht aus. Der menschliche Anstand – und noch mehr der menschliche Verstand – fordert lediglich, die unterschiedliche Häufigkeit von Genen innerhalb verschiedener ethnischer Gruppen nicht zum Anlass zu nehmen, zum einen, sämtlichen Angehörigen dieser Gruppen, bestimmte Eigenschaften zuzuschreiben, und, zum anderen, Angehörigen dieser Gruppen allein aufgrund ihrer ethnischen Herkunft individuelle Rechte nicht zu gewähren. Dies zu tun wäre in der Tat rassistisch.

Wenn man den Begriff des Rassismus so festlegt, wird übrigens der Glaube an genetische Unterschiede zwischen den Rassen in folgendem Sinne irrelevant: Selbst wenn solche Unterschiede (in der Häufigkeitsverteilung von Genen) bewiesen wären, wären wir gleichwohl – etwa bei der Vergabe von Ämtern – moralisch aufgefordert, stets den einzelnen Menschen zu beurteilen. Denn Häufigkeitsverteilungen von Eigenschaften innerhalb einer Gruppe, sagen nur etwas über die Wahrscheinlichkeit, mit der ein Angehöriger dieser Gruppe Träger einer dieser Eigenschaften ist. Dies ist ein erster Gesichtspunkt. Hinzu kommt der weitere Gesichtspunkt, dass die Rechte, die ein Mensch als moralische Person oder als Staatsbürger hat, unabhängig sind von seinen persönlichen Eigenschaften – von Begabungen oder erworbenen Fähigkeiten. Nur wer beide Gesichtspunkte nicht anerkennt, läuft Gefahr – nämlich in dem Fall, dass sich genetische Unterschiede zwischen den Rassen feststellen lassen –, rassistisch zu argumentieren. Die von Collier akzeptierte Definition des Rassismus fördert hingegen den Irrationalismus, indem sie die Anerkennung von (möglichen) Tatsachen und schon die Untersuchung von (möglichen) Sachverhalten moralisch inkriminiert, indem sie sie als »rassistisch« stigmatisiert.

Eine solche Tatsache könnte allerdings in der Tat in der Häufigkeit bestehen, in der eine bestimmte Eigenschaft in einer Population anzutreffen ist. Auf dieser Erkenntnisgrundlage wäre es möglich, Aussagen darüber zu treffen, mit welcher statistischen Wahrscheinlichkeit Mitglieder der betreffenden Population Verhaltensweisen an den Tag legen, die auf diese Eigenschaften zurückzuführen sind. Dieses Vorgehen ist wissenschaftlich legitim und allgemein praktiziert und sollte daher, sofern es sich bei den Populationen um Rassen handelt, auch nicht als »rassistisch« gebrandmarkt werden.

Der Aufruf zur Unduldsamkeit verkennt des Weiteren, dass solche Klassifizierungen bereits Bestandteil des politischen Kampfes sein können. Und sie übersieht, dass selbst dann, wenn ein weitgehender gesellschaftlicher Konsens bestünde, welche Äußerungen derart zu klassifizieren sind, allein die Angst, man könnte sich in einer Weise äußern, die mit einem der gängigen Verdikte belegt wird, die Kommunikation verändert. Diese Angst sorgt letztlich dafür, dass das Gesagte, nämlich das, was man sich zu sagen noch traut, immer weiter ins »Vorfeld« des politisch Inkorrekten verlagert und damit der Bereich des Anstößigen sukzessive erweitert wird. Bildet man heute einen Satz mit »das deutsche Volk«, erschrickt man vor sich selbst – obwohl doch die Bezugnahme auf das deutsche Volk essenzieller Bestandteil des Grundgesetzes ist.

Die Meinungsäußerungsfreiheit ist entweder garantiert oder sie ist nicht garantiert. Meinungsfreiheit ist nur als totale denkbar.[253] In einer freiheitlichen Gesellschaft gibt es keine und kann es keine Instanz oder Autorität geben, die ein abschließendes Urteil über die Richtigkeit einer Meinung fällen könnte. Dies heißt selbstverständlich nicht, dass jede Meinung, jede Auffassung, zu akzeptieren wäre. Mit Meinungen hat man sich entweder argumentativ auseinanderzusetzen, oder man muss sie unkommentiert stehen lassen und darauf bauen, dass ihre Unplausibilität oder Unglaubwürdigkeit ihre Verbreitung verhindert.

Eine Grundvoraussetzung jeder sinnvollen Diskussion ist verbale Abrüstung. Schon deshalb ist jede Klassifizierung, die der Andersdenkende nur als Diffamierung begreifen kann, abzulehnen. Völlig inakzeptabel ist es jedoch, von einer unliebsamen Meinung, von der man selbst glaubt, sie diskriminiere, beleidige oder belästige unterprivilegierte Gruppen, einfach zu sagen, sie sei nicht kontrovers, sondern »gewalttätig«,[254] und sie deshalb zu unterdrücken. Dass Einzelne oder einzelne Gruppen die Macht gewinnen, solche Ausgrenzungen gesellschaftlich durchzusetzen, widerspricht der Meinungsfreiheit und dem Geist der Demokratie.

Der moralische Universalismus ist heute zur herrschenden Ideologie in den Ländern des demokratischen Westens geworden. Auf dem Feld der Politik und der ideologischen Auseinandersetzung äußert er sich als ein gesinnungsethischer Humanitarismus, der glaubt oder jedenfalls vorgibt, sämtliche Konflikte, sei es im Innern oder im Verhältnis zu anderen Staaten, unter Gesichtspunkten der Gerechtigkeit, der Gleichheit und der Durchsetzung allgemein-verbindlicher Menschenrechte lösen zu können. Damit hat, wie Peter Furth zu Recht schreibt, die Ideologie Moralform angenommen.[255] Das Herrschaftsinstrument der Political Correctness sorgt dafür, dass der gesinnungsethische Humanitarismus zunehmend kritikimmun wird. Die Verbote der politischen Korrektheit schützen die auf ihm beruhenden Annahmen, Behauptungen und Hoffnungen vor sachlichen Infragestellungen. Der moralische Universalismus ist im Westen zu einer sich von selbst verstehenden moralischen Einstellung geworden – zu einer Selbstverständlichkeit, die sich nicht mehr rechtfertigen muss, die sich nicht der Kritik zu stellen hat und damit auch nicht mehr kritisierbar ist. Sachverhalte, Tatsachen und Erfahrungen, die eine hyperoptimistische Anthropologie in Zweifel ziehen und Fortschrittshoffnungen dämpfen könnten, werden als menschenfeindliche Propaganda abgetan und inkriminiert.[256] Die lebenspraktische Vernünftigkeit des moralischen Universalismus bezweifeln heißt, sich ins moralische Abseits stellen.

Dieser Einschätzung zur Lage der Meinungsfreiheit in Deutschland werden manche widersprechen wollen. Ihnen sei gesagt: Natürlich darf man alles denken und alles sagen. Nur, man muss die sozialen Konsequenzen tragen. Und genau dies ist die perfideste Form einer Meinungsdiktatur. Nur dort, wo man abweichende Meinungen ohne drohende Sanktionen äußern kann, herrscht wirklich Meinungsfreiheit. Wir aber leben in einem Land, in dem ein »häufig neurotisch anmutendes Bemühen um politische Korrektheit« es nicht selten zu einem »Wagnis« werden lässt, selbst »das Offensichtliche, von jedermann Wahrnehmbare auszusprechen«,[257] in einem Land, in dem »die Öffentlichkeit bis vor Kurzem kaum in der Lage war, problematische Migrationsfolgen anzuerkennen«[258] – und zwar, obwohl das Problem sich radikalisierender gewaltbereiter junger Moslems, die in Europa geboren und aufgewachsen sind, seit Jahren offenkundig ist.

2. Ächtung und Ausgrenzung

Das Ethos des Humanitarismus ist dabei, sich zum allgemeingültigen Maßstab für die Richtigkeit der Gesinnung zu erheben. Damit erscheinen Skeptiker und Widersprechende als Fortschritts- und Menschheitsfeinde – die als solche zu behandeln man sich für berechtigt hält. Ihre Positionen gelten als indiskutabel, und als Personen werden sie diskreditiert und ausgegrenzt. Ja, man kann, wie in Deutschland wiederholt geschehen, ausgegrenzt werden für Dinge, die man nicht gesagt hat. Für die Ausgrenzung reicht es aus, dass die bloße »Richtung« eines Denkens die Vorgaben des politisch Korrekten verlassen hat oder es auch nur geeignet erscheint, Abweichler in ihrem inkorrekten Denken zu bestärken.

Die Ächtung ist nicht zu verwechseln mit den üblichen Formen von Bestrafung. Der Bestrafte bleibt Mitglied der Gemeinschaft, selbst wenn er zeitweise ins Gefängnis muss. Jeder Kriminelle hat eine Chance auf Resozialisierung. Seine Person ist »Gegenstand« gesellschaftlicher Bemühungen. Anders der Geächtete! Er wird ausgegrenzt, und seine Ausgrenzung aus der Gemeinschaft ist unwiderruflich und total. Ihm ist jede Rückkehrmöglichkeit in die Gemeinschaft verwehrt. Der Geächtete ist Unperson, ein Aussätziger, seine soziale Existenz vernichtet. In der Sache muss er nicht widerlegt werden; es reicht, ihm die Artikulationsmöglichkeit in den öffentlich allein präsenten Mainstreammedien zu nehmen.

Die Verächtlichmachung Andersdenkender unter Inkaufnahme ihrer sozialen Vernichtung ist die Hauptmethode, mit der der Humanitarismus derzeit »kulturelle Hegemonie« (Antonio Gramsci) zu erlangen sucht. Man legt es nicht darauf an, das eigene Interesse als das Allgemeininteresse erscheinen zu lassen, sondern verbannt die gegnerische Position durch ihre moralische Herabwürdigung in das Reich des Undiskutierbaren, des Unanständigen, des eigentlich Unbegreifbaren und nicht einmal ansatzweise Nachvollziehbaren. Die eigene Überzeugung wird zur einzig anständigen, zur »öffentlichen Meinung«

verklärt und der Andersdenkende zu einem moralisch verwerflichen Subjekt erniedrigt, das sich aus dem Kreis der Wohlmeinenden verabschiedet und sich außerhalb der Gesellschaft gestellt hat. In der Tat: »Wenn die Medien es schaffen, eine öffentliche Meinung herzustellen, dann ist der Punkt erreicht, an dem sie die Freiheit des Meinens unterdrücken und beschädigen.«[259]

Die Praxis des Verächtlichmachens und Ausgrenzens ist ein Vorzeichen eines aufziehenden neuen Totalitarismus. Denn diese Praxis zerstört die Bedingungen der Möglichkeit der freien Rede und der Kritik. Der Totalitarismus beginnt dort, wo alternatives Denken und Sprechen erschwert oder behindert und geistige Unfreiheit erzeugt wird. Solche Behinderungen können ganz unterschiedliche Formen annehmen. Deshalb ist der Totalitarismus auch vielgestaltig und in seinen schleichenden, nahezu unmerklichen Anfängen nur schwer erkennbar.

3. Political Correctness – ein unblutiger Totalitarismus

Die Political Correctness sorgt für die Tabuisierung von Meinungs- und Überzeugungsinhalten. Sie sorgt dafür, dass bestimmte Meinungen als undiskutierbar gelten, dass das Haben oder Äußern ausgewählter Überzeugungen zur Ausgrenzung aus der Gemeinschaft führt. Im Ergebnis werden bestimmte Bewertungen kulturell standardisiert. Vor diesem Hintergrund werden Abweichler als »Hetzer« oder »geistige Brandstifter« diffamiert oder als enthemmte Schurken dargestellt. Opportunisten und Schwache hingegen verleugnen aus Berechnung oder Angst ihre wahren Überzeugungen. Sie passen sich den geforderten Sprachregelungen an und disziplinieren sich selbst. Es ist eine Selbstdisziplinierung ohne Disziplinierungsorgan.

Gleichzeitig werden die herrschenden Ideen mit dem Nimbus der Korrekturunbedürftigkeit, Unangreifbarkeit und Alternativlosigkeit versehen. Die Praxis der Political Correctness erzeugt unter den Protagonisten der herrschenden Ideen den Glauben, es mit Auffassungen oder auch Wertvorstellungen zu tun zu haben, die einer denkbaren Revision nicht mehr offenstehen und die einer Kritik zu unterziehen überflüssig ist, ja nur schädlich sein kann.

Es ist ein Glaube eigener Art. Er erschöpft sich nicht in einem Für-wahr-Halten der Glaubensinhalte, sondern beinhaltet eine Stellungnahme zu diesen Inhalten – und zwar eben derart, dass ihre Korrektur oder Revision für undenkbar erklärt wird. Es ist diese spezifische Form des Glaubens, also eine bestimmte gedankliche Beziehung, die man zu einem Ideensystem unterhält, die dieses Ideensystem zu einer Ideologie verkommen lässt.[260] Hat sich ein Ideensystem gesellschaftlich als Ideologie etabliert, entlarvt sich der Kritiker automatisch als Leugner der Wahrheit, als ein Feind der Rechtgläubigkeit und Menschlichkeit. Er muss nicht eigens widerlegt werden; der Nachweis der politisch inkorrekten Abweichung stellt ihn bereits ins Unrecht.

Wer über die Inhalte des politisch Korrekten bestimmt, verfügt über die kulturelle Hegemonie; er hat entscheidenden Einfluss auf die Denk- und Verhaltensweisen der Bürger. Mit der Fähigkeit, Unwissende oder Zweifler zu überzeugen, oder mit der Macht, Abweichler zu sanktionieren, erzeugt er ein Interesse am Gehorchen und übt damit Herrschaft aus. Indem die Political Correctness ein System der Rechtfertigung sowohl der Unterdrückung von Meinungen und Überzeugungen als auch der Ächtung von Abweichlern verkörpert, ist sie immer auch eine spezifische, nämlich eine unblutige, Zwangsherrschaft.[261]

Political Correctness ist ursprünglich entstanden als der Versuch, Benachteiligte und diskriminierte Minderheiten durch öffentliche Kontrolle der Sprache vor Herabwürdigung zu schützen. Begriffe können Wertungen implizieren und transportieren, und sie können das Denken beeinflussen. Political Correctness zielt zunächst darauf, durch Vorgaben für »korrektes« Reden Schaden von Menschen abzuwenden. Fanatische Vertreter dieses Anliegens neigen jedoch dazu, sich als eine Art Sprachpolizei zu gerieren und sich das Recht anzumaßen, Abweichler durch öffentliche Bloßstellung und Verunglimpfung zu sanktionieren. Sie verletzen damit ihrerseits ein grundlegendes Freiheitsrecht, nämlich das Recht auf freie Rede, untergraben den Meinungspluralismus – und beschädigen auf diese Weise die Demokratie insgesamt. Political Correctness mag einem berechtigten Anliegen entsprungen sein; in der Form, in der sie betrieben wird, ist sie ein Übel.

Mittlerweile geht das Projekt der Political Correctness über die anfängliche Idee, gesellschaftliche Benachteiligungen durch eine korrekte Sprache kenntlich zu machen und aufzubrechen, weit hinaus. Heute ist Political Correctness vor allem ein Instrument der politisch-medialen Elite, geschichtspolitische Auffassungen zu lancieren oder (vermeintliche) Modernisierungsprozesse durchzusetzen, die zwar von dieser Elite, nicht aber vom Volk gewollt werden. Sie dient der geistigen Manipulation und der Umerziehung. Dieser Erziehungs- und Aufklärungsgedanke erklärt übrigens auch, wie intelligente Meinungsmacher – so zu beobachten in der heißen Phase der Flüchtlingskrise von September bis Dezember 2015 – sich für berechtigt halten können, negative Fakten zu verschweigen oder positive

Prognosen wie Gewissheiten zu kommunizieren, und es fertigbringen, dabei die Überzeugung auszubilden, sie berichteten »eine höhere Wahrheit, die selbst dann richtig ist, wenn sie mit den Fakten nicht übereinstimmt«[262]. Es ist dies die Methode, wie in einem demokratischen Staat die Ideologie einer Minderheit zur Dominanz und politisch-gesellschaftlichen Wirksamkeit gebracht wird und eine Minderheit, die zudem für ihr Tun nicht wirklich zur Verantwortung gezogen werden kann, Herrschaft über die keineswegs überzeugte und innerlich nicht zustimmende Mehrheit ausüben kann.

Aber auch die Protagonisten eines entgrenzten Humanitarismus – die Protagonisten einer Auflösung ethnisch homogener Nationalstaaten, einer kompletten Freizügigkeit nicht nur von Gütern und Kapital, sondern auch von Arbeitskräften und überhaupt von Menschen, ja einer angepeilten Weltgesellschaft – sind letztlich nicht bereit, die negativen lebenspraktischen Folgen dieser Entwicklungen in Kauf zu nehmen. Als eine *Haltung* vertritt der moralische Universalismus bestimmte Tendenzen der gesellschaftlichen Entwicklung; er präferiert in Entscheidungssituationen jeweils diejenige Möglichkeit, die die Welt in die beschriebene Richtung verändert. Solange er aber als *Projekt* nicht vollständig realisiert ist – und dies hieße per definitionem, dass man die (berechtigten) Interessen aller Menschen so behandelt, als wären es die eigenen –, gilt, dass viele seiner Protagonisten die finanziellen Möglichkeiten haben, sich den sozialen Brennpunkten zu entziehen, sich in besseren Wohnvierteln anzusiedeln, ihre Kinder in Privatschulen unterrichten zu lassen oder sich in ihre Finca auf Mallorca zurückzuziehen. Man sollte meinen, diese Tatsache sei ein schlagender Beweis dafür, dass die Ideologie des moralischen Universalismus nicht zu Ende gedacht ist. Doch weil man selbst, nämlich als Weltbürger, als der man sich längst sieht, einen Ausweg hat, kann man auch die sich erst allmählich einstellenden Folgen eines praktizierten moralischen Universalismus noch lange tragen – eben weil man sie persönlich nicht zu tragen hat und nur schrittweise in ihrer ganzen Konsequenz zu spüren bekommt.

Natürlich: In allen Gesellschaften existieren Tabus. In allen Gesellschaften kann man sich mit bestimmten Meinungen und Verhaltensweisen unmöglich machen. Dies sind Meinungen und Verhaltensweisen, denen eine für die Gemeinschaft destruktive Wirkung nachgesagt wird und die als eine Bedrohung gelten. Tabus haben eine gesellschaftliche Funktion, von deren Wahrnehmung, idealtypisch betrachtet, jeder Einzelne profitieren soll. Insofern ist »politische Korrektheit«, die Existenz von gesellschaftlich anerkannten Regeln, was gesagt und wie es gesagt werden darf, ein allgemeines sozial integratives Strukturprinzip.[263] Es hat eine doppelte Funktion: zum einen, menschliche Sozialverbände zu integrieren und zusammenzuhalten, und zum anderen, gegen epistemische und kulturelle Regression zu schützen.

Anders die Political Correctness in den westlichen Ländern der Gegenwart! Auch sie errichtet Tabus, und wie in den primitiven Stammesgesellschaften soll der Tabubrecher die Sanktionen innerlich an sich selbst vollziehen. Es mag sogar sein, dass, so Hermann Lübbe, die Menge der als indiskutabel geltenden Wirklichkeitsannahmen mit der Komplexität der Wissensvoraussetzungen rationalen Handelns unweigerlich wächst und »unsere Bereitschaft zur moralisch indifferenten Anerkennung von Fakten ab[nimmt], während […] zugleich unsere praktische Angewiesenheit auf Kenntnis dieser Fakten zunimmt«.[264]

Gleichwohl ist das Phänomen, das uns mit anscheinend wachsender Perfidie und Unduldsamkeit zwingt, politisch korrekt zu sein, keine Macht, die gleichsam naturgesetzlich über uns kommt. Correctness-Regeln sind vielmehr selbstauferlegte Regeln. Vor allem aber haben sie die politischen Eliten und insbesondere die Altparteien für die argumentative Erörterung zentraler Fragen unfähig gemacht.[265]

Die Inhalte der zeitgenössischen Political Correctness nehmen Bezug auf das Postulat der Gleichheit aller Menschen. Zu diesem Ideenkonstrukt gehört die Verneinung sämtlicher angeborener oder erworbener Unterschiede zwischen Menschen, Rassen, sozialen Gruppen oder auch Religionen, die mit unterschiedlichem Lebenserfolg oder auch Misserfolgen – sei es im Bereich der Bildung, der Wirtschaft, der Gesellschaft oder der Wissenschaft – in Verbindung gebracht werden könnten. Sämtliche dieser Unterschiede werden auf Defizite an sozialer Gerechtigkeit zurückgeführt[266] – und damit auf Ursachen, die man durch politisches Handeln für beseitigbar hält.

Auf der Basis dieser Gleichheitsideologie werden schließlich normative Forderungen im Sinne des moralischen Universalismus abgeleitet. Die Idee des moralischen Universalismus führt jedoch in eine gesellschaftliche Praxis, an der die übergroße Mehrheit kein Interesse haben kann und dies auch weiß. Eben deshalb ist diejenige Political Correctness, die jede Abweichung von der Ideologie eines unbeschränkten Humanitarismus tabuisiert, ein Herrschaftsinstrument zur Durchsetzung des von einer elitären Minderheit Gewollten.

Der Totalitarismus äußert sich nicht nur in Zwang und Gewalt; er wirkt auch als ein geistiges Gift, das den Einzelnen »Ja« sagen lässt zu der an ihm vollzogenen Indoktrination.

XIII.
Auf Selbstzerstörungskurs?

1. Die Unmöglichkeit eines gelebten Universalismus

Der moralische Universalismus impliziert neben der christlichen Idee der Nächsten- und Feindesliebe auch die kommunistische Gleichheitsidee. Im Unterschied zur marxistischen Gesellschafts- und Geschichtstheorie, die auf der Grundlage von gesellschaftlichen Entwicklungsgesetzen zukünftige Entwicklungen prognostiziert, formuliert der moralische Universalismus *normative Forderungen*. Diese Forderungen sind sowohl an den Einzelnen, etwa hinsichtlich seiner Hilfs- und Spendenbereitschaft, als auch an den Staat, etwa hinsichtlich einer Umverteilung, Entwicklungshilfe oder Einwanderung, adressiert.

Gleichzeitig ist die Idee, dass alle Menschen gleich sind, entweder religiösen Ursprungs oder findet zumindest eine Bestätigung in religiösen Denkfiguren. Im Vergleich zum unermesslichen Anderssein Gottes ist die Differenz der Menschen untereinander nämlich marginal. Das heißt: Im Verhältnis zu Gott verschwindet der Unterschied zwischen den Menschen; sie erscheinen als Gleiche.[267]

Dafür, Menschen trotz ihrer individuellen Unterschiedlichkeit grundsätzlich als Gleiche zu behandeln, sprechen verschiedene Gesichtspunkte. Neben den schon genannten moralischen und religiösen Gesichtspunkten ist dies auch der anthropologische Gesichtspunkt, dass alle Menschen die gleichen Grundbedürfnisse haben, mit denselben Problemen der Daseinsbewältigung konfrontiert sind und über dieselbe Grundausstattung an Fähigkeiten verfügen. Trotzdem gilt: Der Universalismus scheitert an der Tatsache der unaufhebbaren Knappheit von Lebensraum, Ressourcen und Gütern und den daraus resultierenden Konflikten zwischen Menschen und Menschengruppen; er scheitert an den Verwicklungen des praktischen Lebens, dem wirtschaftlichen Wettbewerb, den politischen Kämpfen. Das Familienethos lässt sich nicht, wie schon Arnold Gehlen in seiner Analyse der »humanitaristischen Einstellung« gezeigt hat,[268] auf die Ebene des Staates, geschweige denn auf die Ebene einer fiktiven Weltgemeinschaft übertragen. Dies gilt auch für unser moralisches Empfinden, das sich im Nahbereich der Familie und Sippe herausgebildet hat. Anders ausgedrückt: Die Tatsache, dass der »Kampf ums Dasein« ein nicht eliminierbarer Bestandteil des menschlichen Lebens ist, muss sich in der Moral widerspiegeln. Die Unparteilichkeit eines Standpunkts kann nie grenzenlos sein.

Eine Erweiterung des Familienethos ist möglich, aber nicht beliebig zu beschleunigen und vor allem, was seine denkbar größte Ausdehnung betrifft, nicht vollendbar. Wie weit »moralisch fortgeschritten« wir auch sein sollten, die jeweils »nähere« Gruppe wird uns – von Ausnahmen abgesehen – stets mehr bedeuten als die »entferntere«. Deshalb müssen universalistische Moralansprüche stets uneingelöst bleiben – als regulative Idee mögen sie unserem moralischen Bemühen eine Richtung vorgeben, als unbedingte Forderungen laufen sie notwendig ins Leere. Sich dies klarzumachen heißt erkennen: Eine universale Gerechtigkeit sollte nicht direkt angestrebt werden. Nicht jeder Versuch, einen ungerechten Zustand in einen gerechten zu überführen, ist moralisch geboten.

Zu glauben, dass ein universalistisches Empfinden unser Handeln in den Konfliktlagen der Welt orientieren könnte, hieße die Selbstaufgabe vorbereiten. Wer dazu bereit ist, mag im persönlichen Leben seinem gesinnungsethischen Impuls eines uneingeschränkten Universalismus folgen. Wer als Intellektueller eine solch entgrenzte Moral propagiert, hat die Pflicht, auch die möglichen Konsequenzen zu benennen. Die Selbstaufgabe lässt sich moralisch nicht verordnen. Eine solche Moral würde zur Unmoral. Moralphilosophen sollten es unterlassen, Menschen, die ihren Vorstellungen nicht genügen, ein schlechtes Gewissen zu bereiten.

Zur Einsicht in die Grenzen des Universalismus gehört das Zugeständnis, dass nicht sämtliche Probleme gewaltfrei und human lösbar sind. Staaten lassen sich nicht auf dem Boden einer humanitären Gesinnungsmoral verwalten.[269] Wer in einer Welt knapper Ressourcen sein persönliches Lebensinteresse und das seiner Gruppenmitglieder über das anderer stellt, muss sich notfalls auch zu Handlungen bekennen, die das gleichermaßen legitime Lebensinteresse anderer Menschen verletzen. Den moralischen Universalismus ablehnen heißt anerkennen, dass wir uns Gruppenfremden gegenüber in einer Weise verhalten (dürfen), wie wir es Gruppenmitgliedern gegenüber für unmoralisch hielten. Dies gilt Universalisten als ein moralisches Skandalon. Es ist aber genau jene Art von Diskriminierung, die wir alle im privaten Bereich ganz selbstverständlich praktizieren. Wer hingegen mit Gefühlen der Familienmoral und dem Ethos der Nächstenliebe auf weltweite Flüchtlingsströme reagierte und diese damit immer auch anreizte, gäbe sich letztlich selbst auf. Hilfspflichten finden ihre Grenzen an der Leistungsfähigkeit der Hilfeleistenden sowie an Zumutbarkeitskriterien. Die Wahrung und Durchsetzung der eigenen Interessen erfordert die Bereitschaft zum Kampf.

Es stimmt: Nicht alle Lebenssituationen sind von einem unmittelbaren existenziellen Ernst geprägt. Ist nicht wenigstens in ihnen eine universalistische Einstellung auch ohne Selbstaufgabe lebbar? Dies mag sein, wenn man unter »Selbstaufgabe«, sich unmittelbar niederschlagende Einbußen an Interessenverwirklichung versteht. Wahr bleibt aber in jedem Falle: In einer endlichen Welt sind die Güter, die ein langes und gutes Leben sichern, nicht gleichmäßig verteilbar, ohne dass diejenigen, die eine gleiche Verteilung dieser Güter verhindern können, Einbußen hinsichtlich dieser beiden Ziele zu erleiden hätten. Dies schließt nicht aus, dass eine gleichmäßigere Verteilung in jedermanns Interesse liegen kann – aber dies wird nicht unter beliebigen Bedingungen und nicht in jeder Situation der Fall sein.

2. Zur Dialektik widerstreitender Grundorientierungen

Verhaltensbiologen unterscheiden zwischen Höherentwicklung und Angepasstheit. Eine bessere Angepasstheit kann auch durch Entdifferenzierung oder durch Aufgabe von Individualität erreicht werden. Im Tierreich findet dies etwa im Falle von Insekten statt, die sich zu höher organisierten Staatengebilden zusammenschließen.[270]

Anpassungsstrategien der Vereinheitlichung, Homogenisierung, Entindividualisierung und Kollektivierung können auch von menschlichen Gesellschaften genutzt werden. Die Führer von Staaten können Handlungsfreiheiten einschränken und die Individuen in kollektivistische Lebensformen zwingen; sie können die kulturelle Vielfalt begrenzen und Meinungen unterdrücken; sie können die Opferbereitschaft zum Nutzen der Gemeinschaft fördern und durch Indoktrination die geistige Autonomie der Gesellschaftsmitglieder untergraben.

All dies war Strategie der Nationalsozialisten. Ihr Gesellschaftsentwurf zeichnete sich durch eine Konzentration auf das Gruppenwohl aus, für das der Einzelne notfalls aufgeopfert werden konnte. Im Mittelpunkt des Regierungshandelns stand nicht das Individuum, sondern das Volk – und zwar das eigene Volk. Die nationalsozialistische Weltanschauung und das ihr entsprechende Gesellschaftsmodell beruhten auf der Kombination eines ontologischen Kollektivismus und eines moralischen Partikularismus.[271]

Diese Grundorientierung, bestehend aus einer Kombination der kollektivistischen und der partikularistischen Grundhaltung, ist jedoch *unabhängig* von der konkreten Verwirklichungsform, die sie im Nationalsozialismus gefunden hat. Sie verkörpert eine Grundauffassung, die in den Konstruktionsprinzipien aller Gesellschaften ihren Niederschlag gefunden haben dürfte – im Nationalsozialismus allerdings verabsolutiert wurde.

Die Gefahren, die mit einer Verabsolutierung dieser Konstruktionsprinzipien verbunden sind, liegen auf der Hand: Solche Gesellschaften beschränken die individuelle Freiheit, das Schöpfertum und unter Umständen auch das Engagement der Einzelnen und damit die evolutive Potenz der Gemeinschaft. Sie mögen zwar eine perfektere Anpassung an gegebene Lebensbedingungen herstellen; sie dürften aber unterlegen sein, wenn es darum geht, sich an eine sich verändernde Umwelt anzupassen. Dies nämlich erfordert Kreativität, die Fähigkeit, sich in einer dem Wandel unterliegenden Welt durch eine Änderung des Verhaltens zurechtzufinden.

Die *kollektivistische und partikularistische Grundauffassung* entspringt maßgeblich einer Skepsis, was die Veränderbarkeit und Formbarkeit des Menschen anlangt. Deshalb betont sie zum einen die Zugehörigkeit zu einer Gemeinschaft und Kultur sowie die Bedeutung einer hinreichenden – worauf auch immer beruhenden – Homogenität der Gruppenmitglieder für den gesellschaftlichen Zusammenhalt; und sie betont zum anderen den Vorrang des Eigenen gegenüber dem Fremden sowie des Gruppenwohls gegenüber der Entfaltung des Einzelnen. Im politischen Handeln äußert sich diese Einstellung in dem Bemühen, nationale Souveränitätsrechte möglichst zu bewahren, Zumutungen der Globalisierung abzuwehren, die eigene Kultur zu pflegen und Grenzen zu sichern. Indem sie eine historisch entstandene Lebensform zu bewahren sucht, ist sie kommunitaristisch orientiert.

Die kombinierte kollektivistische und partikularistische Grundauffassung steht in Widerspruch zu einer anderen Kombination zweier Grundhaltungen, nämlich der individualistischen und universalistischen Grundhaltung der Aufklärung und des Humanismus, die für die liberalen, sich an einer Menschenrechtsethik orientierenden Demokratien charakteristisch ist. Die *individualistische und universalistische Grundauffassung* ist sowohl individuenbezogen als auch kosmopolitisch orientiert. Sie betont zum einen die Rechte des Individuums; zum anderen schätzt sie die internationale Kooperation und die Globalisierung, und sie plädiert für weltweite Freizügigkeit und Einwanderung. Sie hält internationale Solidarität nicht nur schlechthin für eine moralische Pflicht, sondern tendiert dazu, keinerlei Grenzen dieser Solidarität anzuerkennen. Zu Ende gedacht müssten Vertreter dieser Grundauffassung jede Bevorzugung des Eigenen – des eigenen Ich, der eigenen Familie, des eigenen Landes, der eigenen Kultur – aufgeben, und sie dürften keinerlei Pflichten des Einzelnen gegenüber der Gemeinschaft anerkennen.

Unmittelbar jedoch ist diese Grundauffassung nicht politikfähig; mit ihr lässt sich kein Staat machen. Auch demokratische und liberale Rechtsstaaten müssen bei Strafe des Untergangs um ihre Selbstbehauptung kämpfen. Deshalb müssen auch sie erwarten, dass Einzelne sich bereit finden, ihren Staat zu verteidigen und sich notfalls zu opfern. Es ist durchaus fraglich, ob die Bereitschaft dazu sich ausschließlich aus einer Einstellung der Neutralität und Unparteilichkeit entwickeln kann oder auch emotionaler Bindungen an die als Staat organisierte Gemeinschaft, also eines bestimmten Maßes an Patriotismus bedarf.[272] Auch Rechtsstaaten müssen im Interesse ihrer Selbstbehauptung Opfer verlangen und vielleicht sogar den Tod einiger ihrer Bürger ohne deren Einwilligung in Kauf nehmen.[273] Das heißt: Es werden nicht nur Grundrechte von Gruppenfremden, sondern auch von Gruppenmitgliedern eingeschränkt. Zudem zieht der moralische Universalismus ein Gleichheits- und Gerechtigkeitsdenken nach sich, das kontraproduktive Anreizstrukturen etabliert, eigentlich nur zeitweilig Hilfsbedürftige zu dauerhaft Abhängigen macht und die »Gesamtfitness« der Gesellschaft verringert.

Daraus ergibt sich folgende Konsequenz: Die – jeweils konträren – Grundhaltungen der beiden Paare von Grundhaltungen (Kollektivismus vs. Individualismus, Partikularismus vs. Universalismus) sollten als Idealtypen betrachtet werden, die niemals in »Reinkultur« realisierbar sind. Es handelt sich um Grundorientierungen, die in Mischformen und unterschiedlich starken Ausprägungen auftreten und deren gleichzeitige Existenz und geistige Wirksamkeit gesellschaftlich moderiert werden muss. Obwohl sie einander logisch ausschließen und sich deshalb in Widerstreit befinden, muss die Gesellschaft ihre dauerhafte Koexistenz sichern.

Moralische Universalisten hingegen wollen eine Gesellschaft unter Ausschaltung partikularistischer Einstellungen. Dies wird beispielsweise offensichtlich, wenn Singer die Auffassung vertritt, dass die Mittel, die für Kunstmuseen aufgewendet werden, für Arme und Kranke besser ausgegeben werden könnten.[274] So einleuchtend eine solche Argumentation in jedem konkreten Fall sein mag, hat sie doch zugleich – solange man Fälle der Verletzung fundamentaler Menschenrechte, wie etwa der Sklaverei, außer Acht lässt – etwas Schlichtes, ja Einfältiges, da sie sich die Konsequenzen für die zivilisatorische Entwicklung nicht klar zu machen scheint. Wäre die Menschheit ihr gefolgt, hätten wir nicht nur keine Kunstmuseen, sondern auch kaum Kunstwerke. Es gäbe weder Paläste noch gotische Kathedralen. Handwerkskunst und Technologien hätten sich nicht bis auf das heute bekannte Niveau entwickelt. Philosophen und Wissenschaftler, deren unmittelbaren Nutzen für die Gesellschaft man nicht für erkennbar gehalten hätte, wären zur Wohlfahrtspflege herangezogen worden. Vermutlich hat es in der Geschichte der Menschheit nur selten Gelegenheit gegeben, »überflüssiges«, das heißt nicht für die akute Armutsbekämpfung benötigtes, Geld in die der Erkenntnisgewinnung dienende Grundlagenforschung zu investieren. Aber in welchem geistigen Zustand würden wir uns heute befinden und in was für einer Welt würden wir leben, hätten unsere Vorfahren – trotz des Fortbestehens bekämpfbarer Armut – nicht in so scheinbar überflüssige Dinge wie die Wissenschaft und die Kunst oder in repräsentative Gebäude, ja in den Luxus investiert? Unsere materiellen und kulturellen Lebensumstände wären deutlich primitiver als heute; Ärzte könnten weniger Menschen retten. Unser aller Leben wäre anstrengender, gefährlicher und kürzer. Es existierte kein weltweiter Austausch zwischen den Kulturen. Niemand triebe Sport, außer zur Aufrechterhaltung der eigenen Leistungsfähigkeit, um noch mehr spenden zu können. Allgemein gilt: Eine Gesellschaft, die ihr Mehrprodukt verschenkt, stagniert.

Dies ist kein Aufruf, nicht zu spenden. Es ist die Feststellung, dass unsere Welt nicht nur durch effektive Altruisten besser wird, sondern auch durch jene rationalen Egoisten, die sich auf die persönliche Selbstbestimmung, das freie Unternehmertum und die »segensreiche« Wirkung von Adam Smiths »unsichtbarer Hand« verlassen, sich darüber hinaus aber verpflichtet fühlen, zur Grundsicherung der sich nicht selbst helfen Könnenden beizutragen.

Während Universalisten es für moralisch geboten halten, die Universalisierungsdynamik (siehe I und II) unablässig weiterzutreiben, unterstellen Partikularisten die anthropologisch begründete Unaufhebbarkeit einer – in welchem Maße auch immer eingeschränkten – Bevorzugung des Eigenen. Während Individualisten sich für die Interessen der Individuen stark machen, betonen Kollektivisten die Bedeutung der kollektiven Selbstbehauptung als Voraussetzung der individuellen Interessenverwirklichung. Letztlich aber ist der Unterschied zwischen jeweils beiden Grundhaltungen ein gradueller. Auch Partikularisten können beispielsweise Tiere um ihrer selbst willen schützen und zu diesem Zweck auf Einkommen und die

Befriedigung eigener Bedürfnisse verzichten. Auch Kollektivisten schätzen die persönliche Selbstentfaltung.

Ein weiterer Gesichtspunkt kommt hinzu: Die individualistische und universalistische Grundorientierung könnte evolutionär instabil und in der Konkurrenz mit kollektivistisch vergemeinschafteten partikularen Überlebenseinheiten, die vor allem um ihre Selbstbehauptung als Kollektivwesen ringen, im Fremden zuallererst den Feind sehen und keine Hilfspflichten über ihre Grenzen hinaus anerkennen, unter bestimmten Voraussetzungen unterlegen sein. Wenn der Westen, der in der Tendenz einer eher individualistischen und universalistischen Grundorientierung folgt, in der Auseinandersetzung mit Staaten und Staatenverbünden, die die kollektivistische und partikularistische Grundorientierung favorisieren, bestehen und sich nicht selbst durch Ressourcenüberdehnung und Überfremdung zerstören will, muss er einen Weg finden, die überlebensfördernden Elemente der kollektivistischen und partikularistischen Vergemeinschaftungsform in sein Institutionensystem zu inkorporieren und jedenfalls nicht weiter abzubauen. Das Familien- beziehungsweise Sippen- und Nationenethos, sich bevorzugt um das eigene Wohl zu kümmern, lässt sich in einer Welt konkurrierender Staaten und Kulturen nicht ohne Selbstschädigung und schließlich Selbstaufgabe in ein Ethos universeller Nächstenliebe transformieren.

Die Fixierung auf den moralischen Universalismus, der Glaube, er verkörpere die einzige moralisch zulässige Einstellung – speziell im Zusammenleben mit anderen *Menschen* –, führt zu einer Präferierung politischer Lösungen im Dienste einer globalen gleichmäßigen Anerkennung aller anerkennungsfähigen Interessen und damit zu einer weltweiten Umverteilung beziehungsweise allgemeinen

Verfügbarmachung der dafür zur Verfügung stehenden Güter. Die Überbetonung oder gar Absolutsetzung der universalistischen Einstellung bedeutete eine Zerstörung unserer Lebensweise und Kultur sowie in letzter Instanz einen Verzicht auf die demokratische Selbstbestimmung des Staatsvolkes.

Unsere Kultur existiert in dem Spannungsverhältnis zwischen beiden regulativen Ideen – der des Universalismus und der des Partikularismus. Die eine orientiert unser moralisches Denken auf die gleichmäßige Berücksichtigung der Interessen aller Menschen, die andere auf die Bevorzugung unserer eigenen Interessen. Beide regulative Ideen befinden sich in Widerstreit. Dasselbe gilt für die – hier nur am Rande erörterten – Ideen des Individualismus und Kollektivismus. Alle Versuche, die daraus resultierenden Widersprüche durch Aufgabe der einen oder der anderen Idee zu beseitigen, sind zum Scheitern verurteilt. Beiden Ideen liegen jeweils fundamentale menschliche Bestrebungen, Grundorientierungen, zugrunde. Deshalb kann es nur darum gehen – und dies scheint zugleich ein Kernbestand der europäischen Kultur und Garant ihrer (bisherigen) Überlegenheit zu sein –, ihre konfligierenden Ansprüche auszutarieren und damit ihren unauflösbaren Konflikt produktiv zu machen. Der Preis – und darauf hat auch Kenneth Minogue hingewiesen – ist eine Ambivalenz der europäischen Kultur – eine Uneindeutigkeit, die aus einem Pluralismus der sie tragenden Prinzipien resultiert.[275]

Keinesfalls kann es darum gehen, auch nur eine der genannten Grundhaltungen aufzugeben. Deshalb kann es auch kein rationales Anliegen sein, sich von universalistisch orientiertem Denken komplett zu lösen. Schon heute fühlen sich Nationalstaaten nicht ausschließlich ihrer eigenen Bevölkerung gegenüber verpflichtet. Auch ist es selbstverständlich, dass Ausländer, die sich auf einem fremden Staatsgebiet aufhalten, denselben Menschenrechtsschutz genießen. In Zukunft könnten Staaten einem tendenziell wachsenden Personenkreis von Nicht-Staatsangehörigen Schutzansprüche gewähren. Eine solche Erweiterung der selbst auferlegten staatlichen Verantwortlichkeit läge im Trend der humanitaristischen Universalisierungsdynamik. Die sich vertiefende weltweite Kooperation, der internationale Massentourismus und persönliche Beziehungen über Ländergrenzen hinweg werden auch moralpsychologisch nicht ohne Folgen bleiben. Befindlichkeiten und Einstellungen der Menschen verändern sich; ihre Bereitschaft, zu helfen und zu teilen, könnte sich auf weitere Personengruppen ausdehnen.

Der Universalismus entspringt jenem moralischen Impuls, der unsere Welt – allerdings nur sukzessive – zum Besseren verändern kann. Das heißt nicht, dass es wünschbar wäre, den Partikularismus vollständig zu überwinden. Die unbedingte Liebe der eigenen Kinder oder die bevorzugte Unterstützung der Eltern sind menschliche Verhaltensorientierungen, ohne die das Leben weniger lebbar wäre. Worum es geht, ist, das jeweils angemessene Maß zu finden zwischen der partikularistischen und der universalistischen Einstellung – einer Bevorzugung des Eigenen und der Berücksichtigung der Interessen aller. Dabei müssen zum einen anthropologische Dispositionen, gesellschaftliche Bedingungen und kulturelle Besonderheiten bedacht werden; zum anderen sind die Ansprüche, die man an das eigene moralische Wollen (im Sinne der universalistischen Grundhaltung) stellt, gegebenenfalls so zu drosseln, dass man in der Koexistenz mit kollektivistischen Partikularisten überleben kann. Die Aufgabe besteht darin, ein dem Menschen und den historischen Gegebenheiten angepasstes Maß des universalistischen Wollens zu finden.

3. Eine politische Schieflage

Die viel beschworenen europäischen »Werte« verkörpern ein Ensemble sich widersprechender Prinzipien, Zielvorstellungen und Verhaltensorientierungen. Wir anerkennen gleiche Rechte für alle, verwirklichen aber bevorzugt eigene Interessen. Wir akzeptieren ein Recht auf Gleichbehandlung, fühlen uns aber berechtigt, privat zu diskriminieren. Wir verteidigen die Freiheit jedes Individuums und legitimieren zugleich den Staat, mit (freiheitsbeschneidenden) Mitteln des Zwangs für die Besserstellung der Schlechtergestellten zu sorgen. Wir betonen die Rechte des Einzelnen, kämpfen aber auch um nationale Selbstbehauptung. Der Staat ist zwar im Inneren zur unparteilichen Gleichbehandlung aller Gleichen verpflichtet, vertritt aber im Außenverhältnis parteilich die Interessen seiner Mitglieder. Zum Schutz einer Gemeinschaft halten wir Abwehrmaßnahmen für erlaubt (zum Beispiel die billigende Inkaufnahme von Tötungen Unschuldiger), die einem Einzelnen zum Selbstschutz in analogen Fällen verboten sind.

Derzeit erleben wir einen Pendelausschlag in Richtung Universalismus. Wir erweitern die Reichweite unseres moralischen Denkens und betrachten immer mehr Menschen als hilfsbedürftig und zugleich als anspruchsberechtigt, die »Segnungen« unseres Staates zu nutzen. Es dürfte jedoch ein Irrtum sein, zu glauben, wir befänden uns in einem Übergangsstadium hin zu einem zukünftig gelebten moralischen Universalismus – wenigstens zu einem Universalismus der die gesamte Gattung umfasst. Die primäre Orientierung auf Selbsterhaltung und die Bevorzugung des Eigenen sind vielleicht in heroischen Ausnahmemomenten, aber nicht allgemein überwindbar. Dies gilt in Bezug auf den Einzelnen, aber auch auf Staaten. Auch Staaten, die nach ihren Verfassungen zum Schutz der Menschenrechte verpflichtet sind, haben nicht die Pflicht, die Rechte von Menschen außerhalb ihres Herrschaftsbereichs zu schützen. Wer als Politiker trotzdem auf die Strategie der Überwindung dieser Grenzziehungen setzte, befehligte ein Selbstmordkommando.

Die aktuelle politische Schieflage zeigt sich in der Verteufelung des moralischen Partikularismus (obwohl selbst ein die Gattung »Mensch« umfassender Universalismus partikular wäre). Er gilt als »konservativ« und »rechts«, und beide Prädikate sind unter den herrschenden Kommunikationsverhältnissen der Bundesrepublik tauglich, den politischen Gegner zu stigmatisieren, ja, ihn geradezu als Unperson erscheinen zu lassen. Nachdenklich sollte stimmen, dass an dieser geistigen und politischen Verwahrlosung eine staatstragende (ursprünglich) konservative und rechte Partei mitwirkt. Unter diesen Verhältnissen kann es nicht verwundern, dass sich die »großen Volksparteien« in der Mitte verorten und kaum noch unterscheiden, während sie die politischen Ränder freigeben. Die sich daraus ergebende Möglichkeit einer Pluralisierung der Parteienlandschaft wäre vielleicht noch unproblematisch, wenn nicht gleichzeitig der durch die Stigmatisierung rechter Positionen selbst geschaffene »(Machterhaltungs-)Zwang« bestünde, jene politischen Kräfte, die heute die Positionen vertreten, die man gestern noch selber vertreten hat, aus dem »Verfassungsbogen«

herauszudefinieren. Die Linke weiß, wie man »Volksfeinde« produziert; neu ist, dass sich (einst) Konservative und Rechte daran beteiligen.

4. Den Widerspruch leben lernen

Der zwar größtenteils »unterirdische«, aber doch zentrale Grundzug der europäischen Philosophie ist seit Sokrates und den Sophisten die Anerkennung unseres Nichtwissens und Nicht-wissen-Könnens. Trotz aller Versuche, ein unhintergehbares Fundament der Erkenntnisgewinnung zu finden und sicheres Wissen zu generieren, haben skeptisch eingestellte Denker, die sich mit immanenten Erkenntnisschranken abfanden und über den Umgang mit dieser Tatsache nachdachten, Recht behalten. Wir müssen zur Kenntnis nehmen, dass die großen und letzten Fragen, die sich dem philosophischen Denken stellen, nicht lösbar sind und selbst wenn sie es wären, wir nie sicher wissen könnten, die richtige Lösung gefunden zu haben. Deshalb werden unterschiedliche Problemlösungen immer diskutabel bleiben, und deshalb ist mit einer Einigung unter Philosophen nicht zu rechnen.

Kein Gesellschaftstheoretiker, kein Sozialwissenschaftler, kein Politiker, niemand, der sich über Institutionen oder das gesellschaftliche Zusammenleben normativ Gedanken macht, kann diesen Umstand ignorieren. Denn die Antworten auf große Streitfragen der Philosophie – man denke an den Streit zwischen Realisten und Nominalisten, die Kontroversen um die Freiheit des Willens oder die Frage nach der Existenz von Gesetzmäßigkeiten in der Geschichte – haben Bedeutung für unser Nachdenken über den Menschen und die menschliche Gesellschaft.

AUF SELBSTZERSTÖRUNGSKURS?

Die europäische Kultur der Neuzeit zeichnet sich dadurch aus, dass in ihr die denkbaren, sich widersprechenden Antworten auf die großen Streitfragen gleichzeitig artikuliert werden können und Gelegenheit haben, zu lebenspraktischer Geltung zu gelangen. Bittere geschichtliche Erfahrungen haben vor allem nach dem Dreißigjährigen Krieg für eine liberalere und tolerantere Grundeinstellung gesorgt, die einen ideologischen Pluralismus aushaltbar machte. Sie hat es in den demokratischen Verfassungsstaaten ermöglicht, auf autoritäre allgemeinverbindliche Entscheidungen selbst der grundlegendsten Fragen zu verzichten und die denkbaren Lösungen in der Schwebe zu halten. Die liberalen und pluralistischen Gesellschaften des Westens schreiben keine Metaphysik, keine Religion, keine Lebensweise als die allein richtige vor. Selbst die von allen akzeptierten moralischen Grundnormen können ganz unterschiedlich begründet werden. Jeder Einzelne ist berechtigt, sich seinen Reim auf die Welt zu machen, nach seiner Fasson selig zu werden – solange er die gleiche Freiheit jedem anderen einräumt.

Diese Grundeinstellung macht es möglich, Konflikte zwischen unterschiedlichen Weltanschauungen, politischen Überzeugungen und Wertorientierungen zu moderieren und daraus resultierende Spannungen abzubauen oder mental auszuhalten. Die anti-totalitäre Grundkonstitution der westlichen Verfassungsstaaten drängt auf keine Entscheidung in unlösbaren Weltanschauungsfragen; weder erfordert sie ein einheitliches Bekenntnis der Gemeinschaftsmitglieder noch fordert sie vom Einzelnen, sich zu positionieren. Sie kommt gerade darin zum Ausdruck, dass unterschiedliche moralische Grundorientierungen und unterschiedliche Lebensweisen Widerspiegelung in der Politik finden können. Ein angemessenes Selbstverhältnis erlangt eine solch ambivalente Kultur in den Haltungen der Skepsis, der Selbstkritik und der Ironie. Die angemessene Herrschaftsform zur Gewährleistung eines weltanschaulichen Pluralismus ist die Demokratie.

Die anti-totalitäre Grundkonstitution eines solchen Gemeinwesens ist durchaus vereinbar mit der Vorstellung von einem absolut Guten; sie ist jedoch unvereinbar mit der institutionell abgesicherten oder religiös begründeten Unmöglichkeit, diese Vorstellung zu kritisieren und gegebenenfalls aufzuheben. Deshalb ist die Demokratie mit keiner Lehre von weltanschaulicher Relevanz zu vereinbaren, die – wie auch die Scharia – auf ihrer eigenen Nichtrevidierbarkeit besteht.

XIV.
Eine philosophische Nachbetrachtung

1. Anthropologische Tatsachen

»Alle Menschen streben von Natur nach Wissen.«[276] Mit diesem Satz beginnt Aristoteles seine *Metaphysik*. Mir scheint, Menschen streben von Natur aus danach, ihr Dasein zu bewältigen. Zu diesem Zweck müssen sie praktische Lebensprobleme lösen. Und Wissen kann ihnen dabei hilfreich sein. Insofern mögen Menschen von Natur aus auch nach Wissen streben. Der Besitz von Wissen gilt ihnen aber primär nicht als Selbstzweck. Daher finden Philosophie und Wissenschaft ihren letzten Sinn nicht in der Produktion von Wissen, sondern der Lösung praktischer Probleme. Diese Erkenntnis hat Konsequenzen für die Moralphilosophie. Auch sie sollte als ein Instrument der Daseinsbewältigung begriffen und entsprechend konzipiert werden.

Als biologisch-organische Wesen, die ihr physisches Dasein reproduzieren müssen, leben Menschen unter Bedingungen von Raum- und Ressourcenknappheit; als gesellschaftliche Wesen leben sie in sozialen Verbänden und haben sowohl im Inneren als auch im Außenverhältnis

Konflikte zu regulieren. In ihrem evolutionären Gewordensein sind sie an Lebensumstände dieser Art angepasst. Als Vernunftwesen können sie zwar ihren anlagebedingten Verhaltensdispositionen zuwider handeln, jedoch erweist sich die »menschliche Natur« als eine nur partiell überwindbare Kraft.

Zentrale Probleme der Daseinsbewältigung ergeben sich aus dem Streben nach Befriedigung der gleichen Bedürfnisse unter Knappheitsbedingungen sowie aus Problemen des menschlichen Zusammenlebens. Die gemeinschaftliche Daseinsbewältigung von Menschen ist konfliktträchtig. Konflikte können zum einen durch Zwang und Gewalt gelöst werden, indem sich der Stärkere gegen den Schwächeren durchsetzt. Zu dieser Form der Konfliktlösung ist auch die autokratische Setzung von Regeln einschließlich der Androhung von Sanktionen im Falle von Zuwiderhandlungen zu rechnen. Zum anderen können Konflikte durch die unerzwungene gemeinsame Verabredung zu Verhaltensregeln (Normen) gelöst werden, die jeder Einzelne zu befolgen hat. In der Bereitschaft, sich allgemein geltenden und allgemein zustimmungsfähigen Regeln des Zusammenlebens zu unterwerfen, drückt sich ein »Wille zur Moral« aus. Dieser Wille entspringt dem Entschluss, Konflikte nicht gewaltsam auszutragen und auf das natürliche »Recht des Stärkeren« zu verzichten. Da die Knappheit an Lebensvoraussetzungen grundsätzlich unüberwindbar ist, stellt sich jedoch die Frage, in welchem Maße eine Überwindung der an Knappheitsbedingungen angepassten Verhaltensdispositionen durch Moral überhaupt wünschbar sein kann.

Zur friedlichen und konsensualen Lösung von zwischenmenschlichen Konflikten gehört die Austarierung konfligierender Interessen. Diese Funktion haben Verhaltensnormen. Sie drücken aus, welches Handeln oder Unterlassen im Falle widerstreitender Interessen geboten oder erlaubt ist. Allerdings haben nur solche Normen die Aussicht, allgemein akzeptiert und befolgt zu werden, die eine wechselseitige Berücksichtigung der allgemein als legitim anerkannten Interessen beinhalten, wenn sie also weder den einen bevorteilen noch den anderen benachteiligen, sondern vielmehr eine überpersönliche Perspektive verkörpern. Solche Normen sind moralische Normen. Dies sind Normen, die alle Betroffenen als Gleichberechtigte behandeln und die daher von niemanden mehr fordern als er selbst bekommt. Konsensfähig werden somit am ehesten solche Normen sein, die in einem Generierungsverfahren gewonnen worden, das einem Kriterium der Unparteilichkeit folgt. Deshalb gilt: Der »Wille zur Moral« impliziert die Anerkennung des Prinzips der Unparteilichkeit.

Die Befolgung moralischer Normen kann es erfordern, Abstriche an der Verwirklichung bestimmter eigener Interessen zu machen. Das jeweilige Gesamtsystem an Moralnormen wird jedoch nur dann und nur deshalb akzeptiert, weil es Gründe für die Annahme gibt, dass seine gesellschaftliche Ingeltungsetzung und allgemeine Befolgung zu einer besseren Gesamtverwirklichung der eigenen Interessen führt. Der »Wille zur Moral« ist also nicht autochthon, sondern das Ergebnis eines rationalen Kalküls. Den Willen, allgemein-verbindliche Normen zu akzeptieren, wird jeder am eigenen Weiterleben interessierte und vernünftig urteilende Mensch entwickeln, der sich die Problematik des gesellschaftlichen Zusammenlebens von endlichen und in ihrer Existenz gefährdeten Wesen unter den Bedingungen dauerhafter Knappheit klargemacht hat und in dieser Hinsicht als aufgeklärt gelten kann.

Für einen Normenkonstrukteur ergibt sich somit die Aufgabe, von einem Standpunkt der Unparteilichkeit aus allgemein-verbindliche Regeln für das menschliche Verhalten zu entwerfen, die den Regeladressaten im Prozess der Daseinsbewältigung dienen und die deshalb jeder von ihnen vernünftigerweise akzeptieren wird. Diese Normenkonstruktion ist nicht identisch mit der Akzeptanz des moralischen Universalismus. Es ist falsch anzunehmen, dass der Standpunkt der Unparteilichkeit die Forderung impliziert, die Interessen eines jeden so zu berücksichtigen, als wären es die eigenen. Rationale Akteure können sehr wohl zu der Auffassung gelangen, dass die wechselseitig anzuerkennenden Hilfspflichten unterhalb einer – wie auch immer zu messenden – Gleichgestelltheit aller Betroffenen Beschränkungen unterliegt, sodass bei einer Beachtung aller Unterlassungspflichten und nach Erfüllung der Hilfspflichten jeder Einzelne seine Interessen bevorzugt verwirklicht.

2. Zwei Varianten der Theoriekonstruktion

Geht man von dieser so definierten Aufgabenstellung aus, liegt es für die Moralphilosophie nahe, den Menschen so zu nehmen, wie er in seinem biologischen und geschichtlichen Gewordensein im Allgemeinen ist – mit seinen Bedürfnissen und Wünschen, seinen Interessen und Gefühlen, aber auch seiner Bestialität und Irrationalität. Ausgehend vom empirischen So-Sein des Menschen beschreibt man die reale Daseinsproblematik und fragt nach allgemein anerkennungsfähigen Verhaltensnormen. Ein Normenkonstrukteur, der diesen Ansatz wählt und dabei sowohl angeborene Verhaltensdispositionen als auch kulturelle Gegebenheiten berücksichtigt, wird im Ergebnis zwar nicht-ideale, dafür aber praktikablere Normen vorschlagen.

Um Moralnormen systematisch befolgen zu können, kann der Mensch jedoch nicht in jeder Hinsicht bleiben wie er ist. Moral verändert den Menschen. Das heißt: Auch eine Moralphilosophie, die beim Entwurf und der Begründung moralischer Normen von dem wirklichen Menschen ausgeht, der eben nicht nur Vernunftwesen ist, wird vom Einzelnen ein Verhalten fordern, das er zumindest manchmal nicht von selbst an den Tag legen würde.

Eine alternative Möglichkeit besteht im Entwurf einer *idealen* Moraltheorie, die für jedes Vernunftwesen in der Welt und für alle Zeiten und Bedingungen gültige moralische Forderungen begründet und erst durch die schrittweise Berücksichtigung empirischer, einschließlich anthropologischer, Tatsachen, so etwa der komplexen Antriebsstruktur des Menschen, historisch entstandener politisch-sozialer Gegebenheiten oder sozialer Bindungen und Gruppenzugehörigkeiten, auf die Ebene einer *nichtidealen*, aber lebenspraktisch anwendbaren Theorie gehoben werden muss. Ideale Theorien entwickeln Prinzipien unter Ausblendung allen Wissens über das geschichtlich gewordene So-Sein der realen Welt – einschließlich der erbbiologischen Verfasstheit des Menschen, tradierter Moralvorstellungen, überlieferter Rechtssysteme und bestehender Eigentumsverteilungen –, und sie begründen zugleich normative Forderungen, die darauf abzielen, die Kontingenzen des Lebens, alles Schicksalhafte, möglichst zu kompensieren und sämtliche nicht zu rechtfertigende Vor- und Nachteile auszugleichen. Ideale Theorien imaginieren eine Ursprungssituation, in der man bei der Formulierung der grundlegenden Prinzipien weder auf geschichtlich Gewordenes noch auf vorgängige Entscheidungen Rücksicht zu nehmen hat. Es besteht kein Zweifel, dass dieses Vorgehen möglich ist und sich auch viele Einwände gegen den moralischen Universalismus durch eine entsprechende Ausgestaltung der Theorien »auffangen« lassen. Ich halte jedoch die Art dieses Vorgehens aus mindestens fünf Gründen für nicht zweckmäßig.

Erstens lädt man sich auf diese Weise ein Begründungsproblem auf. Denn jede Theorie muss von Prämissen ausgehen, die entweder, sieht man von zirkulären Begründungen ab, ihrerseits begründet oder aber als selbstevident anerkannt werden müssen. Die Begründung von Prämissen führt jedoch in einen infiniten Regress, und über die Evidenz von Prämissen ist nur selten ein dauerhafter Konsens herstellbar. Selbst wenn es, wie manche Philosophen glauben, erkennbare moralische Tatsachen gäbe, müssten doch die sie ausdrückenden Begriffe sowie die Anwendungsbedingungen der erkannten Normen eindeutig definiert werden. In jedem Falle also gerät die Theoriebildung zu einer nicht abschließbaren Daueraufgabe – zu einem Gespräch unter Philosophen über die Jahrhunderte hinweg. Von der Moralphilosophie werden jedoch Antworten auf aktuelle Lebensfragen erwartet. Und selbst wenn man transzendental-pragmatisch letztbegründete, das heißt aus den nichthintergehbaren argumentativen Voraussetzungen des Diskurses abgeleitete, prozedurale Prinzipien einer Diskursethik anerkennte[277], müssten doch die realen praktischen Diskurse in einer Welt knapper Existenzbedingungen geführt werden – in einer Welt, in der strategisches Handeln und Verhandeln zugunsten eigener Interessen realistischerweise als unausrottbar zu gelten hat und die »ideale Kommunikationsgemeinschaft«, obwohl als regulative Idee zu verfolgen, letztlich dem Reich der Träume angehört.

Zweitens führen Theorieansätze, die von einem abstrakten, nicht in einer realen gesellschaftlichen Praxis verwurzelten, darüber hinaus aufgeklärten, wohl informierten, rational urteilenden und gerecht handelnden Menschen ausgehen, in irgendeine Form von universalistischer oder egalitärer Moral der gleichen Berücksichtigung der Interessen aller. Auf dem Boden einer solchen Moral ist eine Ungleichverteilung von Lebenschancen und Gütern nur dann moralisch akzeptabel, wenn sie sich unparteilich rechtfertigen lässt. Das heißt, solche Theorieansätze führen zu einer folgenreichen Verteilung von Rechtfertigungslasten. Ungleichverteilungen, die sich nicht durch gute Gründe rechtfertigen lassen, gelten als moralisch willkürlich und deshalb korrekturbedürftig.[278] Indem die Ungleichverteilung rechtfertigungspflichtig ist, müssen die Nicht-Umverteilung und die Nicht-Bereitschaft zur Umverteilung begründet werden. Damit aber stehen die durch das Schicksal oder durch Zufall Begünstigten oder auch die Besserverdienenden, alle, die ihren »Reichtum« nicht dem Wohle der Allgemeinheit stiften, permanent unter Verdacht. Sie profitieren von Ungleichverteilungen, die sie entweder nicht rechtfertigen können oder deren Rechtfertigungen – wie etwa im Falle des Kriteriums »Verdienst« – nicht allgemein akzeptiert werden.

Drittens unterstellen Theorieansätze, die zeit- und kulturunabhängige, aber erst durch Konkretisierungen anwendbar zu machende Gerechtigkeitsvorstellungen mit einer unbegrenzten Reichweite begründen, die Möglichkeit einer konsensualen Einigung über diese Konkretisierungen – und zwar über sämtliche weltanschaulichen Differenzen hinweg. Denn ungleiche Güterverteilungen müssen nicht nur irgendwie, sondern in einer Weise begründet werden, die alle anerkennen können – beispielsweise die Zuschlechtweggekommenen oder auch religiöse Fundamentalisten, die glauben, einen Anspruch darauf zu haben, für ihre religiösen Übungen von der Gesellschaft freigehalten zu werden. Ein solcher Konsens über moralisch zulässige Differenzierungen und Ungleichheiten ist jedoch nicht erwartbar. Damit aber scheitern alle Versuche, von einer idealen zu einer nichtidealen Theorie unter Zugrundelegung von Maßstäben der idealen Theorie, nämlich der allgemeinen Zustimmbarkeit aller Betroffenen, überzugehen.

Viertens fördern ideale Theorieansätze, die ein Bild einer herzustellenden vollkommen gerechten Welt zeichnen, auf Seiten der Praktiker Tendenzen der Schwärmerei und Ungeduld. Bestehende Ungerechtigkeiten implizieren die moralische Forderung, sie zu beheben: »Die Gesellschaft darf deshalb Personen ihren nicht gerechtfertigten Vorteil oder Besitz nehmen und ihn gleich verteilen.«[279] Derartigen Theorien inhäriert ein Potenzial, auch ein eingreifendes Handeln zu legitimieren. Es mag durchaus sein, dass moralpsychologische Gegebenheiten, Kulturunterschiede, kollektive Mentalitäten oder Entscheidungsfolgen im politischen Handeln als Faktoren berücksichtigt werden, die eine direkte Anwendung von Grundsätzen zu einer egalitären Interessenverwirklichung verhindern. Trotzdem wird man verschiedentlich dazu neigen, die praktischen Spielräume zur Realisierung des eigentlich anzustrebenden (globalen) Verteilungsegalitarismus zu überschätzen und unrealistischen, kontraproduktiven und mitunter den gesellschaftlichen Frieden in Gefahr bringenden Forderungen und Praktiken das Wort zu reden. Ob sich unter den Bedingungen einer sich intensivierenden internationalen Kooperation tatsächlich moralische Dispositionen und Einstellungen herausbilden, die zur Akzeptanz eines globalen Verteilungsegalitarismus führen,[280] bleibt abzuwarten.

Fünftens begründen ideale Theorien geradezu regelmäßig übersteigerte Erwartungen hinsichtlich eines moralisch akzeptablen Verhaltens – Erwartungen, die von den allermeisten Menschen und mitunter selbst von den Schöpfern dieser Theorien enttäuscht werden. Damit befördern sie einen Hang zur Missachtung der wirklichen Menschen. Es ist richtig, dass jede Moral, um überhaupt einen Zweck erfüllen zu können, auch eine Herausforderung darstellen muss. Ideale Theorien entwickeln Wertvorstellungen, an denen sich unser Verhalten und unsere moralische Persönlichkeitsbildung orientieren können. Zugleich aber sollten wir Moralvorstellungen zurückweisen, die uns nahezu alle in ein moralisches Zwielicht stellen.

Bedenkt man die Gefahren, die mit einer staatlich durchgesetzten Umsetzung schwärmerischer Moralvorstellungen verbunden sind, ergibt sich folgende Konsequenz: Statt moralische Normen unter einem »Schleier des Nichtwissens« zu entwerfen, ist es realistischer und lebensnäher, nur solche Pflichten für begründet zu halten und zu akzeptieren, die auch im wahren Leben eine Chance auf allgemeine Befolgung haben. Wir sollten von vornherein berücksichtigen, wohin es den wirklichen Menschen treibt und wozu er fähig ist, um ihn moralisch nicht zu überfordern. Moralische Forderungen müssen zwar in dem Sinne eine Herausforderung darstellen, dass sich die Rationalität ihrer Akzeptanz im Dienste der langfristigen Verwirklichung der eigenen egoistischen und altruistischen Interessen nicht auf den ersten Blick zu erschließen braucht; Moral darf aber nicht als Überforderung empfunden werden. Vor allem aber sollten die Verleugnung der eigenen wohlverstandenen Interessen sowie die Selbstaufgabe nicht als Forderungen der Moral ausgegeben werden. Ein moralisches Normensystem, welches das Streben nach Selbstbehauptung oder auch sämtliche Formen von Selbstverwirklichung desavouiert, ist nicht allgemein zustimmungsfähig. Moral sollte zudem so konzipiert sein, dass sie nicht zu einem politischen Handeln verleitet, dessen nicht vorausgesehene unerwünschte Folgen den »moralischen Gewinn« des realisierten Gerechtigkeitszuwachses übertreffen oder zunichte machen. Politiker sollten weder zu revolutionären Umgestaltungen der Gesellschaft animiert, noch sollte ihnen »ideologische Munition« geliefert werden, die es ihnen erlaubt, unter Berufung auf Gerechtigkeitsforderungen selbst dann noch ein gutes Gewissen aufrechtzuerhalten, wenn ihr Handeln von relevanten Teilen der eigenen Gesellschaft nicht goutiert wird und in deren Reihen womöglich sogar Opfer fordert. Diese vor allem pragmatischen Überlegungen liegen der Kritik des moralischen Universalismus zugrunde.

Anmerkungen

1 Vgl. W. Schrage, Ethik des Neuen Testaments, S. 65 f., 67–70.
2 Die Heilige Schrift wird nach der überlieferten Übersetzung Martin Luthers zitiert. In der aktuellen Übersetzung aus dem Jahre 1985 heißt es: »Ich aber sage euch: Liebt eure Feinde und bittet für die, die euch verfolgen.« (Mt. 5,44.)
3 J. Becker, Feindesliebe – Nächstenliebe – Bruderliebe, S. 7.
4 Vgl. A. Gehlen, Moral und Hypermoral, S. 24 f.
5 J. Hirschberger, Geschichte der Philosophie, Bd. 1, S. 264. – Der stoischen Ethik zufolge sollte der Weise alle besonderen Bindungen, etwa an Familie und Gesellschaft, der Bindung an den Kosmos unterordnen und Bürger der Welt, Kosmopolit, werden (vgl. W. Röd, Kleine Geschichte der antiken Philosophie, S. 279).
6 F. Schiller, An die Freude, S. 147.
7 Vgl. O. Depenheuer, »Nicht alle Menschen werden Brüder«, S. 46 ff., sowie J. Isensee, Nachwort: Solidarität – sozialethische Substanz eines Blankettbegriffs, S. 110 f.
8 Vgl. Diogenes Laertius, Leben und Meinungen berühmter Philosophen, 2. Bd., S. 16 (VII, 33), 56 (VII, 131).
9 Vgl. dazu D. Hume, Eine Untersuchung über die Prinzipien der Moral, S. 29 f.
10 Unter »Partikularismus« versteht man in der Moralphilosophie auch Positionen, die der Möglichkeit der Begründung allgemeiner moralischer Normen skeptisch gegenüber stehen. Eine Extremposition bestünde in der Auffassung, dass jede einzelne, also partikuläre, Handlung gesondert zu beurteilen ist. Hinter dieser Auffassung steht die Überzeugung, dass es keine moralische Norm gibt, die unter allen Bedingungen und in jeder Situation gültig wäre.
11 Vgl. dazu auch A. Gehlen, Moral und Hypermoral, S. 9, 23 ff., 141 ff.; O. Höffe, Demokratie im Zeitalter der Globalisierung, Kap. 8, sowie R. Zimmermann, Philosophie nach Auschwitz, S. 75–86.

ANMERKUNGEN

12 J. Rifkin, Die empathische Zivilisation, S. 326.
13 Vgl. St. Pinker, Gewalt, S. 13, 123.
14 H. Sidgwick, Die Methoden der Ethik, Bd. 2, S. 174. – Sidgwick erkennt allerdings an, dass der Einzelne, der das allgemeine Gute im Auge hat, sich aus praktischen Gründen »hauptsächlich um das Wohl einer beschränkten Anzahl menschlicher Wesen kümmern soll, und zwar um so mehr, je näher sie ihm stehen« (ebd.). Man wird sich fragen müssen, ob mit dieser Spezifizierung der Universalismus nicht gerade ausgehebelt wird. Denn Nähe allein garantiert für sich nicht, dass im Sinne der Nutzenmaximierung optimal geholfen wird.
15 Ebd., S. 173, 175.
16 Lord J. Nasher, Die Moral des Glücks, S. 77.
17 Mir geht es an dieser Stelle nicht um eine Darstellung der Moralphilosophie Peter Singers. Sein Prinzip der gleichen Interessenabwägung dient lediglich dazu, die Konsequenzen einer strikt universalistischen Grundhaltung klarzumachen.
18 P. Singer, Praktische Ethik, 3. Aufl., S. 52.
19 Ebd., S. 53.
20 P. Singer, Leben retten, S. 86.
21 Peter Singer, in: »Geht hin und tut Gutes«, *Der Spiegel*, Nr. 32/2015, S. 118–122, hier S. 119.
22 P. Singer, Effektiver Altruismus, S. 131.
23 P. Singer, Praktische Ethik, 3. Aufl., S. 379.
24 P. Singer, Praktische Ethik, 2. Aufl., S. 326.
25 Vgl. P. Singer, Effektiver Altruismus, S. 11.
26 P. Singer, Praktische Ethik, 3. Aufl., S. 36.
27 Vgl. Karl Marx/Friedrich Engels, Manifest der Kommunistischen Partei. In: MEW 4, S. 475.
28 Ebd., S. 482.
29 K. Marx, Kritik des Gothaer Programms. In: MEW 19, S. 21.
30 K. Marx/F. Engels, Manifest der Kommunistischen Partei. In: MEW 4, S. 489.
31 G. Stiehler, Über den Wert der Individualität im Sozialismus, S. 130.
32 F. Engels, Herrn Eugen Dührings Umwälzung der Wissenschaft. In: MEW 20, S. 99.
33 Vgl. Programm der Sozialistischen Einheitspartei Deutschlands, S. 74.
34 »Gracchus Babeuf an Charles Germain«, S. 57 f.

ANMERKUNGEN

35 F. Buonarroti, Das Gleichheitssystem, S. 87.
36 Was aus Menschen wird, die sich weigern, ihren Beitrag zu leisten, ist eine offene Frage. Gelangte man allerdings zu der moralischen Überzeugung, nicht zusehen zu dürfen, wie sie in gröbster Armut leben oder verhungern, hätte man einen Anspruch auf ein bedingungsloses Grundeinkommen anerkannt.
37 F. Engels, Herrn Eugen Dührings Umwälzung der Wissenschaft. In: MEW 20, S. 247.
38 K. Marx, Das Elend der Philosophie. In: MEW 4, S. 143.
39 F. Engels/K. Marx, Die heilige Familie oder Kritik der kritischen Kritik. In: MEW 2, S. 126 (Hervorhebung getilgt).
40 A. Bebel, Die Frau und der Sozialismus, S. 520.
41 A. Gehlen, Moral und Hypermoral, S. 169.
42 Vgl. K. Minogue, Die demokratische Sklavenmentalität, S. 271, 280.
43 P. Singer, Praktische Ethik, 3. Aufl., S. 78.
44 Ebd., S. 78, 82.
45 P. Singer, Praktische Ethik, 2. Aufl., S. 66 f. Vgl. auch ders., Praktische Ethik, 3. Aufl., S. 80, 82.
46 Th. Pogge, Weltarmut und Menschenrechte, S. 171.
47 Vgl. K. Marx/F. Engels, Manifest der Kommunistischen Partei. In: MEW 4, S. 482.
48 Vgl. K. Minogue, Die demokratische Sklavenmentalität, S. 332 f.
49 J. Isensee, Nachwort: Solidarität – sozialethische Substanz eines Blankettbegriffs, S. 119.
50 Vgl. I. Eibl-Eibesfeldt, Die Biologie des menschlichen Verhaltens, S. 136–139.
51 F. de Waal, Primaten und Philosophen, S. 73.
52 Vgl. I. Eibl-Eibesfeldt, Die Biologie des menschlichen Verhaltens, S. 149.
53 Vgl. ebd., S. 153.
54 Vgl. ebd., S. 236, 254, 268.
55 Vgl. F. M. Wuketits, Warum uns das Böse fasziniert, S. 113.
56 Vgl. E. O. Wilson, Die soziale Eroberung der Erde, S. 59.
57 Vgl. F. M. Wuketits, Warum uns das Böse fasziniert, S. 134.
58 Vgl. ebd., S. 133, 138.
59 Vgl. P. Rosanvallon, Die Gesellschaft der Gleichen, S. 143.
60 H. Mohr, Natur und Moral, S. 82 f.
61 Ebd.
62 Vgl. F. M. Wuketits, Warum uns das Böse fasziniert, S. 137, 189.
63 Ebd., S. 213.

64 Ebd., S. 214.
65 Ebd.
66 J. Rifkin, Die empathische Zivilisation, S. 424.
67 Aristoteles, Politik, II/3, 1261 b.
68 Siehe dazu auch W. Brugger, Menschenrechte von Flüchtlingen in universalistischer und kommunitaristischer Sicht, S. 324 f.
69 Vgl. E. Dassmann, Nächstenliebe unter den Bedingungen der Knappheit, S. 12.
70 Vgl. ebd., S. 13.
71 Vgl. ebd., S. 14 f.
72 Vgl. ebd., S. 17 f., 20.
73 Ebd., S. 21.
74 F. Hengsbach, Teilen, nicht töten, S. 103.
75 [H. Himmler], Rede bei der SS-Gruppenführertagung in Posen am 4. Oktober 1943, S. 122.
76 Zit. nach: St. C. Rockefeller, Kommentar, S. 106.
77 Zum Egalitarismus vgl. Th. Nagel, Gleichheit. In: Ders., Letzte Fragen, S. 149–179, hier S. 164–166.
78 Vgl. D. Parfit, Gleichheit und Vorrangigkeit, S. 106.
79 Vgl. W. Sombart, Liebe, Luxus und Kapitalismus, S. 85.
80 Vgl. T. Honderich, Nach dem Terror, S. 89 f.
81 Ebd., S. 120.
82 Vgl. ebd., S. 122.
83 Vgl. ebd., S. 133.
84 Zit. nach: Pankraz (Günther Zehm), »Sokrates und der Luxus als Dadaismus«. In: *Junge Freiheit* vom 6. November 2015.
85 P. Singer, Effektiver Altruismus, S. 48.
86 Vgl. P. Singer, Praktische Ethik, 3. Aufl., S. 356 f.
87 Vgl. H. G. Frankfurt, Ungleichheit, S. 27, 30–42.
88 Vgl. F. Breyer/H. Kliemt, Lebensverlängernde medizinische Leistungen als Clubgüter?, S. 131.
89 Auch dies muss nicht der Fall sein. Versuche der Armutsbekämpfung müssen nicht zwingend die Schwelle der Wirksamkeit, etwa die Verhinderung des Verhungerns eines Menschen, erreichen.
90 Vgl. A. Dihle, [Art.] »Ethik«, Sp. 703 f.
91 Vgl. W. Korff, [Art.] »Feindesliebe II«, Sp. 1213.
92 Dieser Selbstrettungsgedanke scheint selbst noch bei Immanuel Kant mitzuschwingen, wenn es bei ihm heißt, dass die Moral »nicht eigentlich die Lehre« sei, »wie wir uns glücklich machen, sondern wie wir der Glückseligkeit würdig werden sollen«.

ANMERKUNGEN

(I. Kant, Kritik der praktischen Vernunft. In: Ders., Werke, Bd. 6, S. 261, A 234.) Glückseligkeit, freilich nicht als subjektiv empfundener Zustand, sondern als eine Art vorgestellter Begleiteffekt erreichter sittlicher Vollkommenheit, garantiert allein eine dem moralischen Gesetz völlig angemessene Gesinnung, also eine Pflichterfüllung aus Achtung vor dem Gesetz (und nicht etwa aus der Hoffnung auf Glückseligkeit).

93 Vgl. K. Hübner, Glaube und Denken, S. 166.
94 Vgl. ebd., S. 167.
95 Vgl. ebd., S. 173 f.
96 Vgl. ebd., S. 172.
97 Vgl. ebd., S. 174.
98 So Th. Pogge, Weltarmut und Menschenrechte, S. 168.
99 S. P. Huntington, Der Kampf der Kulturen, S. 21.
100 Vgl. J. Raspail, Der letzte Franzose, S. 55.
101 So S. P. Huntington, Der Kampf der Kulturen, S. 95.
102 Vgl. L. Fritze, Anatomie des totalitären Denkens, bes. S. 196–204.
103 So auch A. Krebs, Gleichheit ohne Grenzen?, S. 11.
104 S. P. Huntington, Der Kampf der Kulturen, S. 21, 50 ff.
105 Vgl. dazu E. Nolte, Späte Reflexionen, S. 223 ff.
106 Vgl. F. Böckelmann, Jargon der Weltoffenheit, S. 122 f.
107 Vgl. M. Lichtmesz, Die Verteidigung des Eigenen, S. 20 f.
108 S. Arndt, Die 101 wichtigsten Fragen: Rassismus, S. 15–20.
109 Vgl. M. Weber, Wirtschaft und Gesellschaft, S. 313.
110 So J. Isensee, Nachwort: Solidarität – sozialethische Substanz eines Blankettbegriffs, S. 101.
111 Vgl. O. Depenheuer, Integration durch Verfassung?, S. 859.
112 So auch Peter Graf Kielmansegg, »Demokratie braucht Grenzen«. In: *Frankfurter Allgemeine Zeitung* vom 23. Juni 2016, S. 6. Siehe auch H. Dreier, Religion und Verfassungsstaat im Kampf der Kulturen, S. 26–28.
113 Vgl. dazu J. Isensee, Nationalstaat und Verfassungsstaat – wechselseitige Bedingtheit, S. 147 f., sowie W. Mäder, Die Zerstörung des Nationalstaates aus dem Geist des Multikulturalismus, S. 19 f.
114 Vgl. dazu P. J. Buchanan, Irrweg Einwanderung, bes. Kap. 3 und 4.
115 Vgl. P. Collier, Exodus, S. 48 f.
116 Vgl. ebd., S. 103.
117 Vgl. P. Scheffer, Gesucht wird ein neues Wir, S. 68 ff.
118 G. Debord, Notizen zur »Einwanderungsfrage«, S. 3

ANMERKUNGEN

119 Vgl. F. Wendt, Gerechtigkeit ist nicht alles: Über Immigration und sozialen Frieden, S. 50 f.
120 Vgl. auch K. Minogue, Die demokratische Sklavenmentalität, S. 52.
121 Vgl. ebd., S. 53.
122 Ebd., S. 54.
123 Vgl. J. Isensee, Nationalstaat und Verfassungsstaat – wechselseitige Bedingtheit, S. 139 ff.
124 Vgl. auch K. A. Schachtschneider, Die Souveränität Deutschlands, S. 38 f.
125 Vgl. Heinz Theisen, Grenzen verzweifelt gesucht. Europa braucht Selbstbegrenzung und Selbstbehauptung. In: http://www.ipg-journal.de.
126 So Manfred Hettling, »Diese gewissen Menschengruppen«. In: *Frankfurter Allgemeine Zeitung* vom 20. Oktober 2015, S. 13.
127 Vgl. auch [E.-W. Böckenförde], Wissenschaft – Politik – Verfassungsgericht, S. 289 f.
128 So auch E. Flaig, Gegen den Strom, S. 111.
129 Vgl. P. Collier, Exodus, S. 91 ff.
130 Vgl. J. Isensee, Nachwort: Solidarität – sozialethische Substanz eines Blankettbegriffs, S. 104.
131 Vgl. K. Bayertz, Die Solidarität und die Schwierigkeiten ihrer Begründung, S. 12.
132 Vgl. J. Isensee, Nachwort: Solidarität – sozialethische Substanz eines Blankettbegriffs, S. 104.
133 Vgl. P. Collier, Exodus, S. 82.
134 W. I. Lenin, Rede über die nationale Frage, 29. April (12. Mai) [1917]. In: LW 24, S. 292.
135 Vgl. dazu L. Fritze, Anatomie des totalitären Denkens, S. 82 ff.
136 Vgl. M. Tomasello, Warum wir kooperieren, S. 81.
137 Ebd.
138 K. O. Hondrich, Wieder Krieg, S. 25.
139 Vgl. G. Maschke, Die Revolution des Völkerrechts 1919 und dessen heutige Selbstzerstörung, S. 24.
140 Z. Bauman, Moderne und Ambivalenz, S. 87 (Hervorhebung getilgt).
141 Vgl. B. Willms, Identität und Widerstand, S. 61 ff., 92.
142 Es ist richtig, dass auf diese Weise das globale Sicherheitsdilemma ungelöst bleibt (vgl. O. Höffe, Demokratie im Zeitalter der Globalisierung, Kap. 9). Otfried Höffe plädiert schon deshalb

ANMERKUNGEN

für eine demokratisch verfasste Weltrepublik – »[z]usätzlich zu den einzelnen Demokratien, eventuell auch an ihrer Stelle« (ebd., S. 267) –, die Konflikte zwischen den staatlichen Einheiten nicht durch Macht, sondern das Recht löst (ebd., S. 292). Dabei hält er die subsidiäre und föderale Weltrepublik nicht nur für ein Ideal, zu dem die Menschheit rechtsmoralisch verpflichtet ist, sondern für ein solches, zu dem sie sich in Gestalt der mannigfaltigen Zusammenarbeit längst auf den Weg gemacht hat (vgl. O. Höffe, Wirtschaftsbürger – Staatsbürger – Weltbürger, S. 166). Immerhin gesteht Höffe zu, dass diese Weltrepublik, die einen helfenden und ergänzenden Rang einnehmen soll, nicht notwendigerweise dem klassischen Begriff der Souveränität entsprechen, also über die Kompetenz verfügen muss, sich selber Kompetenzen zuzuweisen, glaubt aber, dass sie trotzdem »in sich betrachtet einen staatlichen Charakter« haben wird (ebd., S. 166 f.).

143 Vgl. Z. Bauman, Moderne und Ambivalenz, S. 87.
144 Vgl. M. Walzer, Sphären der Gerechtigkeit, S. 82.
145 Vgl. N. Hoerster, Was ist Moral?, S. 13.
146 Vgl. Th. Hobbes, Leviathan, S. 294.
147 Zur Rechtfertigung einer minimalistischen Menschenrechtskonzeption vgl. W. Kersting, Politik und Recht, S. 229 ff.
148 Siehe hierzu auch K. Ott, Zuwanderung und Moral, S. 62 ff.
149 H. G. Frankfurt, Ungleichheit, S. 47.
150 Dies gilt erst recht, wenn sich unsere Hilfe nicht auf Maßnahmen zum Abwenden des akut drohenden Todes anderer bezieht, sondern der Verbesserung der Lebensqualität fremder Menschen dienen soll.
151 Vgl. P. Singer, Effektiver Altruismus, S. 88 ff.
152 I. Kant, Zum ewigen Frieden. Ein philosophischer Entwurf. In: Ders., Werke, Bd. 9, S. 213, BA 40.
153 J. Rawls, Eine Theorie der Gerechtigkeit, S. 95 ff.
154 Zit. nach: W. Markov, Revolution im Zeugenstand, Bd. 2, S. 105.
155 Anders hingegen J. H. Carens, Fremde und Bürger, S. 31 f.
156 Der griechische Philosoph Karneades erörterte im zweiten Jahrhundert vor unserer Zeit Fragen der Gerechtigkeit am Beispiel der dilemmatischen Situation, in der zwei Schiffbrüchigen nur eine Holzplanke zur Verfügung steht, die lediglich einen von ihnen tragen kann.

ANMERKUNGEN

157 U. Di Fabio, Migrationskrise als föderales Verfassungsproblem, S. 77.
158 Vgl. U. K. Preuß, Bedingungen globaler Gerechtigkeit, S. 32, 39 f.
159 J. Habermas, Anerkennungskämpfe im demokratischen Rechtsstaat, S. 186.
160 Insofern dürfte selbst Wolfgang Kerstings minimalistischer Menschenrechtsbegriff, der unter anderem von der »evidente[n] Vorzugswürdigkeit eines Zustandes der Abwesenheit« von »Unterdrückung und Ausbeutung« ausgeht (W. Kersting, Politik und Recht, S. 230), zu weit gefasst sein.
161 Vgl. K. Ott, Zuwanderung und Moral, S. 27 f.
162 Vgl. ebd., S. 53.
163 Vgl. O. Depenheuer, »Nicht alle Menschen werden Brüder«, S. 58.
164 Vgl. ebd., S. 64.
165 Vgl. I. Kant, Metaphysik der Sitten, Rechtslehre. In: Ders., Werke, Bd. 7, S. 337, A 33.
166 Zum gesamten Problemkomplex siehe P. Kirchhof, Der Grundrechtsschutz des Steuerpflichtigen, bes. S. 4, 13 f., 20.
167 J. Isensee, Nachwort: Solidarität – sozialethische Substanz eines Blankettbegriffs, S. 137.
168 Ebd., S. 138.
169 Vgl. ebd., S. 130.
170 Die Frage, inwieweit eine Gemeinschaft für das von ihr in der Vergangenheit zu verantwortende Unrecht, schadensersatzpflichtig sein sollte, kann hier nicht beantwortet werden.
171 Siehe etwa C. D. Kernig, Und mehret euch?, S. 124–134.
172 So U. Steinvorth, Philosophie und Politik, S. 23.
173 P. Singer, Leben retten, S. 30.
174 M. Walzer, Sphären der Gerechtigkeit, S. 76.
175 St. Gosepath, Grundzüge einer Theorie gleicher sozialer Gerechtigkeit, S. 151. – Das heißt allerdings nicht, dass Gosepath eine strikte ökonomische Ergebnisgleichheit forderte.
176 Ebd.
177 Vgl. J. Habermas, Faktizität und Geltung, S. 158.
178 Vgl. dazu auch K. Ott, Zuwanderung und Moral, S. 59–61.
179 Vgl. H. Hofmann, Die versprochene Menschenwürde, S. 365.
180 Vgl. U. Di Fabio, Migrationskrise als föderales Verfassungsproblem, S. 103, 118 f.
181 Vgl. H. Hofmann, Die versprochene Menschenwürde, S. 366 f.
182 Vgl. ebd., S. 369 f., 374.

ANMERKUNGEN

183 So auch Panajotis Kondylis, »Die Rache des Südens«. In: *Frankfurter Allgemeine Zeitung* vom 25. April 1992.
184 Dies gilt freilich nur idealtypisch, da auch Weltorganisationen Gelder aus Töpfen verteilen könnten, die durch die Mitgliedsstaaten gespeist werden.
185 Siehe dazu O. Depenheuer, »Nicht alle Menschen werden Brüder«, S. 57.
186 H. G. Frankfurt, Ungleichheit, S. 56.
187 Ebd., S. 17. – Mit »genug« meint Frankfurt: »genug für ein gutes Leben« (ebd., S. 105).
188 Didache/Zwölf-Apostel-Lehre, S. 101, 103 (1, 5).
189 Vgl. E. Dassmann, Nächstenliebe unter den Bedingungen der Knappheit, S. 28, 39.
190 Zit. nach: Ebd., S. 36.
191 Vgl. etwa J. Rifkin, Die empathische Zivilisation, S. 346.
192 So K.-M. Meyer-Abich, Aufstand für die Natur, S. 91, 142.
193 Vgl. L. Fritze, Grenzen des Universalismus, S. 68 f.
194 A. Gehlen, Moral und Hypermoral, S. 178.
195 Vgl. F. Böckelmann, Jargon der Weltoffenheit, S. 114.
196 Vgl. ebd., S. 115.
197 P. Singer, Effektiver Altruismus, S. 217.
198 Vgl. A. Gehlen, Moral und Hypermoral, S. 170.
199 Vgl. Udo Di Fabio, »Welt aus den Fugen«. In: *Frankfurter Allgemeine Zeitung* vom 14. September 2015, S. 8.
200 Vgl. Kay Hailbronner/Marcel Kau, in: W. Graf Vitzthum (Hrsg.), Völkerrecht, Rn 100. Ebenso hat nach Europäischem Übereinkommen über die Staatsangehörigkeit vom 6. November 1997 (in Kraft getreten am 1. März 2000) jeder Staat grundsätzlich das Recht, »nach seinen eigenen Gesetzen die Staatsangehörigkeit festzulegen« (ebd.).
201 Vgl. Reinhard Merkel, »Das Leben der anderen – armselig und kurz«. In: *Frankfurter Allgemeine Zeitung* vom 22. September 2015, S. 9.
202 So Rupert Scholz, »Kein Asyl ohne Grenzen«. In: *Frankfurter Allgemeine Zeitung* vom 14. Oktober 2015, S. 8. Vgl. auch D. Murswiek, Nationalstaatlichkeit, Staatsvolk und Einwanderung, S. 128, sowie J. Isensee, Menschenwürde: Rettungsinsel in der Flüchtlingsflut?, S. 239 f.
203 Vgl. W. Hetzer, Wer schützt das Deutsche Volk?, S. 14. Vgl. des Weiteren M.-L. Frick, Wenn das Recht an Verbindlichkeit ver-

liert und die Zonen der Unordnung wachsen, rettet uns keine kosmopolitische Moral, S. 82 f.

204 Tatsächlich nämlich werden wir die Prämisse, für alle n gelte, wer Nahrung in der Menge von n Gramm aufgenommen habe, könne auch die Menge $n+1$ Gramm aufnehmen, nicht einfach für wahr halten. Da aus ihr paradoxerweise folgt, dass man beliebig viel zu essen vermag, kann die Prämisse keinen absoluten Grad an Geltung haben. Wir werden sie lediglich für eine »ziemlich wahre« Prämisse halten, die aber mit wachsendem n falsch wird. Zur Haufenparadoxie in praktischen Zusammenhängen siehe L. Fritze, Die Tötung Unschuldiger, S. 163–171.

205 Vgl. dazu auch W. Pfannkuche, Verfolgung, Hunger, Krieg, S. 29.

206 Vgl. dazu etwa B. Gesang, Sind Obergrenzen für Asylbewerber moralisch zu rechtfertigen und wo liegen sie?, S. 93 f.

207 »Wohin mit den jungen Männern?« Ein Gespräch mit dem Sozialpädagogen Gunnar Heinsohn. In: *Die Zeit* vom 5. November 2015.

208 Zur Analyse dieser Position vgl. auch K. Minogue, Die demokratische Sklavenmentalität, S. 33.

209 G. Babeuf, Manifest der Plebejer, S. 75.

210 Vgl. K. Marx/F. Engels, Manifest der Kommunistischen Partei. In: MEW 4, S. 481.

211 Vgl. A. Kosing, Wörterbuch der marxistisch-leninistischen Philosophie, S. 484.

212 »Gracchus Babeuf an Charles Germain«, S. 65 f.

213 F. Hengsbach, Teilen, nicht töten, S. 89.

214 Vgl. G. W. F. Hegel, Jenaer Schriften, 1801–1807. In: Ders., Werke, Bd. 2, S. 465 f.

215 Vgl. dazu auch O. Depenheuer, »Nicht alle Menschen werden Brüder«, S. 54–56.

216 Vgl. K. Marx, Zur Judenfrage. In: MEW 1, S. 347–377.

217 Siehe hierzu L. Fritze, Der böse gute Wille, S. 57–67.

218 Vgl. H.-H. Hoppe, Demokratie, S. 367.

219 Vgl. K. Minogue, Die demokratische Sklavenmentalität, S. 29.

220 Vgl. F. Engels/K. Marx, Die heilige Familie oder Kritik der kritischen Kritik. In: MEW 2, S. 138.

221 Deshalb ist Peter Singers Vorschlag, nicht nach der Leistung und damit immer auch auf der Grundlage von ererbten Fähig-

ANMERKUNGEN

keiten, sondern nach »Anstrengungen« zu entlohnen (P. Singer, Praktische Ethik, 3. Aufl., S. 80) inkonsequent.
222 G. Babeuf, Manifest der Plebejer, S. 77 (Hervorhebung getilgt).
223 Vgl. L. Fritze, Anatomie des totalitären Denkens, S. 428–438.
224 Vgl. dazu K. Ott, Zuwanderung und Moral, S. 47–51.
225 Ebd., S. 51.
226 Auch wenn diese oder ähnliche Überlegungen zu pragmatisch unhaltbaren Konsequenzen führen, stellen sie doch keine Widerlegung des Utilitarismus dar, denn ein Utilitarist kann alle denkbaren Nebenfolgen von Handlungen in die Gesamtabwägung der Handlungsoptionen einbeziehen und damit seine moralischen Forderungen anpassen. Eine Widerlegung des Utilitarismus ist jedoch nicht das Ziel dieses Textes.
227 Vgl. K. Minogue, Die demokratische Sklavenmentalität, 128.
228 Vgl. dazu Ch. Taylor, Die Politik der Anerkennung, S. 30, 44 ff.
229 Vgl. D. Birnbacher, Natürlichkeit, S. 169.
230 Vgl. ebd., S. 169 f.
231 Vgl. M. Walzer, Erklärte Kriege – Kriegserklärungen, S. 62 ff.
232 Ebd., S. 63.
233 Ebd., S. 73.
234 Ebd., S. 79.
235 Ähnlich auch D. Miller, Einwanderung, S. 57 f.
236 So auch Robert Spaemann; siehe »›Wir können nicht grenzenlos helfen‹ – Interview mit Philosoph Robert Spaemann«. In: *Kölner Stadt-Anzeiger* vom 12. Dezember 2015. Vgl. auch M. Walzer, Sphären der Gerechtigkeit, S. 90. Ablehnend D. Miller, Einwanderung, S. 63.
237 Anders hingegen U. Marti, Mein und Dein, S. 100 ff.
238 Vgl. auch J. Habermas, Anerkennungskämpfe im demokratischen Rechtsstaat, S. 172 f.
239 Vgl. A. Finkielkraut, Die Undankbarkeit, S. 119 f.
240 Vgl. ebd., S. 120.
241 Vgl. F. Engels, Herrn Eugen Dührings Umwälzung der Wissenschaft. In: MEW 20, S. 262.
242 Vgl. auch K. P. Liessmann, Lob der Grenze, S. 84 f.
243 Vgl. K. F. Gärditz, Die Ordnungsfunktionen der Staatsgrenze, S. 107, 109, 111 f.
244 Vgl. K. P. Liessmann, Lob der Grenze, S. 36.
245 Vgl. ebd., S. 103.

ANMERKUNGEN

246 Vgl. dazu auch Roman Herzog u. a., »Demokratie braucht vitale Parteien«. In: *Frankfurter Allgemeine Zeitung* vom 13. April 2016, S. 8.
247 Vgl. P. Furth, Massendemokratie, S. 98.
248 Vgl. dazu A. Nassehi, Die letzte Stunde der Wahrheit, S. 313.
249 Vgl. W. J. Patzelt, Masseneinwanderung, S. 15 f.; Heinrich August Winkler, »Wer hat die Deutschen zu Richtern der Nationen bestellt?« In: *Süddeutsche Zeitung* vom 22. Dezember 2015.
250 P. Collier, Exodus, S. 27.
251 Vgl. D. E. Zimmer, Ist Intelligenz erblich?, S. 197, 199, 201, 203.
252 P. Collier, Exodus, S. 27.
253 Beleidigungen oder Aufrufe zur Begehung von Straftaten sind keine Meinungen.
254 Zit. nach: J. Buchsteiner, Bedrohte Meinungsfreiheit, S. 137.
255 P. Furth, Massendemokratie, S. 182.
256 Vgl. ebd., S. 181.
257 P. Graf Kielmansegg, Die Elendsinvasion, S. 19.
258 A. Nassehi, Die letzte Stunde der Wahrheit, S. 309.
259 E. Flaig, Gegen den Strom, S. 146.
260 Vgl. L. Fritze, Verführung und Anpassung, S. 32.
261 Zur Frage, ob sich ein neuer, umfassender Totalitarismus auch unblutig äußern könnte, vgl. Botho Strauss, »Anschwellender Bocksgesang«. In: *Der Spiegel*, Heft 6/1993, S. 202–207, hier S. 207.
262 P. J. Brenner, Vom Migranten zum Staatsbürger – ein langer Weg nach Westen, S. 22.
263 Vgl. Th. Sarrazin, Der neue Tugendterror, S. 36 f.
264 H. Lübbe, Die Wirklichkeit und der gute Wille, S. 228 ff.
265 Vgl. Hermann Lübbe, »Der verspätete Kontinent«. In: *Frankfurter Allgemeine Zeitung* vom 23. Juni 2016, S. 9.
266 Vgl. Th. Sarrazin, Der neue Tugendterror, S. 38 ff.
267 Vgl. F. Hengsbach, Teilen, nicht töten, S. 85.
268 Vgl. A. Gehlen, Moral und Hypermoral, S. 112 f.
269 Vgl. M. Weber, Politik als Beruf. In: Ders., Gesammelte Politische Schriften, S. 505–560, hier S. 551 f. Siehe auch B. Willms, Identität und Widerstand, S. 49–56.
270 Vgl. I. Eibl-Eibesfeldt, Die Biologie des menschlichen Verhaltens, S. 972.
271 Vgl. L. Fritze, Anatomie des totalitären Denkens, Kap. VII.2 und VII.3.
272 Vgl. A. MacIntyre, Ist Patriotismus eine Tugend?, S. 100.

ANMERKUNGEN

273 Vgl. O. Depenheuer, Selbstbehauptung des Rechtsstaates, S. 75–104.
274 Vgl. P. Singer, Effektiver Altruismus, S. 155.
275 Vgl. K. Minogue, Die demokratische Sklavenmentalität, S. 418 ff., 425, 448 f.
276 Aristoteles, Metaphysik, I/1, 980 a 21.
277 Vgl. K.-O. Apel, Diskursethik als Ethik der Mit-Verantwortung vor den Sachzwängen der Politik, des Rechts und der Marktwirtschaft, bes. S. 70–78.
278 Vgl. St. Gosepath, Gleiche Gerechtigkeit, S. 207 ff.
279 Ebd., S. 210.
280 So W. Hinsch, Globalisierung der Gerechtigkeit, S. 26.

Literaturverzeichnis

Apel, Karl-Otto: Diskursethik als Ethik der Mit-Verantwortung vor den Sachzwängen der Politik, des Rechts und der Marktwirtschaft. In: Ders./H. Burckhart (Hrsg.), Prinzip Mitverantwortung, S. 69–95.
Apel, Karl-Otto/Burckhart, Holger (Hrsg.): Prinzip Mitverantwortung. Grundlage für Ethik und Pädagogik. Würzburg: Königshausen & Neumann, 2001.
Aristoteles: Politik. Übersetzt von Eugen Rolfes. In: Ders., Philosophische Schriften in sechs Bänden, Bd. 4. Hamburg: Meiner, 1995.
– Metaphysik. Nach der Übersetzung von Hermann Bonitz, bearbeitet von Horst Seidl. In: Ders., Philosophische Schriften in sechs Bänden, Bd. 5. Hamburg: Meiner, 1995.
Arndt, Susan: Die 101 wichtigsten Fragen: Rassismus. München: C. H. Beck, 2012.
Babeuf, Gracchus: Manifest der Plebejer. In: J. Höppner/W. Seidel-Höppner, Von Babeuf bis Blanqui, Band II, S. 70–80.
– »Gracchus Babeuf an Charles Germain«. In: J. Höppner/W. Seidel-Höppner, Von Babeuf bis Blanqui, Band II, S. 53–70.
Bauman, Zygmunt: Moderne und Ambivalenz. Das Ende der Eindeutigkeit. Frankfurt am Main: Fischer Taschenbuch Verlag, 1995.
Bayertz, Kurt: Die Solidarität und die Schwierigkeiten ihrer Begründung. In: Solidarität (= Rechtsphilosophische Hefte; Bd. 4), Frankfurt am Main u. a.: Lang, 1995, S. 9–16.
Bebel, August: Die Frau und der Sozialismus. Berlin: Dietz, 1973.
Becker, Jürgen: Feindesliebe – Nächstenliebe – Bruderliebe. Exegetische Beobachtungen als Anfrage an ein ethisches Problemfeld. In: Zeitschrift für evangelische Ethik, 25 (1981), S. 5–17.
Birnbacher, Dieter: Natürlichkeit. Berlin: de Gruyter, 2006.
Böckelmann, Frank: Jargon der Weltoffenheit. Was sind unsere Werte noch wert? Waltrop/Leipzig: Manuscriptum, 2014.
[Böckenförde, Ernst-Wolfgang]: Wissenschaft – Politik – Verfassungsgericht. Aufsätze von Ernst-Wolfgang Böckenförde/Biographisches

Interview von Dieter Gosewinkel. Frankfurt am Main: Suhrkamp, 2011.

Brenner, Peter J.: Vom Migranten zum Staatsbürger – ein langer Weg nach Westen. In: TUMULT, Frühjahr 2016, S. 21–26.

Breyer, Friedrich/Kliemt, Hartmut: Lebensverlängernde medizinische Leistungen als Clubgüter? In: K. Homann (Hrsg.), Wirtschaftsethische Perspektiven I, S. 131–158.

Brugger, Winfried: Menschenrechte von Flüchtlingen in universalistischer und kommunitaristischer Sicht. In: Archiv für Rechts- und Sozialphilosophie, 80 (1994), S. 318–334.

Buchanan, Patrick J.: Irrweg Einwanderung. Die weiße Welt am Abgrund. Selent: BONUS-Verlag, 2007.

Buchheim, Thomas/Schönberger, Rolf/Schweidler, Walter (Hrsg.): Die Normativität des Wirklichen. Über die Grenze zwischen Sein und Sollen. Stuttgart: Klett-Cotta, 2002.

Buchsteiner, Jochen: Bedrohte Meinungsfreiheit. Politisch ganz korrekt. In: Forschung & Lehre, 23 (2016) 2, S. 136–138.

Buonarroti, Filippo: Das Gleichheitssystem. In: J. Höppner/W. Seidel-Höppner, Von Babeuf bis Blanqui, Band II, S. 86–91.

Carens, Joseph H.: Fremde und Bürger: Weshalb Grenzen offen sein sollten. In: A. Cassee/A. Goppel (Hrsg.), Migration und Ethik, S. 23–46.

Cassee, Andreas/Goppel, Anna (Hrsg.): Migration und Ethik. 2., unveränderte Auflage. Münster: mentis, 2014.

Collier, Paul: Exodus. Warum wir Einwanderung neu regeln müssen. Bonn: Bundeszentrale für politische Bildung, 2015.

Dassmann, Ernst: Nächstenliebe unter den Bedingungen der Knappheit. Zum Problem der Prioritäten und Grenzen der Karitas in frühchristlicher Zeit. In: J. Isensee (Hrsg.), Solidarität in Knappheit, S. 10–39.

Debord, Guy: Notizen zur »Einwanderungsfrage«. In: Sezession im Netz vom 22. April 2013, S. 2–6.

Depenheuer, Otto: Integration durch Verfassung? Zum Identitätskonzept des Verfassungspatriotismus. In: Die Öffentliche Verwaltung, 48 (1995) 20, S. 854–860.

– »Nicht alle Menschen werden Brüder«. Unterscheidung als praktische Bedingung von Solidarität. Eine rechtsphilosophische Erwägung in praktischer Absicht. In: J. Isensee (Hrsg.), Solidarität in Knappheit, S. 41–66.

– Selbstbehauptung des Rechtsstaates. Paderborn/München/Wien/ Zürich: Schöningh, ²2007.
Depenheuer, Otto/Grabenwarter, Christoph (Hrsg.): Der Staat in der Flüchtlingskrise. Zwischen gutem Willen und geltendem Recht. Paderborn: Ferdinand Schöningh, 2016.
Die Bibel. Nach der Übersetzung Martin Luthers. Hg. von der Evangelischen Kirche in Deutschland. Stuttgart: Deutsche Bibelgesellschaft, 1985.
Die Heilige Schrift nach der deutschen Übersetzung D. Martin Luthers. Berlin: Evangelische Haupt-Bibelgesellschaft, 1957.
Didache/Zwölf-Apostel-Lehre. Übersetzt und eingeleitet von Georg Schöllgen. In: Fontes christiani, Bd. 1. Freiburg: Herder, 1991.
Di Fabio, Udo: Migrationskrise als föderales Verfassungsproblem. In: www.bayern.de/wp-content/uploads/2016/01/Gutachten_Bay_DiFabio_formatiert.pdf.
Dihle, A[lbrecht]: [Art.] »Ethik«. In: Reallexikon für Antike und Christentum. Hrsg. von Theodor Klauser. Stuttgart: Hiersemann, 1966, Bd. VI., Sp. 646–79.
Diogenes Laertius; Leben und Meinungen berühmter Philosophen. Übersetzt und erläutert von Otto Apelt. 2. Bd. Leipzig: Meiner, 1921.
Dreier, Horst: Religion und Verfassungsstaat im Kampf der Kulturen. In: Ders./E. Hilgendorf (Hrsg.), Kulturelle Identität als Grund und Grenze des Rechts, S. 11–28.
Dreier, Horst/Hilgendorf, Eric (Hrsg.): Kulturelle Identität als Grund und Grenze des Rechts. Akten der IVR-Tagung vom 28.-30. September 2006 in Würzburg. Stuttgart: Franz Steiner, 2008.
Eibl-Eibesfeldt, Irenäus: Die Biologie des menschlichen Verhaltens. Grundriß der Humanethologie. Dritte, überarbeitete und erweiterte Auflage, Weyarn: Seehamer Verlag, 1997.
Finkielkraut, Alain: Die Undankbarkeit. Gedanken über unsere Zeit. Berlin: Ullstein, 2001.
Flaig, Egon: Gegen den Strom. Für eine säkulare Republik Europa. Springe: zu Klampen, 2013.
Frankfurt, Harry G.: Ungleichheit. Warum wir nicht alle gleich viel haben müssen. Berlin: Suhrkamp, 2016.
Frick, Marie-Luisa: Wenn das Recht an Verbindlichkeit verliert und die Zonen der Unordnung wachsen, rettet uns keine kosmopolitische Moral. In: Th. Grundmann/A. Stephan (Hrsg.), »Welche und wie viele Flüchtlinge sollen wir aufnehmen?«, S. 70–83.

LITERATURVERZEICHNIS

Fritze, Lothar: Die Tötung Unschuldiger. Ein Dogma auf dem Prüfstand. Berlin/New York: de Gruyter, 2004.
- Verführung und Anpassung. Zur Logik der Weltanschauungsdiktatur. Berlin: Duncker & Humblot, 2004.
- Anatomie des totalitären Denkens. Kommunistische und nationalsozialistische Weltanschauung im Vergleich. München: Olzog, 2012.
- Grenzen des Universalismus. Über die Legitimität einer Bevorzugung des Eigenen. In: TUMULT, Winter 2015/2016, S. 66–69.
- Der böse gute Wille. Weltrettung und Selbstaufgabe in der Migrationskrise. Waltrop und Leipzig: Edition Sonderwege, 2016.

Furth, Peter: Massendemokratie. Über den historischen Kompromiß zwischen Liberalismus und Sozialismus als Herrschaftsform. Mit einer Einleitung von Frank Böckelmann. Berlin: Landt, 2015.

Gärditz, Klaus F.: Die Ordnungsfunktionen der Staatsgrenze: Demokratizität, Liberalität und Territorialität im Kontext. In: O. Depenheuer/Ch. Grabenwarter (Hrsg.), Der Staat in der Flüchtlingskrise, S. 105–122.

Gehlen, Arnold: Moral und Hypermoral. Eine pluralistische Ethik, 6., erweiterte Auflage, Frankfurt am Main: Klostermann, 2004.

Gesang, Bernward: Sind Obergrenzen für Asylbewerber moralisch zu rechtfertigen und wo liegen sie? Auf dem Weg zum integrierten Asylberechtigten. In: Th. Grundmann/A. Stephan (Hrsg.), »Welche und wie viele Flüchtlinge sollen wir aufnehmen?«, S. 84–97.

Gosepath, Stefan: Gleiche Gerechtigkeit. Grundlagen eines liberalen Egalitarismus. Frankfurt am Main: Suhrkamp, 2004.
- Grundzüge einer Theorie gleicher sozialer Gerechtigkeit. In: F. J. Wetz, Recht auf Rechte, S. 147–169.

Grundmann, Thomas/Stephan, Achim (Hrsg.): »Welche und wie viele Flüchtlinge sollen wir aufnehmen?« Philosophische Essays. Stuttgart: Reclam, 2016.

Habermas, Jürgen: Anerkennungskämpfe im demokratischen Rechtsstaat. In: Ch. Taylor, Multikulturalismus und die Politik der Anerkennung, S. 147–196.
- Faktizität und Geltung. Beiträge zur Diskurstheorie des Rechts und des demokratischen Rechtsstaats. Frankfurt am Main: Suhrkamp, 1992.

Hegel, Georg Wilhelm Friedrich: Werke. Frankfurt am Main: Suhrkamp, 1986.

Hengsbach, Friedhelm: Teilen, nicht töten. Frankfurt/Main: Westend, 2014.
Hetzer, Wolfgang: Wer schützt das Deutsche Volk? Überlegungen zum Grundgesetz. In: TUMULT, Winter 2015/2016, S. 11–16.
[Himmler, Heinrich]: Rede bei der SS-Gruppenführertagung in Posen am 4. Oktober 1943. In: Der Prozess gegen die Hauptkriegsverbrecher vor dem Internationalen Militärgerichtshof, Bd. 29. Nürnberg: Reichenbach, 1948, S. 110–173.
Hinsch, Wilfried: Globalisierung der Gerechtigkeit – Politische Schwärmerei oder moralischer Realismus? In: Philosophie in Saarbrücken. Antrittsvorlesungen, 23. und 24. November 2000 (= Universitätsreden 48). O. O., o. J., S. 9–27.
Hirschberger, Johannes: Geschichte der Philosophie, Bd. 1: Altertum und Mittelalter. Freiburg/Basel/Wien: Herder, ^{14}1991.
Hobbes, Thomas: Leviathan. Hamburg: Meiner, 1996.
Homann, Karl (Hrsg.): Wirtschaftsethische Perspektiven I. Theorie, Ordnungsfragen, Internationale Institutionen. Berlin: Duncker & Humblot, 1994.
Höppner, Joachim/Seidel-Höppner, Waltraud: Von Babeuf bis Blanqui. Französischer Sozialismus und Kommunismus vor Marx. Band II: Texte. Leipzig: Reclam, 1975.
Hoerster, Norbert: Was ist Moral? Eine philosophische Einführung. Stuttgart: Reclam, 2008.
Höffe, Otfried: Demokratie im Zeitalter der Globalisierung. 1., überarbeitete und aktualisierte Neuausgabe. München: C. H. Beck, 2002.
– Wirtschaftsbürger – Staatsbürger – Weltbürger. Politische Ethik im Zeitalter der Globalisierung. München: C. H. Beck, 2004.
Hofmann, Hasso: Die versprochene Menschenwürde. In: Archiv des öffentlichen Rechts, 118 (1993) 3, S. 353–377.
Honderich, Ted: Nach dem Terror. Ein Traktat. Frankfurt am Main: Suhrkamp, 2003.
Hondrich, Otto: Wieder Krieg. Frankfurt am Main: Suhrkamp, 2002.
Honneth, Axel (Hrsg.): Kommunitarismus. Eine Debatte über die moralischen Grundlagen moderner Gesellschaften. Frankfurt/New York: Campus, 1993.
Hoppe, Hans-Hermann: Demokratie. Der Gott, der keiner ist. Waltrop und Leipzig: Manuscriptum, 2003.
Hübner, Kurt: Glaube und Denken. Dimensionen der Wirklichkeit. Tübingen: Mohr, ^{2}2004.

LITERATURVERZEICHNIS

Hume, David: Eine Untersuchung über die Prinzipien der Moral. Hamburg: Meiner, o. J.

Huntington, Samuel P.: Der Kampf der Kulturen. Die Neugestaltung der Weltpolitik im 21. Jahrhundert. München/Wien: Europaverlag, 1996.

Isensee, Josef: Nationalstaat und Verfassungsstaat – wechselseitige Bedingtheit. In: R. Stober (Hrsg.), Recht und Recht, S. 137–163.

– Nachwort: Solidarität – sozialethische Substanz eines Blankettbegriffs. In: Ders. (Hrsg.), Solidarität in Knappheit, S. 97–141.

– Menschenwürde: Rettungsinsel in der Flüchtlingsflut? Zur Leistungsfähigkeit des Art. 1 Abs. 1 GG für die Rechtspraxis. In: O. Depenheuer/Ch. Grabenwarter (Hrsg.), Der Staat in der Flüchtlingskrise, S. 231–249.

Isensee, Josef (Hrsg.): Solidarität in Knappheit. Zum Problem der Priorität. Berlin: Duncker & Humblot, 1998.

Kant, Immanuel: Werke. Hrsg. von Wilhelm Weischedel. Darmstadt: Wissenschaftliche Buchgesellschaft, 1983.

Kernig, Claus D.: Und mehret euch? Deutschland und die Weltbevölkerung im 21. Jahrhundert. 2., überarb. Auflage. Bonn: Dietz, 2006.

Kersting, Wolfgang: Politik und Recht. Abhandlungen zur politischen Philosophie der Gegenwart und zur neuzeitlichen Rechtsphilosophie. Weilerswist: Velbrück, 2000.

Kielmansegg, Peter Graf: Die Elendsinvasion. Auf das Flüchtlingsdrama gibt es nur Fragmente von Antworten. In: Die Politische Meinung, 60 (2015) September/Oktober, S. 19–23.

Kirchhof, Paul: Der Grundrechtsschutz des Steuerpflichtigen. Zur Rechtsprechung des Bundesverfassungsgerichts im vergangenen Jahrzehnt. In: Archiv des öffentlichen Rechts, 128 (2003) 1, S. 1–51.

Korff, Wilhelm: [Art.] »Feindesliebe II«. In: Lexikon für Theologie und Kirche. Hrsg. von Walter Kasper. Durchgesehene Ausgabe der dritten, völlig neu bearbeiteten Auflage. Freiburg im Breisgau: Herder, 2009, Bd. 3, Sp. 1213.

Kosing, Alfred: Wörterbuch der marxistisch-leninistischen Philosophie. Berlin: Dietz, 1985.

Krebs, Angelika: Gleichheit ohne Grenzen? Die kosmopolitische Überforderung. In: Information Philosophie, Heft 5/2004, S. 7–13.

Krebs, Angelika (Hrsg.): Gleichheit oder Gerechtigkeit. Texte der neuen Egalitarismuskritik. Frankfurt am Main: Suhrkamp, 2000.

Lenin, W[ladimir] I[llitsch]: Werke. Berlin: Dietz, 1961 ff. (abgekürzt: LW Bd.-Nr.).

Lichtmesz, Martin: Die Verteidigung des Eigenen. Fünf Traktate. Schnellroda: Antaios, 2011.
Liessmann, Konrad Paul: Lob der Grenze. Kritik der politischen Unterscheidungskraft. Wien: Zsolnay, 2012.
Lübbe, Hermann: Die Wirklichkeit und der gute Wille. Über Tendenzen der Moralisierung kognitiver Gehalte. In: Th. Buchheim/R. Schönberger/W. Schweidler (Hrsg.), Die Normativität des Wirklichen, S. 222–235.
MacIntyre, Alasdair: Ist Patriotismus eine Tugend? In: A. Honneth (Hrsg.), Kommunitarismus, S. 84–102.
Mäder, Werner: Die Zerstörung des Nationalstaates aus dem Geist des Multikulturalismus. Graz: Ares, 2015.
Markov, Walter: Revolution im Zeugenstand. Frankreich 1789–1799. Bd 2: Gesprochenes und Geschriebenes. Leipzig: Reclam, 1986.
Marti, Urs: Mein und Dein: Eigentum oder Eigenart? Überlegungen zur Begründbarkeit eines Rechts auf Exklusion. In: A. Cassee/A. Goppel (Hrsg.), Migration und Ethik, S. 89–105.
Marx, Karl/Engels, Friedrich: Werke. Berlin: Dietz, 1956–1989 (abgekürzt: MEW Bd.-Nr.).
Maschke, Günter: Die Revolution des Völkerrechts 1919 und dessen heutige Selbstzerstörung. In: TUMULT, Heft 1/2015, S. 17–26.
Meyer-Abich, Klaus-Michael: Aufstand für die Natur. Von der Umwelt zur Mitwelt. München: Nanser, 1990.
Miller, David: Einwanderung: Das Argument für Beschränkungen. In: A. Cassee/A. Goppel (Hrsg.), Migration und Ethik, S. 47–65.
Minogue, Kenneth: Die demokratische Sklavenmentalität. Wie der Überstaat die Alltagsmoral zerstört. Waltrop und Leipzig: Manuscriptum, 2013.
Mohr, Hans: Natur und Moral. Ethik in der Biologie. Darmstadt: Wissenschaftliche Buchgesellschaft, 1995.
Murswiek, Dietrich: Nationalstaatlichkeit, Staatsvolk und Einwanderung. In: O. Depenheuer/Ch. Grabenwarter (Hrsg.), Der Staat in der Flüchtlingskrise, S. 123–139.
Nagel, Thomas: Letzte Fragen. Erweiterte Neuausgabe. Darmstadt: Wissenschaftliche Buchgesellschaft, 1996.
Nasher, Lord Jack: Die Moral des Glücks. Eine Einführung in den Utilitarismus. Berlin: Duncker & Humblot, 2009. S. 77.
Nassehi, Armin: Die letzte Stunde der Wahrheit. Warum rechts und links keine Alternativen mehr sind und Gesellschaft ganz anders beschrieben werden muss. Hamburg: Murmann, 2015.

Nolte, Ernst: Späte Reflexionen. Über den Weltbürgerkrieg des 20. Jahrhunderts. Wien und Leipzig: Karolinger, 2011.
Ott, Konrad: Zuwanderung und Moral. Stuttgart: Reclam, 2016.
Parfit, Derek: Gleichheit und Vorrangigkeit. In: A. Krebs (Hrsg.), Gleichheit oder Gerechtigkeit, S. 81–106.
Patzelt, Werner J.: Masseneinwanderung. Fragen über Fragen. In: D. Stein (Hrsg.), Die Asylkrise, S. 9–17.
Pfannkuche, Walter: Verfolgung, Hunger, Krieg. Die Pflicht zur Hilfe für Menschen in Not. In: Information Philosophie, Heft 2/2016, S. 20–31.
Pinker, Steven: Gewalt. Eine neue Geschichte der Menschheit. Bonn: Bundeszentrale für politische Bildung, 2011.
Pogge, Thomas: Weltarmut und Menschenrechte. Kosmopolitische Verantwortung und Reformen. Berlin/New York: de Gruyter, 2011.
Preuß, Ulrich K.: Bedingungen globaler Gerechtigkeit (= Würzburger Vorträge zur Rechtsphilosophie, Rechtstheorie und Rechtssoziologie, Heft 39). Baden-Baden: Nomos, 2010.
Programm der Sozialistischen Einheitspartei Deutschlands. IX. Parteitag der SED. Berlin, 18. bis 22. Mai 1976. Berlin: Dietz Verlag, 1976.
Raspail, Jean: Der letzte Franzose. Schnellroda: Antaios, 2014.
Rawls, John: Eine Theorie der Gerechtigkeit. Frankfurt am Main: Suhrkamp, ⁵1990.
Rifkin, Jeremy: Die empathische Zivilisation. Wege zu einem globalen Bewusstsein. Frankfurt am Main: S. Fischer, 2012.
Rockefeller, Steven C.: Kommentar. In: Ch. Taylor, Multikulturalismus und die Politik der Anerkennung, S. 95–108.
Röd, Wolfgang: Kleine Geschichte der antiken Philosophie. München: C. H. Beck, 1998.
Rosanvallon, Pierre: Die Gesellschaft der Gleichen. Hamburg: Hamburger Edition, ²2013.
Sarrazin, Thilo: Der neue Tugendterror. Über die Grenzen der Meinungsfreiheit in Deutschland, München: Deutsche Verlagsanstalt, ³2014.
Schachtschneider, Karl Albrecht: Die Souveränität Deutschlands. Souverän ist, wer frei ist. Rottenburg: Kopp, 2012.
Scheffer, Paul: Gesucht wird ein neues Wir. Für einen realistischen Humanismus in der Integrationsdebatte. In: Blätter für deutsche und internationale Politik, 61 (2016) 3, S. 61–71.

Schiller, Friedrich: An die Freude. In: Ders., Werke. Nationalausgabe, 2. Bd., Teil II A, Weimar: Hermann Böhlaus Nachfolger, 1991, S. 146–152.
Schmücker, Reinold/Steinvorth, Ulrich (Hrsg.): Gerechtigkeit und Politik. Philosophische Perspektiven. Berlin: Akademie, 2002.
Schrage, Wolfgang: Ethik des Neuen Testaments. Berlin: Evangelische Verlagsanstalt, 1985.
Sidgwick, Henry: Die Methoden der Ethik, Bd. 2. Leipzig: Klinkhardt, 1909.
Singer, Peter: Praktische Ethik. 2., revidierte und erweiterte Auflage. Stuttgart: Reclam, 1994.
– Praktische Ethik. 3., revidierte und erweiterte Auflage. Stuttgart: Reclam, 2013.
– Leben retten. Wie sich die Armut abschaffen lässt – und warum wir es nicht tun. Zürich/Hamburg: Arche Literatur Verlag, 2010.
– Effektiver Altruismus. Eine Anleitung zum ethischen Leben. Berlin: Suhrkamp, 2016.
Sombart, Werner: Liebe, Luxus und Kapitalismus. Über die Entstehung der modernen Welt aus dem Geist der Verschwendung. Berlin: Wagenbach, 1984.
Stein, Dieter (Hrsg.): Die Asylkrise. Beiträge zu einem europäischen Verhängnis. Berlin: Junge Freiheit, 2015.
Steinvorth, Ulrich: Philosophie und Politik. In: R. Schmücker/U. Steinvorth (Hrsg.), Gerechtigkeit und Politik, S. 13–24.
Stiehler, Gottfried: Über den Wert der Individualität im Sozialismus. Berlin: Dietz, 1978.
Stober, Rolf (Hrsg.): Recht und Recht. Festschrift für Gerd Roellecke zum 70. Geburtstag. Stuttgart/Berlin/Köln: W. Kohlhammer, 1997.
Taylor, Charles: Die Politik der Anerkennung. In: Ders., Multikulturalismus und die Politik der Anerkennung, S. 13–78.
– Multikulturalismus und die Politik der Anerkennung. Mit Kommentaren von Amy Gutmann (Hg.), Steven C. Rockefeller, Michael Walzer, Susan Wolf. Mit einem Beitrag von Jürgen Habermas. Frankfurt am Main: S. Fischer, ²1993.
Tomasello, Michael: Warum wir kooperieren. Berlin: Suhrkamp, ²2012.
Vitzthum. Wolfgang Graf (Hrsg.): Völkerrecht. Berlin/New York: de Gruyter, ⁵2010.
Waal, Frans de: Primaten und Philosophen. Wie die Evolution die Moral hervorbrachte. München: Hanser, 2008.

LITERATURVERZEICHNIS

Walzer, Michael: Sphären der Gerechtigkeit. Ein Plädoyer für Pluralität und Gleichheit. Frankfurt/New York: Campus, 1994.
- Erklärte Kriege – Kriegserklärungen. Hamburg: Europäische Verlagsanstalt, 2003.

Weber, Max: Wirtschaft und Gesellschaft, Grundriss der verstehenden Soziologie. Frankfurt am Main: Zweitausendeins, 2005.
- Gesammelte Politische Schriften. Hrsg. von Johannes Winckelmann, Tübingen: Mohr, ⁵1988.

Wendt, Fabian: Gerechtigkeit ist nicht alles: Über Immigration und sozialen Frieden. In: Th. Grundmann/A. Stephan (Hrsg.), »Welche und wie viele Flüchtlinge sollen wir aufnehmen?«, S. 45–56.

Wetz, Franz Josef (Hrsg.): Recht auf Rechte (= Kolleg Praktische Philosophie, Bd. 4). Stuttgart: Reclam, 2008.

Willms, Bernard: Identität und Widerstand. Rede aus dem deutschen Elend. Schnellroda: Antaios, 2013.

Wilson, Edward O.: Die soziale Eroberung der Erde. Eine biologische Geschichte des Menschen, München: C. H. Beck, 2014.

Wuketits, Franz M.: Warum uns das Böse fasziniert. Die Natur des Bösen und die Illusionen der Moral. Stuttgart/Leipzig: Hirzel, 2000.

Zimmer, Dieter E.: Ist Intelligenz erblich? Eine Klarstellung, Reinbek bei Hamburg: Rowohlt, 2012.

Zimmermann, Rolf: Philosophie nach Auschwitz. Eine Neubestimmung von Moral in Politik und Gesellschaft, Reinbek bei Hamburg: Rowohlt, 2005.

Register

Personen

Seitenangaben mit Asteriskus beziehen sich auf eine Fußnote.

Apel, Karl-Otto 238*, 255 f.
Aristoteles 52, 233, 246, 255 f.
Arndt, Susan 82*, 247, 256
Augustinus 148

Babeuf, Gracchus 33 ff., 172, 180, 244, 172, 180*, 252 f., 256
Bauman, Zygmunt 108 f.*, 248 f., 256
Bayertz, Kurt 100*, 248, 256
Bebel, August 37, 245, 256
Becker, Jürgen 13*, 243, 256
Bentham, Jeremy 24
Birnbacher, Dieter 189 f.*, 253, 256
Böckelmann, Frank 81, 154*, 247, 251, 256
Böckenförde, Ernst-Wolfgang 99*, 248, 256
Brenner, Peter J. 213*, 254, 256
Breyer, Friedrich 67*, 246, 256
Brugger, Winfried 53*, 246, 256
Buchanan, Patrick J. 85*, 247, 256
Buchheim, Thomas 256, 262
Buchsteiner, Jochen 207*, 254, 256

Buonarroti, Filippo 34, 244, 256
Burckhart, Holger 256
Burke, Edmund 198

Carens, Joseph H. 128*, 249, 256
Cassee, Andreas 257, 262
Chrysipp 16
Collier, Paul 86 f.*, 99*, 101*, 204 f., 247 f., 254, 257

Dassmann, Ernst 59 f.*, 151*, 246, 251, 257
Debord, Guy 88, 247, 257
Depenheuer, Otto 15*, 109*, 132, 133*, 149*, 173*, 222*, 243, 247, 250 ff., 255, 257 ff., 261
Di Fabio, Udo 129*, 142*, 163*, 250 f., 258
Dihle, Albrecht 69*, 246, 258
Diogenes Laertius 16*, 243, 258
Dreier, Horst 84*, 247, 258

Eibl-Eibesfeldt, Irenäus 44 f.*, 219*, 245, 254

266

REGISTER

Engels, Friedrich 32, 34 ff., 40*, 172*, 178*, 199, 244 f., 252 f., 262

Finkielkraut, Alain 198*, 253, 258
Flaig, Egon 99*, 210*, 248, 254, 258
Frankfurt, Harry G. 67*, 121, 150*, 246, 249, 251, 258
Frick, Marie-Luisa 166*, 251 f., 258
Fritze, Lothar 75*, 103*, 154*, 167*, 175*, 184*, 211*, 220*, 247 f., 251 f., 253 ff., 259
Furth, Peter 202*, 207, 208*, 254, 259

Gärditz, Klaus F. 200*, 253, 259
Gehlen, Arnold 15*, 16, 18, 21*, 37, 154, 162*, 217, 243, 245, 251, 254, 259
Gesang, Bernward 168*, 252, 259
Goppel, Anna 257, 262
Gosepath, Stefan 140, 239 f.*, 250, 255, 259
Grabenwarter, Christoph 258 f., 261
Gramsci, Antonio 209
Gregor von Nazianz 151
Grundmann, Thomas 258 f.

Habermas, Jürgen 129*, 140, 198*, 250, 253, 259
Hailbronner, Kay 164*, 251
Hegel, Georg Wilhelm Friedrich 173, 252, 259
Heinsohn, Gunnar 169, 252
Hengsbach, Friedhelm 62, 172, 216*, 246, 252, 254, 260
Herzog, Roman 202*, 254
Hettling, Manfred 99*, 248

Hetzer, Wolfgang 166*, 251, 260
Hilgendorf, Eric 258
Himmler, Heinrich 62*, 246, 260
Hinsch, Wilfried 240*, 255, 260
Hirschberger, Johannes 15*, 243, 260
Hitler, Adolf 103
Hobbes, Thomas 118*, 249, 260
Homann, Karl 257, 260
Höppner, Joachim 256, 260
Hoerster, Norbert 117*, 249, 260
Höffe, Otfried 21*, 109*, 243, 248 f., 260
Hofmann, Hasso 142 f.*, 250, 260
Honderich, Ted 65, 246, 260
Hondrich, Otto 107*, 248, 260
Honneth, Axel 260
Hoppe, Hans-Hermann 177*, 252, 260
Hübner, Kurt 70 f.*, 247, 260
Hume, David 17*, 144, 243, 260
Huntington, Samuel P. 73, 76*, 247, 260

Isensee, Josef 15*, 41*, 83*, 85 f.*, 97*, 100 f.*, 134 f.*, 243, 245, 247 f., 250, 257, 260

Jesus 59, 69, 71

Kant, Immanuel 20, 70*, 125, 133*, 247, 249 f., 261
Karneades 11, 128, 249
Kau, Marcel 164*, 251
Kernig, Claus D. 136*, 250, 261
Kersting, Wolfgang 119*, 130*, 249 f., 261
Kielmansegg, Peter Graf 84*, 208*, 247, 254, 261
Kirchhof, Paul 134*, 250, 261

REGISTER

Kliemt, Hartmut 67*, 246, 257
Kondylis, Panajotis 143*, 251
Korff, Wilhelm 69*, 246, 261
Kosing, Alfred 172*, 252, 261
Krebs, Angelika 75*, 247, 261, 263

Lenin, Wladimir Illitsch 102*, 248, 261
Lichtmesz, Martin 82*, 247, 262
Liessmann, Konrad Paul 199 f.*, 253, 262
Lübbe, Hermann 214, 215*, 254, 262

MacIntyre, Alasdair 222*, 254, 262
Mäder, Werner 85*, 247, 262
Maistre, Joseph de 198
Markov, Walter 127*, 249, 262
Marti, Urs 196*, 253, 262
Marx, Karl 32 f., 35 f., 40*, 41, 172*, 173, 174*, 178*, 244 f., 252, 262
Maschke, Günter 108*, 248, 262
Merkel, Reinhard 166*, 251
Meyer-Abich, Klaus-Michael 153*, 251, 262
Miller, David 192*, 196*, 253, 262
Minogue, Kenneth 38*, 46*, 95 f.*, 97, 171*, 177, 189*, 226, 245, 248, 252 f., 255, 262
Mohr, Hans 51, 245, 262
Murswiek, Dietrich 166*, 251, 262

Nagel, Thomas 63*, 246, 262
Nasher, Lord Jack 24, 244, 262
Nassehi, Armin 203*, 208*, 254, 262
Nolte, Ernst 78*, 247, 263

Ott, Konrad 121*, 130, 131*, 141*, 184*, 249 f., 253, 263

Pankraz (Günther Zehm) 66*, 246
Parfit, Derek 63*, 246, 263
Patzelt, Werner J. 203*, 254, 263
Paulus 70
Pfannkuche, Walter 167*, 252, 263
Pinker, Steven 22*, 244, 263
Platon 52
Pogge, Thomas 39 f., 72*, 245, 247, 263
Preuß, Ulrich K. 129*, 250

Raspail, Jean 73*, 247, 263
Rawls, John 127, 249, 263
Rifkin, Jeremy 22*, 51, 153*, 244, 246, 251, 263
Rockefeller, Steven C. 246
Röd, Wolfgang 15*, 243, 263
Rosanvallon, Pierre 49*, 245, 263

Sarrazin, Thilo 214 f.*, 254, 263
Schachtschneider, Karl Albrecht 97*, 248, 263
Scheffer, Paul 88*, 247, 263
Schiller, Friedrich 15, 243, 263
Schmücker, Reinold 264
Scholz, Rupert 166*, 251
Schönberger, Rolf 257, 262
Schrage, Wolfgang 13*, 243, 264
Schweidler, Walter 257, 262
Seidel-Höppner, Waltraud 256, 260
Sidgwick, Henry 24, 154, 244, 264
Singer, Peter 24 ff., 27*, 29, 38 f., 67 f., 123*, 138, 144, 155*, 179*, 223, 244 ff., 249 ff., 252 f., 255, 264
Smith, Adam 224

REGISTER

Sokrates 230
Solowjow, Wladimir 62
Sombart, Werner 64, 246, 264
Spaemann, Robert 196*, 253
Stein, Dieter 263 f.
Steinvorth, Ulrich 137*, 250, 264
Stephan, Achim 258 f.
Stober, Rolf 261, 264
Stiehler, Gottfried 34*, 244, 264
Strauss, Botho 211*, 254

Taylor, Charles 189*, 253, 259, 263 f.
Theisen, Heinz 98, 248
Tomasello, Michael 103, 104*, 248, 264

Vitzthum, Wolfgang Graf 164*, 251, 264

Waal, Frans de 45, 245, 264
Walzer, Michael 114*, 140*, 191, 196*, 249 f., 253, 264
Weber, Max 83*, 218*, 247, 254, 265
Wendt, Fabian 93*, 248, 265
Wetz, Franz Josef 259, 265
Willms, Bernard 109*, 248, 265
Wilson, Edward O. 47*, 245, 265
Wuketits, Franz M. 47 f.*, 51, 245, 265

Zenon von Kition 14, 16
Zimmer, Dieter E. 204*, 254, 265
Zimmermann, Rolf 21*, 243, 265

Sachen

Abstammung 112, 199
Alternativlosigkeit 211
Altruismus 44 ff., 51, 161, 165
– effektiver A. 27, 224
– reziproker A. 45 f., 100
– unbedingter A. 45 f.
Anklagen, Ausgrenzen, Verächtlichmachen 203, 208 ff.
Anpassungsstrategie 219
Armut 67, 138, 223
Assimilation/assimilieren 88, 96
Asylrecht 123, 166
Aufklärung 15, 56, 76, 212, 221
Ausländerfeind/Ausländerfeindlichkeit 141, 193

Barmherzigkeit, Gebot der 69
Bedürfnisse
– absolut-notwendige 139
– Grundb. 30, 217
– transzendentale B. 119
Bevölkerung 73, 86, 88, 91, 97, 106, 118, 168, 187, 192, 196 f., 199 ff., 226, 228
– B.sentwicklung 137
Bevorzugung des Eigenen
→ Eigene, das/Präferenz für d. E.
Bindungen, menschliche 45 f., 49, 62, 73, 76, 85, 96, 111, 222
Bindungsintensität 76
Bleiberecht 125

REGISTER

Brett des Karneades 11, 128
Buddhismus 13
Bürgerkrieg 105, 107, 123, 139

Christentum 14 f., 59 f.

Daseinsbewältigung 233
Dekadenz 176
Demokratie 88, 94 f., 97, 200, 212, 221, 232
– Geist der D. 207
Deutsche Klassik 15
Didache 150
Diskriminierung 50, 92, 141, 154, 188, 194, 203, 218, 228

Egalitarismus 63
Egoismus 48, 155, 161, 224
Eigene, das
– Präferenz für d. E. 91, 172, 193, 202, 221 f., 224, 227, 229
Eigenwert 20, 153, 190 f.
Einwanderung/Einwanderer 27, 73, 101, 139 f., 142, 168, 184, 187 f., 196 f., 203, 216
– E.sgesellschaft 85, 87, 139 f.
– E.sländer 85, 203
– E.srecht 140 f.
– E.ssog 101
– ungesteuerte/unkontrollierte E. 142, 169, 201
Elite 160, 168, 202
Erbrecht 172
Erbschaftssteuer 133
Ethik
– christliche E. 13, 59 f., 68 ff., 148
– Gattungse. 189
– griechische E. 59
– jüdische E. 13 f. 59
– menschenmögliche E. 160

– moderne E. 184
– physiozentrische E. 153
– stoische E. 14 f., 243
Ethos
– Familiene. 45, 49, 217 f., 225
– Gruppene. 45, 49, 225
– Welte. 49, 159
Evolution/evolutionär 225
– biologische E. 45
– kulturelle E. 50
– Überwindung der natürlichen Prinzipien der E. 154

Familie 45, 84, 133, 147, 217
– Auflösung der F. 16
Feindesliebe 14, 68 ff., 216
Feindschaft 103, 107
Fluchtgrund 130
Flüchtlingskrise 9, 219
Fortschritt 31, 181
Französische Revolution 15, 127, 171
Freiheit 130, 133, 220
– Meinungsf. 168, 206 ff., 212
– Wissenschaftsf. 168
Fremdenfeindlichkeit/ Fremdenhass 188, 193
Frieden, sozialer 93

Gattung »Mensch« 161, 189 f., 198, 229
Gemeinschaft 79, 111, 113, 115, 122, 141, 185 ff., 191 f., 196 f., 217, 220, 222
– Abstammungsg. 16
– Mitgliedschaft in einer G. 112
– Gefahreng. 85
– Schicksalsg. 85, 131 ff., 147, 192
– Solidarg. 98 f., 131 ff., 143

Genfer Flüchtlingskonvention
123, 129
Gerechtigkeit 93, 133, 137, 207,
249
– ausgleichende G. 135
– distributive G. 129
– universale G. 215, 218
Gesellschaft/gesellschaftlich 173
– Inhomogenität der G. 83
– multiethnische G. 86, 200
– multikulturelle G. 81
– westliche G. 231 f.
→ Einwanderungsgesellschaft,
Weltgesellschaft
Gesinnungsethik/gesinnungs-
ethisch 202, 218
Gewaltlosigkeit, Gebot der 69
Gleichbehandlung 38, 228
Gleichheit 38, 75, 171, 177, 207,
215
Gleichschalten 203
Gleichstellung 154
– religiöse G. 60
Globalisierung/global 15, 36, 43,
51, 72, 109, 129, 171, 173, 184,
187 f., 198 f., 221, 225, 240 f.
Goldene Regel 28, 31
Grenze 167, 200
– Politik der offenen G. 184
Grundauffassung/Grund-
einstellung/Grundhaltung/
Grundorientierung 53 f., 202,
231
– antiuniversalistische G. 184
– individualistische G. 133,
221 ff.
– kollektivistische G. 220 ff.
– partikularistische G. 184, 201,
220 ff.

– universalistische G. 184, 187,
201, 221 ff.
Grundgesetz 134, 142 f., 164,
166, 206
Grundrechte → Rechte/Grundr.
Gruppen 76 ff. 189, 205
– G.denken 103 f., 110, 218
– G.wohl 220 f.
– Mitgliedschaft in G. 78

Handeln/Unterlassen 138
– moralisches H. 109
– strategisches H. 109
Haufenparadoxie 252
Hegemonie, kulturelle 209, 211
Herrschaftsinstrument/
Herrschaftstechnik 204, 207,
212, 215
Hilfe 148, 216
– gegenseitige H. 46 ff.
– supererogatorische H. 123,
141 f., 180
– unterlassene H.leistung 137,
165
– zum Überleben 119
Hilfsbedürftige 100, 124, 131, 137,
157, 173, 177, 195
Hilfspflicht → Pflicht zum Helfen
Homogenität/Inhomogenität 83,
108, 213, 221
– kulturelle H. 94, 99, 189, 196
– ethnische H. 157 f., 189, 192,
196, 201
Humanitarismus/humanitaris-
tisch 15, 18, 37 f., 41, 141, 153,
187, 207 ff., 213, 215, 217 f., 227
Humanismus/Humanität 15, 221
– Geist der H. 47

REGISTER

Idealismus, deutscher 15
Identität 73, 122, 132, 141, 197 ff.
- Bewahrung der I. 186 ff., 191 f., 197
- der Gattung 190
- ethnische I. 168
- kulturelle I. 73, 86, 168, 188 f.
- nationale I. 94
Ideologie 207, 211, 213, 215
- totalitäre I. 203
Indoktrination 215
Individualismus 19, 160 f., 226
→ Grundauffassung, individualistische
Integration/integriert 83
- I.sbereitschaft 87
- I.ssog 86
- I.swillen 86
Interesse 25 ff.
- an der Bewahrung der Identität und Kultur 192
- Eigeni. 25, 76, 78
- existentielle I.n 30, 155, 187
- I.nkonflikte 80, 108, 162, 178, 184, 234
- Selbsti. 69 f.
→ Prinzip der gleichen Interessenabwägung
Irrationalität/Irrationalismus 203, 205, 236

Kampf ums Dasein 217
Kapitalismus, globaler 184
Kategorischer Imperativ 20 f.
Kleingruppe 45 ff.
Kohäsion, soziale 47
Kollektivismus/kollektivistisch 20, 220, 224 ff.
→ Grundauffassung, kollektivistische

Kommunismus/kommunistisch 15, 32 f., 34 ff., 162, 173 ff., 178 ff.
- Inbegriff des K. 31 f.
- k.e Gesellschaft 39
- k.e Gleichheitsidee 33, 170, 179, 183 f., 216
- k.e Idee 36 ff., 170 f.
- k.e Ideologie 160, 171, 183
- k.es Gemeinschaftsideal 49
- k.es Verteilungsprinzip
→ Verteilungsprinzip, kommunistisches
- Liebesk. 60
Kommunitarismus/kommunitaristisch 221
Konflikt 89, 99, 107, 158, 201, 217, 226, 231, 234
Kontraktualismus 21
Kooperation 103, 178, 221
Kosmopolitismus/kosmopolitisch 198, 221, 243
Kosten-Nutzen-Kalkül 100
Knappheit 30, 51, 110, 128, 163 f., 172 f., 178, 217, 233 ff.
Kultur/kulturell 55, 81, 95, 175 f., 181, 187, 221
- Ambivalenz der europäischen K. 226, 231 f.
- k.e Disharmonie 95
- k.e Diversität 96, 99
- Zusammenprall von K.en 89

Leben
- Abwägung L. gegen L. 68
Lebenserwartung 67 f., 122
Lebensform 96, 187
Lebensraum 120
- Kampf um L. 123
Leistungsanreize 176 f., 180

Leistungsfähigkeit, Grenzen
  der L. 149 ff., 166, 195, 219
Leistungsprinzip 33, 158, 175 ff.
– Aufkündigung des L.s 181
Leitkultur 96 ff.
Liebesgebot → Nächstenliebe
Loyalität, Auflösung von
  Gruppenl.en 93
– L.spflichten 111
Luxus 64 f.

Machbarkeit
– Grenzen der M. 163, 165 ff., 169
– Wahn totaler M. 163
Manipulation, geistige 212
Marktwirtschaft 40, 178, 181
Marxismus 178, 183, 216
Masseneinwanderung
  → Einwanderung/
  Zuwanderung
Massengesellschaft 46 ff.
Meinungsdiktatur 208
Menschenrechte 119, 161, 173,
  182 f., 207
– Ethik der M. 59, 71, 221, 250
  → Menschenrechtsmoral
– Widerspruch zur Universalität
  der M. 163
Menschenrechtserklärung 15, 128
Menschenrechtsmoral 71
Menschenwürde 142 f.
Migration → Einwanderung/
  Zuwanderung
Migrationskosten 142
Moral/moralisch 145 f., 158 f.,
  218, 234, 237 ff.
– christliche M. 71 → Ethik,
  christliche
– Hyperm./hyperm. 149, 159
– Inbegriff der M. 20, 146

– Inhalte der M. 21
– m.e Grundeinstellung 31
– M.philosophie/theorie 233,
  237 ff.
– Reichweite der M. 21, 160
Motivationsstruktur 93, 162, 222
Multikulturalismus 96

Nächstenliebe 13–16, 37, 59 ff.,
  71, 173 f., 216, 218, 225
  → Feindesliebe
Nation/national 83 f., 169
– Auflösung der N.en 172
Nationalbewusstsein, deutsches
  84
Nationalgefühl 104
Nationalismus 200
Nationalsozialismus 184, 220
Natur, menschliche 39, 47, 75,
  144 ff., 159, 162, 179, 234
Neuordnung, revolutionäre 17
Nichtwissen 230
Normen 124, 188, 234, 237
– moralische N. 114, 116 ff., 146,
  164, 231, 234 ff., 243
Not 123, 129 f., 149
Notfall, Lehre vom äußersten 191
Notsituation/Notstands-
  situation 30, 125, 134, 150,
  169, 182
Notwehr 69, 79

Obergrenze 166 f., 173
Opfer 105
– O.bereitschaft 99, 186, 220, 222

Parallelgesellschaft 100, 158, 200
Partikularismus,
  partikularistisch 27, 31, 71 f.,
  104, 143, 159, 162, 224, 243

- moralischer P. 21, 220
- Rationalität des P. 76
→ Grundauffassung, partikularistische

Patriotismus 162, 200, 222

PEGIDA 202

Pflicht 112 f., 124, 133, 155, 241, 246
- Duldungspf. 119
- Fürsorge- und Erziehungspf.en 79
- zum Helfen 14, 113, 116 ff., 119 ff., 124 ff., 131, 133, 135 ff., 139 ff., 146, 148, 166, 169, 173, 192, 219, 236
- moalische Pf. 10, 14, 115, 125 f., 129, 138, 221
- Pf..en des Einzelnen gegenüber der Gemeinschaft 222
- Solidaritätspf.en 25, 79, 119
- Wiedergutmachungspf. 135
- zur Anpassung 87 f.
- zur Achtung von Eigentumsrechten 120

Pluralismus 231 f.

Politik
- Aufgabe der P. 105, 107
- rationale P. 109

Political Correctness 202 f., 206 ff., 210 ff., 214 f.

Prinzip der gleichen Interessenabwägung 25 ff. 38 f., 67, 144

Privateigentum 53, 161

Rassismus/rassistisch 82, 141, 188, 193, 196, 204 ff.

Recht
- auf Einwanderung 27, 128
- auf Hilfe zum Überleben 116 ff., 120
- auf Niederlassung 10, 118, 120, 123, 125, 157, 182, 184
- auf Notwehr 79
- auf Privateigentum 53, 110
- auf Selbstbehauptung und Selbstbestimmung 109, 114 ff., 121, 195
- auf Selbstverteidigung 53
- der autochthonen Bevölkerung 192
- des Stärkeren 114, 234
- des Volkes 168
→ Bleiberecht

Rechte
- Abwehrr. 42 f., 71, 133 f., 152
- Anspruchsr. 43, 118, 133, 155, 172 f., 182
- Grundr. 42, 133 f.

Relativismus, ethischer 19

Scharia 232

Schicksal 132 f., 186

Schicksalsgemeinschaft
→ Gemeinschaft/Schicksalsg.

Schleier des Nichtwissens 127, 241

Seelenheil 69 f.

Selbstachtung 25

Selbstaufgabe 140, 218 f., 225, 241

Selbstaufopferung 45

Selbstbehauptung 25, 52 ff., 104, 109, 163, 180, 222, 224, 228, 241
- als Bedingung der Möglichkeit des Weiterlebens 53

Selbstbestimmung 224

Selbsterhaltung, Streben nach 61, 163, 165, 229

Selbstdisziplinierung 210

Selbstlosigkeit 46

Selbstrettung des Menschen 69, 246
Selbstschädigung 141, 225
Selbstüberforderung 142
Selbstüberwindung 51
Selbstveränderung 88
Selbstverantwortlichkeit 138
Selbstverteidigung 69
Selbstverwaltung 56 ff.
Selbstverwirklichung 241
Selbstzerstörung 175
Selbstzufriedenheit 176
Solidargemeinschaft
  → Gemeinschaft/Solidarg.
Solidarität 62, 74, 79, 99 ff., 104, 134 f., 221 → Pflichten/Solidaritätspflichten
– Gattungss. 62
– Klassens. 100
Souveränität 116, 143, 157, 164, 199, 249
Sozialisation 97
Sozialismus 33
– real gewesener S. 183
– utopischer S. 15, 178
  → Kommunismus/kommunistisch
Sprachpolizei 212
Staat 85, 97, 102, 105, 115 f., 163 f., 187, 195 f., 199
– Absterben des S.es 199
– Aufgabe des S.es 133, 143
– demokratischer Verfassungss. 105
– liberaler S. 97 f., 133
– Nationals. 97, 99, 108 f., 157, 200, 213, 226
– Rechtss. 134, 157, 161, 199 f., 222
– S.sbürger 164, 167, 199, 205, 227
– Sozials. 98 ff., 106, 147, 157, 174, 177
– Vielvölkers. 85
Stammesgemeinschaft 17
Steuern 133 f.
Stigmatisierung 229

Tabu 210, 214
Toleranz, Grenzen der 105
Totalitarismus 91, 93, 132, 160, 210, 215, 254

Überleben
– Begriff des Ü.s 139
– Ü.skollektive 186
Überlebensstrategie 47
Überzeugungen 11, 182
Umerziehung 212
Umverteilung 128 f., 172, 180, 216, 225
Ungerechtigkeit 38, 133, 154, 177
Ungleichbehandlung 188
Ungleichheit 128, 132, 180 ff.
Universalisierung 18, 21, 42, 59, 71
– U.sdynamik 21, 224, 227
Universalismus/universalistisch 19 ff., 31, 37 ff., 40 f., 56, 59 ff., 74, 92, 107 f., 140, 152 ff., 155 ff., 161 ff., 173, 184, 187, 192 f., 198, 228, 244
– ethischer U. 19
– menschenrechtlicher U. 43, 148
– moralischer U. 11 f., 20 f., 37, 44, 54, 63 f., 75, 94, 121, 152 ff., 161 ff., 171, 174, 183 f., 187, 196, 198, 208, 213 ff., 216 ff., 229, 236, 242
– uneingeschränkter U. 75, 93

REGISTER

- Verabsolutierung des U. 93, 108, 110, 226
- → Grundauffassung, universalistische

Unparteilichkeit 31, 154 f., 217, 228, 235 f.
Unternehmertum 161, 224
Unterschiedsprinzip 127 f.
Utilitarismus 24, 66, 68253
Utopismus 35

Verantwortung/Verantwortlichkeit 72, 90, 116, 136, 145, 164, 176 f., 179, 181
Verfassung → Grundgesetz
Verfassungspatriotismus 83 f.
Vergemeinschaftung 83
Verhalten, menschliches 45 ff., 50, 52 f., 103, 144 ff., 227
Verhaltensdispositionen 47, 93, 104, 145, 158, 162, 177, 204, 227, 234, 236
Vernunftwesen 144
Verteilungsegalitarismus 240 f.
Verteilungsprinzip, kommunistisches 33 ff., 41, 175, 179 ff., 183
Vertrauen 47 f.
Verwandtenselektion 44

Volk 84, 97, 165, 168
- deutsches V. 169, 206
- Staatsv. 95
- V.sherrschaft 168
- V.werdung 96
- Wille des V.es 168

Wanderungsursachen
→ Fluchtursachen
Weltbürger 213
Weltgesellschaft 41, 74, 77 f., 172, 187, 213, 217, 248 f.
Weltregierung 94
Werte, europäische 228
»Willkommenskultur« 10 f., 106, 184, 201, 203
Wir-Gefühl 83 ff., 94, 104, 185

Zivilisation/zivilisatorisch 223
- Prozess der Z. 22
- westliche Z. 160 f,
Zugehörigkeit 73, 77, 84, 198
- Z.sgefühl 73, 185
Zumutbarkeit 124, 146, 148, 219
- Grenzen der Z. 105, 158, 165 ff., 169, 195, 201
Zusammengehörigkeit 78
- aller Vernunftwesen 15
- Z.sgefühl 83, 98 f., 199

Schönburger Schriften zu Recht und Staat

Band 1 Otto Depenheuer: Vermessenes Recht

Band 2 Gerd Roellecke:
        Das Paradox der Verfassungsauslegung

Band 3 Walter Leisner:
        Staatsferne Privatheit in der Antike

Band 4 Christian Hillgruber (Hg.):
        Gouvernement des juges

Band 5 Otto Depenheuer,
        Christoph Grabenwarter (Hg.):
        Der Staat in der Flüchtlingskrise

Band 6 Lothar Fritze:
        Kritik des moralischen Universalismus